"十二五"国家重点图书出版规划项目

新编财务管理

NEW FINACIAL MANAGEMENT

主 编 刘 萍 张 宇

哈尔滨工业大学出版社

内 容 提 要

本书以资金运动的过程和财务管理的基本环节为主线,介绍了公司制企业财务管理的内容、环节、目标、环境,时间价值和风险报酬,证券估价,资金成本和资本结构等基础知识,讲述了财务管理的资金筹集、投放、使用、分配管理的基本内容。

本书具有基础性、通用性的特点,可以作为高等院校会计、工商管理、市场营销、金融、外贸等经济管理类专业相应课程的教材或参考书,也可以作为企业管理人员、参加会计类资格考试人员学习相关内容的参考资料。

图书在版编目(CIP)数据

新编财务管理/刘萍,张宇主编. —哈尔滨:哈尔滨工业大学出版社,2015.8(2021.3 重印)
ISBN 978－7－5603－5509－2

Ⅰ.①新… Ⅱ.①刘… ②张… Ⅲ.①财务管理－高等学校－教材 Ⅳ.①F275

中国版本图书馆 CIP 数据核字(2015)第 166386 号

责任编辑	田新华
封面设计	刘长友
出版发行	哈尔滨工业大学出版社
社　　址	哈尔滨市南岗区复华四道街 10 号　邮编 150006
传　　真	0451－86414749
网　　址	http://hitpress.hit.edu.cn
印　　刷	哈尔滨圣铂印刷有限公司
开　　本	787mm×1092mm　1/16　印张 12.25　字数 307 千字
版　　次	2015 年 8 月第 1 版　2021 年 3 月第 4 次印刷
书　　号	ISBN 978－7－5603－5509－2
定　　价	39.00 元

(如因印装质量问题影响阅读,我社负责调换)

前　言

任何组织都需要财务管理,但是营利性组织与非营利性组织的财务管理有较大区别。本教材讨论的财务管理是公司制企业财务管理。企业财务管理是企业组织财务活动、处理财务关系的一项价值管理工作。本教材首先详细讲述了企业财务管理的基础知识(即财务管理的内容、环节、目标和环境)和财务管理应具备的价值观念(即时间价值和风险价值);然后,从企业财务活动的角度把财务管理的基本内容分为四个部分:长期筹资管理、项目投资管理、营运资本管理和股利分配管理;最后,根据企业的总体经营进行了财务报表分析。

本书以企业财务管理的基础知识、基本内容和基本方法为主要论述内容,具有基础性特点;还讲述了目前基本上达成共识的企业财务管理的共性知识,具有通用性特点。本教材可以作为高等院校会计、工商管理、市场营销、金融、外贸等经济管理类专业相应课程的教材或参考书,也可以作为企业管理人员、参加会计中级职称资格考试人员、参加注册会计师资格考试人员学习相关内容的参考资料。

本书由刘萍、张宇担任主编。刘萍编写了本教材的第一~五章,张宇编写了本教材的第六~九章。最后由刘萍进行了总纂与审校。本教材在编写过程中参考了会计中级职称资格考试的财务管理教材、注册会计师资格考试的财务成本管理教材以及一些其他财务管理教材,在此一并表示感谢。由于作者水平有限,本教材可能存在疏漏及不当之处,在此恳请广大同仁及本教材的使用者,不吝赐教,批评指正。

刘　萍　张　宇
2015 年 7 月

目 录

- 第一章 财务管理概论 ··· 1
  - 第一节 财务管理的内容 ··· 1
  - 第二节 财务管理的目标 ··· 3
  - 第三节 财务管理的环境 ··· 6
  - 第四节 财务管理的相关财务法规 ··· 11
- 第二章 财务管理的价值观念 ·· 13
  - 第一节 资金的时间价值 ··· 13
  - 第二节 投资风险价值 ··· 18
- 第三章 筹资管理 ·· 25
  - 第一节 企业筹资概述 ··· 25
  - 第二节 企业筹资的渠道与方式 ··· 27
  - 第三节 资金需要量预测 ··· 29
  - 第四节 权益资金的筹集 ··· 34
  - 第五节 长期债务资金的筹集 ·· 43
  - 第六节 混合性筹资 ··· 48
- 第四章 企业筹资决策 ·· 57
  - 第一节 资本成本 ··· 57
  - 第二节 杠杆原理 ··· 64
  - 第三节 资本结构 ··· 71
- 第五章 项目投资管理 ·· 79
  - 第一节 项目投资管理概述 ··· 79
  - 第二节 项目投资的现金流量分析 ··· 80
  - 第三节 项目投资评价的基本方法 ··· 83
  - 第四节 项目投资决策的应用 ·· 89
  - 第五节 风险投资决策 ··· 96
- 第六章 证券投资管理 ·· 98
  - 第一节 证券投资概述 ··· 98
  - 第二节 债券投资 ··· 100
  - 第三节 股票投资 ··· 106

第七章 营运资金管理 ··· 110
第一节 营运资金管理概述 ·· 110
第二节 现金管理 ·· 110
第三节 应收账款管理 ·· 117
第四节 存货管理 ·· 126
第五节 短期筹资与营运资本政策 ··· 135

第八章 利润分配 ··· 143
第一节 利润分配概述 ·· 143
第二节 股利政策的选择 ··· 145
第三节 股利的支付 ·· 149

第九章 财务报表分析 ··· 155
第一节 财务报表分析概述 ·· 155
第二节 基本财务指标分类 ·· 160
第三节 基本财务比率分析 ·· 161
第四节 上市公司财务报告分析 ··· 174
第五节 财务状况的综合分析 ··· 177

附 录 ·· 182

参考文献 ··· 190

第一章　财务管理概论

第一节　财务管理的内容

财务管理是商品经济条件下企业最基本的管理活动。特别是在现代市场经济社会中，企业生产经营规模不断扩大，经济关系日趋复杂，竞争也日趋激烈，财务管理更成为企业生存和发展的重要环节。市场经济越发展，财务管理越重要。

财务管理区别于其他管理活动的特点在于，它是一种价值管理，主要利用资金、成本、收入、利润等价值指标，运用财务预测、财务决策、财务预算、财务控制、财务分析等手段来组织企业中价值的形成、实现和分配，并处理这种价值运动中的经济关系。财务管理具有很强的综合性。企业生产经营活动各方面的质量和效果，大多可以通过表示资金运动过程和结果的各项价值指标反映出来，而及时组织资金供应，有效使用资金，严格控制生产耗费，大力增加收入，合理分配收益，又能够促进企业有效开展生产经营活动，不断提高经济效益。

财务管理就是企业组织财务活动、处理与各方面财务关系的一项经济管理工作，是企业管理的重要组成部分。

一、企业财务活动

企业的基本财务活动是从各种资金来源筹集取得资金，投资于生产性经营资产，并运用这些资产进行生产经营活动，取得利润后用于补充权益资本或者分配给股东。企业的基本财务活动包括筹资、投资、营运及利润（股利）分配四个方面。

（一）筹资管理

资金筹集是资金运动的起点。所谓筹资是指企业为了满足投资和用资的需要，筹集取得所需资金的活动。在筹资过程中，要确定筹资的总规模，要选择筹资来源和方式，要确定资本结构，以保证投资所需要的资金，降低筹资成本和筹资风险。

企业的筹资可以分为权益筹资和负债筹资。一般来说，企业完全通过权益资金筹资是不明智的，不能得到负债经营的好处；负债资金的比例大则风险也大，企业可能陷入财务危机。企业筹资可以分为长期筹资和短期筹资。企业的筹资还可以分为内部筹资和外部筹资，股利分配属于内部筹资。

本教材讲述的长期筹资管理，是指企业的长期对外筹资管理。

（二）投资管理

投资是指企业为了获得收益或避免风险而进行的资金投放活动。在投资过程中，要确定投资规模，要选择投资方向和投资方式，要确定投资结构及评价投资的可行性，以提高投资效益、降低投资风险。

投资按时间长短可以分为长期投资和短期投资。投资按资金方式可以分为直接投资和间接投资。直接投资是指将资金投放在生产经营性资产上，以便获得利润的投资，如购买设备、兴建厂房、开办商店等。间接投资又称证券投资，是指将资金投放在金融资产上，以便获得利息或股利收入的投资，如购买政府债券、购买企业债券和企业股票等。投资按企业内外可以分为对内投资和对外投资。对内投资是对企业自身生产经营活动的投资，如购置流动资产、固定资产、无形资产等。对外投资是以企业资产对其他单位或对金融资产进行投资，如企业与其他企业联营、购买其他企业的股票、债券等。

本教材讲述的项目投资管理，是指企业的直接长期对内投资管理。

（三）营运管理

营运资本是指流动资产与流动负债的差额。营运管理分为营运资本投资和营运资本筹资两部分。营运资本投资管理主要是指流动资产的管理，主要包括制定营运资本投资政策，进行现金、应收账款和存货的日常管理。营运资本筹资管理主要是指流动负债的管理，主要包括制定营运资本筹资政策，进行短期筹资管理。

本教材讲述的营运资本管理，包括营运资本投资管理和营运资本筹资管理。

（四）股利分配管理

广义分配是指对投资收入（销售收入）、利润进行分割和分派的过程，而狭义的分配仅指对利润的分配。利润分配通常就是决定税后利润有多少分配给投资者，有多少留在企业作为再投资之用。公司制企业利润分配就是股利分配问题，股利分配的关键是确定股利的支付率，制定企业的股利政策。

股利分配管理同时也是利润留存问题（即内部筹资问题），它也是长期筹资的一部分。本书将股利分配管理作为单独一部分内容进行讲述，本教材讲述股利分配管理是指狭义的分配管理。

二、企业财务关系

企业的财务活动是以企业为主体来进行的，企业作为法人在组织财务活动过程中，必然与企业内外部有关各方面发生广泛的经济利益关系。企业的财务关系包括以下几个方面。

（一）企业与投资者之间的财务关系

企业与投资者之间的财务关系主要是指企业的所有者向企业投入资本，企业的所有者以出资人的身份参与企业税后利润的分配形成的经济关系。企业的所有者主要有：国家、法人单位和个人。这种关系体现了所有权性质的投资与受资的关系。

（二）企业与债权人之间的财务关系

企业与债权人之间的财务关系主要是指债权人向企业贷放资金，债权人按规定收取利息和收回本金所形成的经济关系。企业的债权人主要有：金融机构、企业和个人。这种关系体现了债权性质的债务与债权关系。

（三）企业与受资者之间的财务关系

企业与受资者之间的财务关系主要是指企业以购买股票或直接投资等形式向其他单

位投资,根据其出资份额参与受资方的利润分配所形成的经济关系。这种关系体现了所有权性质的投资与受资的关系。

(四)企业与债务人之间的财务关系

企业与债务人之间的财务关系主要是指企业将资金购买债券、提供借款或商业信用等形式出借给其他单位,并要求其债务人按约定的条件支付利息和归还本金所形成的经济关系。这种关系体现了债权性质的债权与债务关系。

(五)企业与国家行政管理部门之间的财务关系

企业与国家行政管理部门之间的财务关系主要是指企业按照国家税法规定缴纳各种税款所形成的经济关系。这种关系体现了强制和无偿的分配关系。

(六)企业内部各单位之间的财务关系

企业内部各单位之间的财务关系主要是指企业内部各单位之间在生产经营各环节中相互提供产品或劳务进行的资金结算所形成的经济关系。这种关系体现了企业内部各单位之间的利益均衡关系。

(七)企业与职工之间的财务关系

企业与职工之间的财务关系主要是指企业向职工支付薪酬所形成的经济关系。这种关系主要体现了企业和职工个人在劳动成果上的分配关系。

第二节 财务管理的目标

财务管理作为企业管理的一部分,其目标取决于企业的基本目标和社会责任。要把握企业的财务目标,需要了解企业的基本目标和社会责任。

一、企业的基本目标

企业是以营利为目的的从事经营活动组织。经营活动是在激烈的市场竞争中进行的,充满着风险,有时甚至面临着破产倒闭的危险。可见,企业必须生存下去才可能获利,同时,企业也只有在不断的发展中才能获得永久的生存。因此,企业的基本目标可以概括为生存、发展、获利。

(一)企业的生存目标

企业只有生存才可能获利。企业的生存需要资源,包括人力、物力和财力等资源,以维持企业的运营。企业所需的资源需要通过市场进行资源的获得、交流与转换。这些市场有金融市场、商品市场、人力资源市场和技术市场等。根据经营和投资的需要,企业在金融市场上,一方面发行证券和借贷行为取得资本,获得财力资源;另一方面,购买证券进行债权和股权投资。企业在商品市场上一方面购买设备、材料等商品,将货币转化为商品,从而获得物力资源,用于开展商品生产经营活动;另一方面卖出所生产的产品,换回货币等。企业为了维持生存,需要不断的在市场上进行各种资源的交换。如果由于各种原因,如长期亏损或资不抵债,无法进行资源的转换,企业的生存将难以为继。因此,企业必须要以维持长期、稳定的生存为目标。企业的生存目标要求财务管理必须具有以收抵支和偿还到期债务的能力,减少破产的风险,使企业能够长期、稳定地生存下去。

(二)企业的发展目标

企业是在持续的发展中来维持生存的。企业的发展表现为企业规模的积累和扩张,包括企业收入的扩大、企业利润的增长和企业价值的增加等方面。这需要以更大的规模在市场上进行资源的交流。同时,企业又会面临更加激烈的市场竞争,经受优胜劣汰的考验。发展是硬道理,只有发展,才能更好地生存,为此企业必须树立发展目标。企业的发展也需要更多的资源,从而企业的发展目标要求企业财务管理能筹集企业发展所需的更多的资本。

(三)企业的获利目标

投资者出资创建企业的基本目的就是获利,提高投资价值,从而决定企业要以获利为根本目标。企业必须能够获利,才有存在的价值,进而增加企业的价值。企业只有不断地获利,才能更好地生存和发展。从财务的角度看,获利就是使企业的资产获得超过其投资的回报。因此,通过合理、有效地使用资金使企业获利,是企业的获利目标对财务管理提出的第三个要求。

二、企业的财务管理目标

企业财务目标是指企业财务管理预期实现的结果,也是评价企业财务管理效果的基本标准。对于企业的财务目标,有各种不同认识,目前主要有利润最大化、资本利润率最大化或每股盈余最大化、股东财富或企业价值最大化三种认识。

(一)利润最大化目标

利润最大化是指企业通过合法经营,增收节支,使企业利润达到最大化。从财务的角度讲,就是实现最大的利润。利润有绝对数(利润额)和相对数(利润率),又有许多口径。例如,毛利、经营利润、利润总额、税后利润等。因而,人们对利润最大化目标产生各种具体不同的认识,有的人认为应该是利润额最大,也有的人认为应该是利润率最大化。作为企业财务目标的利润,应该是税后利润额最大化,因为企业生存发展的最终目标就是获利,利润是企业一定时期经营活动的最终的和综合的经营成果,而且税后利润是在企业扣除承担社会责任所必需的支出后的结果。对于企业而言,可用每股税后利润来反映。

利润直接体现了投资者投资的目的和企业的获利目标,有其内在的理论依据和现实依据;利润是一定时期企业全部收入减去全部费用后的溢余,能够定量,易于明确责任、考核业绩,便于纳入企业的全面预算体系。因此,在企业财务的实践中,企业往往将利润最大化作为财务目标。当然,利润是通过会计计量而得到的,有其不足,主要表现为:(1)没有充分地考虑货币的时间价值因素;(2)没有考虑获取利润与所承担风险的大小;(3)没有考虑投入与产出之间的关系。正因为如此,有人认为利润最大化不宜作为企业财务的目标。

(二)资本利润率最大化或每股盈余最大化目标

资本利润率是税后净利润与资本额的比率。每股盈余是税后净利润与普通股股数的比值。这两个指标把企业实现的利润额同投入的资本或股本数进行对比,能够说明企业的盈利率,可以在不同资本额的企业或期间之间进行比较,揭示其盈利水平的差异。但该指标也存在以下两个缺点:(1)没有充分地考虑货币的时间价值因素;(2)没有考虑获取利润和所承担风险的大小。正因为如此,有人认为每股盈余最大化不宜作为企业财务的目标。

(三)股东财富最大化或企业价值最大化目标

股东财富最大化,或称股东价值最大化,是指企业通过合法经营,采取有效的经营和财务策略,使企业股东财富达到最大化。所谓股东财富,就是股东所持有股票的价值,通常按照股东持有的股份乘以股票的市场价格来确定。

股东创办企业的目的是增加财富。如果企业不能为股东创造价值,他们就不会为企业提供资金。没有了权益资金,企业也就不存在了。因此,企业要为股东创造价值。

有时企业财务管理目标被表述为股价最大化。在股东投资资本不变的情况下,股价上升可以反映股东财富的增加,股价下跌可以反映股东财富的减损。股价的升降,代表了投资大众对公司股权价值的客观评价。它以每股价格表示,反映了资本和获利之间的关系;它受预期每股收益的影响,反映了每股收益大小和取得的时间;它受企业风险大小的影响,可以反映每股收益的风险。值得注意的是:企业与股东之间的交易也会影响股价,但不影响股东财富。例如,分派股利时股价下跌、回购股票时股价上升等。因此,假设股东投资资本不变,股价最大化与增加股东财富具有同等意义。

有时企业财务管理目标还被表述为企业价值最大化。企业价值的增加,是由于权益价值增加和债务价值增加引起的。假设债务价值不变,则增加企业价值与增加权益价值具有相同意义。假设股东投资资本和债务价值不变,企业价值最大化与增加股东财富具有相同的意义。

主张股东财富最大化,并非不考虑利益相关者的利益。各国公司法都规定,股东权益是剩余权益,只有满足了其他方面的利益之后才会有股东的利益。企业必须交税、给职工发工资、给顾客提供他们满意的产品和服务,然后才能获得税后利益。其他利益相关者的要求先于股东被满足,但是,必须是有限度的。如果对其他利益相关者的要求不加限制,股东就不会有"剩余"了。股东只有确信投资会带来满意的回报,才会投资;否则股东不会出资,这样利益相关者的利益也无法实现。

股东财富最大化在国外财务理论界是最为流行的企业财务目标观点,也为多数企业所推崇。对于企业来说,企业价值可以用股票市场价值总额来代表,对股东来说,其财富由他所拥有的股票数量和股票市场价格来决定。当股票价格达到最高时,企业价值最大,股东财富也达到最大,这样企业价值最大化与股东财富最大化是一致的。

股东财富最大化作为企业的财务目标有其合理性:(1)从所有权的角度讲,企业是归全体股东所拥有的,应该代表全体股东的利益,增加股东的财富;(2)按股票的市场价格来衡量股东财富比较客观。当然,股东财富最大化目标也有其不足,主要是它只表现股东的利益,没有反映企业其他利益相关者的利益;股票的市场价格受到企业内外各种因素的影响,不利于评价企业的管理业绩。

上述关于企业的三种财务目标,并非是互不相关、彼此排斥的,而是相互包容、相互促进的。一般而言,利润的增长尤其是每股利润的增长,通常会促进股票市场价格的上升,从而导致股东财富和企业价值的增加。

三、财务管理目标的协调

企业财务活动涉及不同的利益主体,包括投资者、债权人、受资者、债务人、税务机关、企业职工,其中最主要的是股东、经营者、债权人,这三者构成了企业最重要的财务关系。企业是所有者即股东的企业,财务管理目标是股东的目标,经营者、债权人与股东的目标不完全一致,企业只有协调好这三方面的矛盾,才能实现股东财富最大化的目标。

(一)股东和经营者的矛盾与协调

股东为企业提供资本金,目标是使其财富最大化,经营者则希望在提高企业价值或股东财富的同时,提高自己的报酬、荣誉、社会地位,增加闲暇时间,减小劳动强度。经营者有可能为了自己的目标而背离股东目标。如借口工作需要乱花股东的钱、装修豪华的办公室、买高档汽车等,更多地增加享受成本;或者蓄意压低股票价格,以自己的名义借款买回,导致股东财富受损,自己从中渔利。

为了解决这一矛盾,股东通常可采取监督和激励两种办法来协调自己和经营者的目标。尽管如此仍不可能使经营者完全按股东的意愿行动,他们可能仍然采取一些对自己有利而不符合股东最大利益的决策,并由此给股东带来一定的损失。监督成本、激励成本和偏离股东目标的损失之间此消彼长,相互制约。股东要权衡轻重,力求找出能使三项之和最小的解决办法,它就是最佳的解决办法。

(二)股东和债权人的矛盾与协调

债权人把资金交给企业,其目标是到期收回本金,并获得约定的利息收入。企业借款的目的是用它扩大经营规模,投入有风险的经营项目。资金一旦到了企业手里,债权人就失去了控制权,股东可以通过经营者为自身利益而伤害债权人利益。如不经债权人同意,投资于比预期风险高的新项目,若侥幸成功,超额利润被股东独吞;若不幸失败,债权人将与股东共同承担损失。

债权人为了防止其利益被伤害,一方面可以寻求立法保护,如破产时优先接管,优先于股东分配剩余财产;另一方面还可以在借款合同中加入限制性条款,如规定资金用途、规定不得发行新债或限制发行新债的数额,当发现公司有意侵蚀其债权价值时,提前收回借款,拒绝进一步合作。

第三节　财务管理的环境

企业的财务活动是在一定的财务管理环境下进行的,财务管理环境的变化必然会导致企业筹资成本和风险、生产经营成本、资金占用水平、投资报酬与风险、利润及现金净流量等发生变化,从而影响企业的财务活动和财务管理。在财务管理中,必须认真分析研究各种财务管理环境的变动趋势,判明其对企业财务活动可能造成的影响,并据此采取相应的财务对策。

一、财务管理的外部环境

企业的财务管理环境又称理财环境,是指对企业财务活动产生影响作用的企业外部条件。财务管理环境是企业财务决策难以改变的外部约束条件,企业财务决策更多的是适应它们的要求和变化。财务管理的环境涉及的范围很广,其中最主要的是法律环境、金融市场环境和经济环境。

(一)法律环境

财务管理的法律环境是指企业和外部发生经济关系时所应遵守的各种法律、法规和规章。企业在其经营活动中,要和国家、其他企业或社会组织、企业职工或其他公民,以及国外的经济组织或个人发生经济关系。国家管理这些经济活动和经济关系的手段包括行政手段、经济手段和法律手段三种。在市场经济条件下,行政手段逐步减少,而经济手段,特别是法律手段日益增多,越来越多的经济关系和经济活动的准则用法律的形式固定下来。同时,众多的经济手段和必要的行政手段的使用,也必须逐步做到有法可依,从而转化为法律手段的具体形式,真正实现国民经济管理的法制化。

1. 企业组织法规

企业组织必须依法成立。组建不同的企业,要依照不同的法律规范。它们包括《中华人民共和国公司法》(以下简称《公司法》)、《中华人民共和国外资企业法》《中华人民共和国中外合资经营企业法》《中华人民共和国中外合作经营企业法》《中华人民共和国个人独资企业法》《中华人民共和国合伙企业法》等。这些法律规范既是企业的组织法,又是企业的行为法。

《公司法》对公司制企业的设立条件、设立程序、组织机构、组织变更和终止的条件和程序等都做出了规定,包括股东人数、法定资本的最低限额、资本的筹集方式等。只有按其规定的条件和程序建立的企业,才能称为"公司"。《公司法》还对公司生产经营的主要方面做出了规定,包括股票的发行和交易、债券的发行和转让、利润的分配等。公司制企业财务管理活动,都要按照《公司法》的规定来进行。其他企业也要按照相应的企业法来进行其理财活动。

从财务管理来看,非公司企业与公司企业有很大不同。非公司企业的所有者,包括独资企业的业主和合伙企业的普通合伙人,要承担无限责任。公司企业的股东承担有限责任,经营失败时其经济责任以出资额为限,无论股份有限公司还是有限责任公司都是如此。

2. 税务法律规范

任何企业都有法定的纳税义务。税负是企业的一种费用,会增加企业的现金流出,对企业理财有重要影响。企业无不希望在不违反税法的前提下减少税务负担。税负的减少,只能靠精心筹划和安排投资、筹资和利润分配等财务决策,而不允许在纳税行为已经发生时去偷税漏税。

除上述法律规范外,与企业财务管理有关的其他经济法律规范还有许多,包括各种证券法律规范、结算法律规范、合同法律规范等。企业财务管理人员要熟悉这些法律规范,在守法的前提下完成财务管理的职能,实现企业财务管理的目标。我国现有的税种按照征收对象分类如下。

流转税类:增值税、消费税、营业税、关税。

资源税类:资源税、城镇土地使用税。

特定目的税类:土地增值税、车辆购置税、城市维护建设税、耕地占用税。

财产税类：房产税。

所得税类：企业所得税、个人所得税。

行为税类：车船税、契税、印花税。

3. 财务法律规范

财务法律规范主要是《企业财务通则》和行业财务制度。

《企业财务通则》是各类企业进行财务活动、实施财务管理的基本规范。经国务院批准由财政部发布的《企业财务通则》，于1994年7月1日起施行。它对以下问题做出了规定：建立资本金制度、固定资产的折旧、成本的开支范围、利润的分配。

行业财务制度是根据《企业财务通则》的规定，为适应不同行业的特点和管理要求，由财政部制定的行业规范。

除上述法律规范外，与企业财务管理有关的其他经济法律规范还有许多，包括各种证券法律规范、结算法律规范、合同法律规范等。财务人员要熟悉这些法律规范，在守法的前提下完成财务管理的职能，实现企业的财务目标。

(二) 金融市场环境

金融市场是指资金筹集的场所。广义的金融市场，是指一切资本流动的场所，包括实物资本和货币资本的流动。广义金融市场的交易对象包括货币借贷、票据承兑和贴现、有价证券的买卖、黄金和外汇买卖、办理国内外保险、生产资料的产权交换等。狭义的金融市场一般是指有价证券市场，即股票和债券的发行和买卖市场。

金融市场由金融市场主体、金融市场工具和调节融资活动的市场机制三要素组成。

(1) 金融市场主体。金融市场主体是指资金供应者、资金需求者及金融中介机构，包括政府部门、金融机构、企业事业单位、城乡居民、外商等。金融中介是连接筹资人和投资人的桥梁，分为银行和非银行金融机构。银行金融机构主要包括：中国人民银行、国家专业银行、国家政策性银行等；非银行金融机构主要有：保险公司、信托投资公司、信用合作社、邮政储蓄机构、证券公司、证券交易所等。不同中介机构进行资金交易所需法律手续不同、交易条件不同、交易成本也不同，交易的数量和完成交易的时间也有差别。因此，企业必须选择适合自身情况的主要交易场所，以相对节省交易费用，并加快交易进程。

(2) 金融市场工具。金融市场工具是指以资金为商品进行交易的手段、交易的对象，即资金供应者将资金让渡给资金需求者的凭证和证明。包括各种债券、股票、票据、可转让存单、借款合同、抵押契约等。不同金融工具用于不同的资金供求场合，具有不同的法律效力和流通功能，企业为此承担的风险和付出的成本不同，企业必须选择适合自身情况的金融工具，以相对降低风险和成本。

(3) 调节融资活动的市场机制。在金融市场上，从资金的借贷关系看，利率是一定时期运用资金这一资源的交易价格。资金作为一种特殊商品，以利率作为价格标准，其融通实质上是资源通过利率这个价格标准实行再分配。因此，利率在资金分配及企业财务决策中起着重要作用。

正如任何商品的价格均由供给和需求两方面来决定一样，资金的这种特殊商品的价格——利率，也主要是由供给与需求来决定的。但除了这两个因素外，经济周期、通货膨胀、国家货币政策和财政政策、国际经济政治关系、国家利率管制程度等，对利率的变动均有不同程度的影响。因此,资金的利率通常由三部分组成:(1)纯利率;(2)通货膨胀补偿(或称通货膨胀贴水);(3)风险报酬。其中风险报酬又分为违约风险报酬、流动性风险报酬和期限风险报酬三种。利率的一般计算公式可表示为:

利率＝纯利率＋通货膨胀补偿率＋违约风险报酬率＋流动性风险报酬率＋期限风险报酬率

纯利率是指没有风险和通货膨胀情况下的均衡点利率;通货膨胀补偿率是指由于持续的通货膨胀会不断降低货币的实际购买力,为补偿其购买力损失而要求提高的利率;违约风险报酬率是指借款人无法按时支付利息或偿还本金会给投资人带来风险,投资人为了弥补这些风险而要求提高的利率;流动性风险报酬率是指由于债务人资产的流动性不好会给债权人带来风险,为补偿这种风险而提高的利率;期限风险报酬率是指对于一项负债,到期日越长,债权人承受的不肯定因素就越多,承受的风险也越大,为弥补这种风险而要求提高的利率。

金融环境对企业理财活动影响极大。金融市场的发育程度,各种融资方式的开放情况,各种有价证券等金融手段的利用情况,承兑、抵押、转让、贴现等各种票据业务的开展程度,对企业资金能否搞活都有极大影响。作为企业财务管理人员应该熟悉金融市场的各种类型和管理规则,有效地利用金融市场来组织资金供应。同时,还要遵守国家金融主管机关对于金融市场的宏观调控和指导,发挥金融市场的积极作用,限制其消极作用。

(三)经济环境

这里所说的经济环境是指企业进行财务活动的宏观经济环境,主要包括以下五方面。

1. 经济发展状况

经济发展的速度,对企业理财有重大影响。近几年,我国经济增长比较快。企业为了跟上这种发展并在其行业中维持它的地位,至少要有同样的增长速度。企业要相应增加厂房、机器、存货、工人、专业人员等。这种增长,需要大规模地筹集资金,需要财务人员借入巨额款项或增发股票。

经济发展的波动,即有时繁荣有时衰退,对企业理财有极大影响。这种波动,最先影响的是企业销售额。销售额下降会阻碍企业现金的流转。例如,成品积压不能变现,需要筹资以维持运营。销售增加会引起企业经营失调。例如,存货枯竭,需筹资以扩大经营规模。尽管政府试图减少不利的经济波动,但事实上经济有时"过热",有时需要"调整"。财务人员对这种波动要有所准备,筹措并分配足够的资金,用以调整生产经营。

2. 通货膨胀

通货膨胀不仅对消费者不利,给企业理财也带来很大困难。企业对通货膨胀本身无能为力,只有政府才能控制。企业为了实现期望的报酬率,必须调整收入和成本。同时,使用套期保值等办法减少损失。如提前购买设备和存货、买进现货卖出期货等,或者相反。

3. 利息率波动

银行贷款利率的波动,以及与此相关的股票和债券价格的波动,既给企业以机会,也是对企业的挑战。在为过剩资金选择投资方案时,利用这种机会可以获得营业以外的额外收益。例如,购入长期债券后,由于市场利率下降,按固定利率计息的债券价格上涨,企业可以出售债券获得较预期更多的现金流入;当然,如果出现相反的情况,企业会蒙受损失。

在选择筹资来源时,情况与此类似。在预期利率将持续上升时,以当前较低的利率发行长期债券,可以节省资金成本;当然,如果后来事实上利率下降了,企业要承担比市场利率更高的资金成本。

4. 政府的经济政策

由于我国政府具有较强的调控宏观经济的职能,其制定的国民经济的发展规划、国家的产业政策、经济体制改革的措施、政府的行政法规等,对企业的财务活动都有重大影响。

国家对某些地区、某些行业、某些经济行为的优惠、鼓励和有利倾斜构成了政府政策的主要内容。从反面来看,政府政策也是对另外一些地区、行业和经济行为的限制。企业在财务决策时,要认真研究政府政策,按照政策导向行事,才能趋利除弊。

问题的复杂性在于政府政策会因经济状况的变化而调整。企业在财务决策时为这种变化留有余地,甚至预见其变化的趋势,对企业理财大有好处。

5. 竞争

竞争广泛存在于市场经济之中,任何企业都不能回避。企业之间、各产品之间、现有产品和新产品之间的竞争,涉及设备、技术、人才、推销、管理等各个方面。竞争能促使企业用更好的方法来生产更好的产品,对经济发展起推动作用。但对企业来说,竞争既是机会,也是威胁。为了改善竞争地位,企业往往需要大规模投资,成功之后企业盈利增加,但若投资失败则竞争地位更为不利。

竞争是"商业战争",综合体现了企业的全部实力和智慧,经济增长、通货膨胀、利率波动带来的财务问题,以及企业的对策都会在竞争中体现出来。

二、财务管理的内部环境

财务管理的内部环境是指企业内部影响财务活动的各种要素,主要有销售环境、采购环境、生产环境等。

(一)销售环境

企业所处的销售环境,按其竞争程度可分为四种:

(1)完全竞争市场。在这种市场中,生产者、消费者众多,商品差异不大,企业无法控制市场价格,只能接受市场形成的价格。

(2)不完全竞争市场。在这种市场中,同一商品有许多厂家生产,但型号、规格、质量有较大差异,一些名牌企业可以在一定程度上影响销售市场。

(3)寡头垄断市场。这是由少数几个厂家控制的市场,这些企业对产品供应数量、销售价格起着举足轻重的影响作用。

(4)完全垄断市场,又称独占市场。某些关系国计民生或具有战略意义的行业,由政府组建企业或实行专卖,这种独家经营企业可以在国家宏观指导下决定商品的数量和价格。

销售环境对企业财务管理具有重要的影响:面对完全竞争市场的企业,因产品价格和销售量容易出现波动,风险较大,因而要慎重利用债务资金;面对完全垄断市场的企业,产品销售顺畅,价格波动不大,利润稳定,风险较小,资金占有量相对较少,可较多地利用债务资金;而面对不完全竞争市场和寡头垄断市场的企业,应在产品开发、推销、售后服务等方面投入较多的资金,尽快创出名牌产品。

(二)采购环境

采购环境是指企业在市场上采购物资时涉及采购数量和采购价格的有关条件。企业采购环境按物资供应是否充裕可分为稳定的采购环境和波动的采购环境。前者材料资源相对比较充足,运输条件比较正常,能保证企业生产经营的经常性需要。企业可以少储备物资,不过多占用资金。后者物资相对比较紧缺,运输不大正常,有时不能如期供货。为此,企业要设置物资的保险设备,占用较多资金。采购环境还可按采购价格的变动趋势,分为价格可能上升的采购环境、价格平稳的采购环境和价格可能下降的采购环境。对价格可能上涨的物资,企业应提前进货,投入较多的资金;而对价格可能下降的物资,则可在保证生产需要的情况下推迟采购,节约资金。

(三)生产环境

生产环境是指主要由人力资源、物质资源、技术资源所构成的生产条件和企业产品的寿命周期。就生产条件而言,企业可分为劳动密集型、技术密集型和资源开发型企业。劳动密集型企业所需工资费用较多,长期资金的占用则较少;技术密集型企业需要使用较多的先进设备,而所用人力较少,企业需要筹集较多的长期资金;资源开发型企业则需要投入大量资金用于勘探、开采,资金回收期较长。产品的寿命周期通常分为试产期、成长期、成熟期、衰退期四个阶段。无论是就整个企业而言,还是就个别产品而言,在不同寿命周期的阶段,收入多少、成本高低、收益大小、资金周转快慢,都有很大差异。企业进行财务决策,不仅要针对现实所处的阶段采取适当的措施,而且要瞻前顾后,有预见性地进行投资,使企业的生产经营不断更新换代,经常保持旺盛的生命力。

第四节 财务管理的相关财务法规

要搞好企业财务管理工作,顺利实现财务管理目标,必须合理有效地组织企业财务管理工作。主要包括三个方面:建立企业财务管理法规制度;完善企业财务管理体制;健全企业财务管理机构。

企业财务法规是指涉及企业财务方面的各种规范,包括有关法律、法规和规章。在我国,企业财务的法规体系的构成,目前主要有下列几个层次。

一、企业财务的法律

企业财务的法律是指由全国人大及其常委会审议通过的涉及企业财务方面的法律,例如《企业法》《证券法》《合同法》《企业所得税法》等。这些法律对于企业的证券发行、证券投资、银行借款、融资租赁、注册资本变更和利润分配等方面都有相应的基本规范。

二、企业财务的法规

企业财务的法规是指由国务院制定颁布的涉及企业财务方面的条例等法规。例如,《股票发行与交易管理暂行条例》《国有资产评估管理办法》《总会计师条例》等。这些法规对法律起着补充或具体化的作用。

三、企业财务的规章

企业财务的规章是指由国务院有关部门(如财政部、证监会)制定发布的涉及企业财务方面的制度等规章。例如,财政部制定的《企业财务通则》及《企业会计制度》《企业国有资本与财务管理暂行办法》,证监会制定的《上市企业新股发行管理办法》《关于股票发行与认购方式的暂行规定》等。这些规章属于企业财务方面的具体规范。

第二章 财务管理的价值观念

第一节 资金的时间价值

为了有效地组织财务管理工作,实现财务管理的目标,企业财务管理人员必须树立一些基本的财务管理观念。资金时间价值和投资风险价值,是现代财务管理的两个基础观念。无论是资金筹集、资金投放、收益分配,都必须考虑资金时间价值和投资风险价值问题。

一、资金时间价值的概念

资金时间价值是资金在周转使用中由于时间因素而形成的差额价值。在现实经济生活中,等量资金在不同时期,具有不同的价值。年初的1万元,运用以后,到年终其价值要高于1万元。这是因为资金使用者把资金投入生产经营以后,劳动者借以生产新的产品,创造新的价值,会带来利润,实现增值。资金周转使用的时间越长,所获得的利润越多,实现的增值额就越大。资金时间价值的实质,是资金周转使用后的增值额。

通常情况下,资金的时间价值被认为是没有风险和没有通货膨胀条件下的社会平均资金利润率,这是利润平均化规律作用的结果。由于资金时间价值的计算方法与利息的计算方法相同,因而人们常常将资金时间价值与利息混为一谈。实际上,利率不仅包括时间价值,而且也包括风险价值和通货膨胀的因素。只有在购买国库券或政府债券几乎没有风险时,如果通货膨胀率很低的话,政府债券利率可视同资金时间价值。

二、资金时间价值的计算

在企业财务管理中,要正确进行筹资决策、投资决策和短期经营决策,就必须弄清楚在不同时点上收到或付出的资金价值之间的数量关系,掌握各种终值和现值的计算方法。

(一)一次性收付款项终值和现值的计算

一次性收付款项是指在某一特定时点上一次性支付(或收取),经过一段时间后再相应一次性收取(或支付)的款项。例如,年初存入银行一年定期存款1 000元,年利率10%,年末取出1 100元,就属于一次性收付款项。

终值又称将来值,是现在一定量现金在未来某一时点上的价值,俗称本利和。如上例中一年后本利和1 100元即为终值。

现值又称本金,是未来某一时点上的一定量现金折合到现在的价值。如上例中一年后的1 100元折合到现在的价值是1 000元,这1 000元即为现值。

(1)单利终值和现值的计算。在单利方式下,本金不能带来利息,利息必须在提出以后再以本金形式投入才能生利,否则不能生利。单利终值的一般计算公式为

$$F = P + P \cdot i \cdot n = P(1 + i \cdot n)$$

式中，P 为现值，即 0 年（第一年初）的价值；F 为终值，即第 n 年末的价值；i 为利率；n 为计息期数。

单利现值的计算是由终值求现值，叫做贴现。单利现值的一般计算公式为

$$P = F - F \cdot i \cdot n = F(1 - i \cdot n)$$

式中，P 为现值；F 为终值；i 为贴现息；n 为贴现天数。

(2) 复利终值和现值的计算。在复利方式下，本金能生利，利息在下期则转列为本金与原来的本金一起计息。

复利的终值是一定量的本金按复利计算若干期后的本利和。复利终值的一般计算公式为

$$F = P \cdot (1 + i)^n$$

式中，P 为现值，即 0 年（第一年初）的价值；F 为终值，即第 n 年末的价值；i 为利率；n 为计息期数。

复利现值是复利终值的逆运算，它是指今后某一特定时间收到或付出的一笔款项，按上述折现率所计算的现在时点价值。其计算公式为

$$P = F \cdot (1 + i)^{-n}$$

上列公式中的 $(1+i)^n$ 和 $(1+i)^{-n}$ 分别为复利终值系数和复利现值系数，可分别用符号 $(F/P, i, n)$ 和 $(P/F, i, n)$ 表示。在实际工作中，其数值可以查阅按不同利率和时期编成的"1 元复利终值表"和"1 元复利现值表"（见本书附表 1 和附表 2）。

【例 2.1】 王先生在银行存入 5 年期定期存款 2 000 元，年利率为 7%，5 年后的本利和为：$2\,000 \times (1 + 7\%)^5 = 2\,000 \times 1.402\,6 = 2\,805.2$（元）。

【例 2.2】 某项投资 4 年后可得收益 40 000 元，按年利率 6% 计算，其现值应为：$40\,000 \times (1 + 6\%)^{-4} = 40\,000 \times 0.792\,1 = 31\,684$（元）。

(二) 年金终值和现值的计算

年金是指一定时期内每次等额收付的系列款项，通常记做 A。年金的形式多种多样，如折旧、租金、利息、保险金、养老金、等额分期收款、等额分期付款、零存整取或整存零取储蓄等通常都采取年金的形式。

年金按其每次收付发生的时点不同，可分为普通年金、即付年金、递延年金、永续年金等几种。每期期末收款、付款的年金，称为普通年金；每期期初收款、付款的年金，称为即付年金或预付年金；距今若干期以后发生的每期期末收款、付款的年金，称为延期年金；无期限连续收款、付款的年金，称为永续年金。以下主要介绍各种年金终值和现值的计算方法。

1. 普通年金终值和现值的计算

普通年金是指一定时期每期期末等额的系列收付款项，又称后付年金。普通年金终值犹如零存整取的本利和，它是一定时期内每期期末收付款项的复利终值之和。其计算方法为

$$F = A \times (1+i)^0 + A \times (1+i)^1 + A \times (1+i)^2 + \cdots + A \times (1+i)^{n-1} + A \times (1+i)^n$$

根据等比数列求和公式可得

$$F = A \times \left[\frac{(1+i)^n - 1}{i}\right] = A \times (F/A, i, n)$$

式中,F 为普通年金终值;A 为年金;i 为利率;n 为期数;$(F/A,i,n)$ 称为年金终值系数。

【例2.3】 张先生每年年末存入银行1 000元,连续5年,年利率10%。则5年期满后,张先生可得多少钱?

5年后终值 $= 1\,000 \times (F/A,10\%,5) = 1\,000 \times 6.105\,1 = 6\,105.1$(元)

普通年金现值是一定时期内每期期末收付款项的复利现值之和。其计算方法为

$$P = A \times (1+i)^{-1} + A \times (1+i)^{-2} + A \times (1+i)^{-3} + \cdots + A \times (1+i)^{-(n-1)} + A \times (1+i)^{-n}$$

根据等比数列求和公式可得

$$P = A \times \left[\frac{1-(1+i)^{-n}}{i}\right] = A \times (P/A,i,n)$$

式中,P 为普通年金现值;A 为年金;i 为利率;n 为期数;$(P/A,i,n)$ 称为年金现值系数。

【例2.4】 王先生每年末收到租金1 000元,为期5年,若按年利率10%计算,王先生所收到的租金相当于现在的多少钱?

5年租金的现值 $= 1\,000 \times (P/A,10\%,5) = 1\,000 \times 3.790\,81 = 3\,790.8$(元)

2. 即付年金终值和现值的计算

即付年金的终值是最后一期期末时的本利和,是各期期初收付款项的复利终值之和。即付年金的发生期相对于普通年金来讲,都比普通年金多一期的利息,其计算公式为

$$F = A \times (1+i)^1 + A \times (1+i)^2 + A \times (1+i)^3 + \cdots + A \times (1+i)^n$$

根据等比数列求和公式可得

$$F = A \times \left[\frac{(1+i)^n - 1}{i}\right] \times (1+i)$$

或

$$A \times \left[\frac{(1+i)^{n+1} - 1}{i} - 1\right] = A \times \left[(F/A,i,n+1) - 1\right]$$

【例2.5】 为给儿子上大学准备资金,王先生连续6年于每年年初存入银行3 000元。若银行存款年利率为5%,则王先生在第6年年末能一次最多取出多少钱?

$$F = A \times \left[\frac{(1+i)^{n+1} - 1}{i} - 1\right] = 3\,000 \times \left[(F/A,5\%,7) - 1\right] = 3\,000 \times (8.1420 - 1) =$$
$21\,426$(元)

即付年金现值是各期期初收付款项的复利现值之和。其计算公式为

$$P = A + A \times (1+i)^{-1} + A \times (1+i)^{-2} + A \times (1+i)^{-3} + \cdots + A \times (1+i)^{-(n-1)}$$

根据等比数列求和公式可得

$$P = A \times \left[\frac{1-(1+i)^{-n}}{i}\right] \times (1+i) = A \times \left[\frac{1-(1+i)^{-(n-1)}}{i} + 1\right] =$$
$A \times \left[(P/A,i,n-1) + 1\right]$

【例2.6】 李先生采用分期付款方式购商品房一套,每年年初付款15 000元,分10年付清。若银行利率为6%,则该项分期付款相当于现在一次现金支付的房款是多少?

$$P = A \times \left[(P/A,i,n-1) + 1\right] = 15\,000 \times \left[(P/A,6\%,9) + 1\right] =$$
$15\,000 \times (6.8017 + 1) = 117\,025.5$(元)

3. 递延年金终值和现值的计算

递延年金是指第一次收付款发生时间不在第一期期末,而是间隔若干期后才发生的系

列等额收付款项,是普通年金的特殊形式。

递延年金终值的计算方法与普通年金终值的计算方法相似,即 $F = A \times (F/A, i, n)$。递延年金现值的计算方法有两种:

第一种方法,计算公式为

$$P = A \times \left[\frac{1 - (1+i)^{-(m+n)}}{i} - \frac{1 - (1+i)^{-m}}{i} \right] = A \times [(P/A, i, m+n) - (P/A, i, m)]$$

上式是先计算出 $m+n$ 期的普通年金现值,然后减去 m 期的普通年金现值,即得递延年金的现值。

第二种方法,计算公式为

$$P = A \times \left[\frac{1 - (1+i)^{-n}}{i} \right] \times (1+i)^{-m} = A \times (P/A, i, n) \times (P/F, i, m)$$

上式是先将递延年金视为 n 期普通年金,求出在第 $m+1$ 期期初的现值,然后再折算到第一期期初,即得递延年金的现值。

【例2.7】 某企业投资100万元于某一项目,从第4年起,该项目每年可产生25万元的净利润,该项目从投资起共能使用10年。若该企业的折现率为10%,问该项目是否可行?

$$P = A \times \left[\frac{1 - (1+10\%)^{-7}}{10\%} \right] \times (1+10\%)^{-3} = A \times (P/A, 10\%, 7) \times (P/F, 10\%, 3) =$$
$$25 \times 4.868 \times 0.751 = 91.40(万元)$$

或

$$P = A \times \left[\frac{1 - (1+10\%)^{-(7+3)}}{10\%} - \frac{1 - (1+10\%)^{-3}}{10\%} \right] = A \times [(P/A, 10\%, 10) -$$
$$(P/A, 10\%, 3)] = 25 \times (6.145 - 2.487) = 91.40(万元)$$

4. 永续年金现值的计算

永续年金是指无期限等额收付的特种年金,即期限趋于无穷的普通年金。由于永续年金持续期无限,没有终值的时间,因而没有终值,只有现值。永续年金的现值可以通过普通年金现值的计算公式推导而出,即

$$P = A \times \left[\frac{1 - (1+i)^{-n}}{i} \right]$$

当 $n \to \infty$ 时,$(1+i)^{-n}$ 极限为零,故上式可写成:$P = \frac{A}{i}$。

【例2.8】 某学校拟建立一项永久性的奖学金,每年计划颁发20 000元,若年利率为10%,则现在应存入银行多少钱?

$$P = \frac{20\ 000}{10\%} = 200\ 000(元)$$

(三)资金时间价值的特殊问题

1. 复利计息频数

复利计息频数是指利息在一年中复利多少次。在前面的终值与现值的计算中,都是假定利息是每年支付一次的,因为在这样的假设下,最容易理解货币的时间价值。但是在实际理财中,常出现计息期以半年、季度、月,甚至以天为期间的计息期,相应复利计息频数为

每年 2 次、4 次、12 次、360 次。当利息在一年内要复利几次时,给出的年利率叫做名义利率,而真正得到的利率叫做实际利率。

实际利率和名义利率之间的关系为
$$1 + i = (1 + r/M)^M$$
式中,r 为名义利率;i 为实际利率;M 为每年计息次数;$i = (1 + r/M)^M - 1$。

【例 2.9】 存入银行 1 000 元,年利率为 12%,计算按年、半年、季、月一年后的复利终值。

(1) 按年复利的终值为
$$F = 1\ 000 \times (1 + 12\%) = 1\ 120(元)$$

(2) 按半年复利的终值为
$$F = 1\ 000 \times (1 + 12\%/2)^2 = 1123.60(元)$$

(3) 按季复利的终值为
$$F = 1\ 000 \times (1 + 12\%/4)^4 = 1\ 125.51(元)$$

(4) 按月复利的终值为
$$F = 1\ 000 \times (1 + 12\%/12)^{12} = 1\ 126.83(元)$$

从以上计算可以看出,按年复利终值为 1 120 元,按半年复利终值为 1 123.60 元,按季复利终值为 1 125.51 元,按月复利终值为 1 126.83 元,一年中计息次数越多,在给定一年的年金终值就越大。

【例 2.10】 某人准备在 3 年后获得 2 000 元,年利率为 12%。在每年计息一次、每半年计息一次、每季计息一次、每月计息一次的情况下,现在应存入银行多少钱?

(1) 每年计息一次为
$$P = 2\ 000/(1 + 12\%)^{-3} = 2\ 000 \times 0.711\ 8 = 1\ 423.60(元)$$

(2) 每半年计息一次为
$$P = 2\ 000/(1 + 6\%)^{-3 \times 2} = 2\ 000 \times 0.705 = 1\ 410(元)$$

(3) 每季计息一次为
$$P = 2\ 000/(1 + 3\%)^{-3 \times 4} = 2\ 000 \times 0.701\ 4 = 1\ 402.80(元)$$

(4) 每月计息一次为
$$P = 2\ 000/(1 + 1\%)^{-3 \times 12} = 2\ 000 \times 0.698\ 9 = 1\ 397.80(元)$$

从计算可以看出,一年中计息次数越多,其现值越小。这二者的关系与终值和计息次数的关系恰好相反。

2. 分数计息期

在前面的终值与现值的计算中,计息期都是整数。但是在实际中,会出现计息期是分数的情况,如 $n = 10/3$。但因为分数计息期可以直接用于公式,因此可直接计算分数计息期单个数值的终值和现值。

【例 2.11】 假设利息率为 6%,20 个月后某人收到的 5 000 元的现值是多少?

将 $n = 20/12$ 代入复利现值公式,则
$$P = 5\ 000/(1 + 6\%)^{20/12} = 5\ 000 \times 0.907\ 3 = 4\ 536.5(元)$$

【例 2.12】 某公司半年后,需每年支付 100 万元的 5 年期的年金,折现率为 6%,其现值是多少?

$P = 100 \times (P/F, 6\%, 5) \times (1+6\%)^{0.5} = 100 \times 4.2124 \times 1.0296 = 433.71(万元)$

3. 插值法的计算

到目前为止,我们计算的终值和现值,都是在折现率和利息率已知的情况下进行的。但在实际理财中,经常会遇到已知终值、现值、计息期,求解折现率和利息率的情况。在这里,介绍一种计算方法,即插值法。

【例2.13】 某人现在向银行存入7 000元,按复利计算,在利率为多少时,才能在8年后每年得到1 000元?

$$P = A \times (P/A, i, n)$$
$$7\,000 = 1\,000 \times (P/A, i, 8)$$

所以,$(P/A, i, 8) = 7$。

查附录"年金现值系数表",当利率为3%时,系数为7.019 7;当利率为5%时,系数为6.463 2。因此,判断利率应在3% ~ 5%之间,设利率为x,则用插值法计算x值为

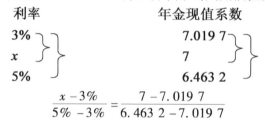

$$\frac{x - 3\%}{5\% - 3\%} = \frac{7 - 7.0197}{6.4632 - 7.0197}$$

所以,$x = 3.07\%$。

第二节　投资风险价值

一、风险的概念与性质

风险是一个非常宽泛、常用的词汇,但目前理论界对风险还未达成一致的认识,也没有一个统一的界定,已有的一些对风险的定义包括:(1)风险是结果的不确定性;(2)风险是损失发生的可能性或可能发生的损失;(3)风险是结果对期望的偏离;(4)风险是导致损失的变化;(5)风险是受伤害或损失的危险。

上述对风险的解释可以说都从不同的角度揭示了风险的某些内在特征。综合以上研究成果,我们认为,风险是指人们事先能够肯定采取某种行为所有可能的后果,以及每种后果出现可能性的状况。我们对风险与不确定性、损失与危险和风险与危险等概念的关系进行分析,以进一步了解风险的本质和特性。

(一)风险与不确定性

风险与不确定性有着密切的联系,但从理论上看,两者又是有区别的,不能将两者混为一谈,风险是指决策者能够事先知道事件最终呈现的可能状态,并且可以根据经验知识或历史数据比较准确地预知每种可能状态出现的可能性的大小,即知道整个事件发生的概率分布。而在不确定性状态下,决策者不能预知事件发生的最终结果以及相应的可能性大小即概率分布。例如,假设某公司在一无所知的地区寻找铜矿,此时公司面临的即为不确定性。因为,此时只能肯定找到铜矿和找不到铜矿两种后果,但不会知道这两种后果出现的

可能性各为多少。可见，风险与不确定性的根本区别在于决策者能否预知事件发生最终结果的概率分布。

在我们的财务管理实务中，某一事件是处于风险状态还是处于不确定性状态并不是完全由事件本身的性质决定的，有时很大程度上取决于决策者的能力和拥有的信息量。所以风险和不确定性的区别是建立在决策者的主观认知能力和认知条件的基础上的，具有明显的主观色彩。因此在企业财务管理实务中，对风险和不确定性并不做严格区分，当谈到风险时，可能指风险，也可能指的是不确定性。

（二）风险与损失

风险与损失是有密切联系的，损失是指事件发生最终结果不利状态的代表，无论我们对风险怎样进行定义，都离不开损失这一因素。否则，如果未来结果不会造成任何损失或不会出现不利状态，无论事件的不确定性有多大，该事件都不会构成风险事件。尽管风险与损失有着密切的联系，但风险只是损失的可能，或者说是潜在的损失，并不等于损失本身。可以说，损失是一个事后概念，而风险是一个事前概念。在事件发生以前，风险就已经产生或存在，而损失并没有发生，只是潜在的可能性。一旦损失实际发生，风险就不复存在了，因为不确定性已经转化为确定性。

（三）风险与危险

风险与危险也是两个既相互联系又有区别的概念。在我们的日常生活中，风险和危险两词的互换是常见的，但两者在性质上是有差别的。风险是指结果的不确定性或损失发生的可能性，而危险一般是指损失事件一旦发生会使得损失更加严重的环境。

区别风险和危险的重要意义在于两个方面：一是确定风险管理的方针，风险不是危险，因为对风险不能是消极地防御，而应积极地加以控制和防范；二是既然危险是影响风险的环境性因素，所以是导致风险水平增加的原因，通过控制和消除这些风险因素就可以降低风险水平。

二、风险报酬与风险的关系

一般而言，人们都是风险规避者，也就是讨厌风险，力求回避风险。那么为什么还有人进行风险性投资呢？这是因为投资者在承担风险的同时，可相应获得额外的报酬——风险报酬。严格来说，风险报酬是指投资者因承担风险而获得的超过时间价值的那部分额外报酬。而所谓的风险报酬率即为投资者因承担风险而获得的超过时间价值率的那部分额外报酬率，即风险报酬与原投资额的比率。在财务管理中，风险报酬通常采用相对数，即风险报酬率来加以计量。风险报酬率是投资项目报酬率的一个重要组成部分，如果不考虑通货膨胀因素，投资报酬率就是时间价值率与风险报酬率之和。通过风险报酬率这一概念也可以看到，单纯的风险分析并没有多大意义，只有将风险与报酬联系起来，风险分析才具有实际意义。

报酬和风险这两个投资的基本属性给予投资者的感受是不一样的。报酬是投资者所追求的，而风险则是投资者所厌恶和尽力避免的，当投资者承担了一定风险的同时，他必然要求获得一定的风险补偿，这部分补偿就是我们前面解释的风险报酬。那么现在就有这样一个问题：需要得到多少补偿才是合适的呢？也就是说风险报酬率和风险之间有什么样的关系。直观地看,风险越高,相应所需获得的风险报酬率也就越高,但这只是定性的描述,无法完成对风险报酬率的定量评估。事实上,风险报酬率和风险的关系正是报酬和风险均衡理论(包括资本资产定价模型和套利定价理论等)所致力解决的问题,正是因为对这一关系有不同的看法,形成了对风险资产不同的评价模型。

三、投资风险价值的计算

(一)投资风险价值的概念

投资风险价值是指投资者由于冒着风险进行投资而获得的超过资金时间价值的额外收益,又称投资风险收益、投资风险报酬。

投资风险价值可用风险收益额和风险收益率表示。投资者由于冒着风险进行投资而获得的超过资金时间价值的额外收益,称为风险收益额;风险收益额对于投资额的比率,则为风险收益率。在实际工作中,通常以风险收益率进行计量。

在不考虑通货膨胀的情况下,投资收益率(即投资收益额对投资额的比率)包括两部分:一部分是无风险投资收益率,即资金时间价值;另一部分是风险投资收益率,即风险价值。其基本关系为

投资收益率 = 无风险投资收益率 + 风险投资收益率

即

$$K = R_P + R_R$$

(二)投资风险价值的计算

风险收益具有不易计量的特性。要计算在一定风险条件下的投资收益,必须利用概率论的方法,按未来年度预期收益的平均偏离程度来进行估量。

1. 概率分布和预期收益

一个事件的概率是指这一事件的某种后果可能发生的机会。企业投资收益率25%的概率为0.40,就意味着企业获得25%的投资收益率可能性是40%。如果把某一事件所有可能的结果都列示出来,对每一结果给予一定的概率,便可构成概率的分布。

【例2.14】 中南公司某投资项目有A,B两个方案,投资额均为10 000元,其收益的概率分布如表2.1所示。

表2.1 收益概率分布

经济情况	概率(P_i)	收益额(随机变量 X_n)	
		A方案	B方案
繁荣	$P_1 = 0.20$	$X_1 = 2\,000$	$X_1 = 3\,500$
一般	$P_2 = 0.50$	$X_2 = 1\,000$	$X_2 = 1\,000$
较差	$P_3 = 0.30$	$X_3 = 500$	$X_3 = -500$

概率以 P_n 表示,n 表示可能出现的所有结果的个数。任何概率都要符合以下两条规则:

(1)$0 \leq P_n \leq 1$;

(2) $\sum_{i=1}^{n} P_i = 1$。

这就是说，每一个随机变量的概率最小为0，最大为1；不可能小于0，也不可能大于1。全部概率之和必须等于1，即100%。

根据某一事件的概率分布情况，可以计算出预期收益。预期收益又称收益期望值，是指某一投资方案未来收益的各种可能结果，用概率为权数计算出来的加权平均数，是加权平均的中心值。其计算公式为

$$\overline{E} = \sum_{i=1}^{n} X_i P_i$$

式中，$\overline{E}$为预期收益；X_i为第i种可能结果的收益；n为可能结果的个数；P_i为第i种可能结果的概率。

根据表2.1的资料，可分别计算A，B两方案的预期收益如下：

A方案$\overline{E} = 2\,000 \times 0.2 + 1\,000 \times 0.5 + 500 \times 0.3 = 1\,050$(元)

B方案$\overline{E} = 3\,500 \times 0.2 + 1\,000 \times 0.5 + (-500 \times 0.3) = 1\,050$(元)

在预期收益相同的情况下，投资的风险程度同收益的概率分布有密切的联系。概率分布有两种类型：一种是不连续的概率分布，即概率分布在几个特定的随机变量点上，概率分布图形呈几条个别的直线；另一种是连续的概率分布，即概率分布在一定区间的连续各点上，概率分布图形呈由一条曲线覆盖的平面。概率分布越集中，实际可能的结果就会越接近预期收益，实际收益率低于预期收益率的可能性就越小，投资的风险程度也就越小；反之，概率分布越分散，投资的风险程度也就越大。A方案收益的概率分布比B方案要集中得多，因而其投资风险较低。所以，对有风险的投资项目，不仅要考察其预期收益率的高低，而且要考察其风险程度的大小。

2.风险收益的衡量

投资风险程度究竟如何计量，这是一个比较复杂的问题，目前通常以能反映概率分布离散程度的标准离差来确定。根据标准离差计算投资风险收益，可按以下步骤进行，现以A方案为例说明。

(1)计算投资项目的预期收益。计算公式和A方案预期收益的计算，已在前面列示，即

A方案$\overline{E} = 2\,000 \times 0.2 + 1\,000 \times 0.5 + 500 \times 0.3 = 1\,050$(元)

(2)计算投资项目的收益标准离差。以上计算的结果是在所有各种风险条件下，期望可能得到的平均收益值为1 050元。但是，实际可能出现的收益往往偏离期望值。如市场繁荣时偏离950元，销路一般时偏离-50元，销路较差时偏离-550元。要知道各种收益可能值(随机变量)与期望值的综合偏离程度是多少，不能用三个偏差值相加的办法求得，而只能用求解偏差平方和的方法来计算标准离差。计算公式为

$$\text{标准离差} \delta = \sqrt{\sum (\text{随机变量} - \text{期望值})^2 \times \text{概率}}$$

代入上例数据求得

$$\delta = \sqrt{(2\,000 - 1\,500)^2 \times 0.2 + (1\,000 - 1\,050)^2 \times 0.5 + (500 - 1\,050)^2 \times 0.3} = 522.02(\text{元})$$

标准离差是由各种可能值(随机变量)与期望值之间的差距所决定的。它们之间的差距越大,说明随机变量的可变性越大,意味着各种可能情况与期望值的差别越大;反之,它们之间的差距越小,说明随机变量越接近于期望值,就意味着风险越小。所以,收益标准离差的大小,可以看做是投资风险大小的具体标志。

(3)计算投资项目的收益标准离差率。标准离差是反映随机变量离散程度的一个指标,但它是一个绝对值,而不是一个相对值,只能用来比较预期收益率相同的投资项目的风险程度,而不能用来比较预期收益率不同的投资项目的风险程度。为了比较预期收益率不同的投资项目的风险程度,还必须求得标准离差和预期收益的比值,即标准离差率。其计算公式为

$$标准离差率\ V = \frac{标准离差\ \delta}{期望值\ \overline{E}} \times 100\%$$

根据以上公式,代入上例数据求得

$$V = \frac{522.02}{1\,050} \times 100\% = 49.72\%$$

(4)求投资方案应得风险收益率。收益标准离差率可以代表投资者所冒风险的大小,反映投资者所冒风险的程度,但它还不是收益率,必须把它变成收益率才能比较。标准离差率变成收益率的基本要求是:所冒风险程度越大,得到的收益率也应该越高,投资风险收益应该与反映风险程度的标准离差率成正比例关系。收益标准离差率要转换为投资收益率,其间还需要借助一个参数,即风险价值系数。其公式为

$$风险收益率\ R_R = 风险价值系数\ b \times 标准离差率\ V$$

$$风险收益额\ P_R = 收益期望值\ \overline{E} \times \frac{风险收益率\ R_R}{无风险收益率\ R_F + 风险收益率\ R_R}$$

在上例中,假定投资者确定风险价值系数为8%,则风险收益率为

$$8\% \times 49.72\% = 3.98\%$$

风险收益额为

$$1\,050 \times \frac{3.98\%}{6\% + 3.98\%} = 419(元)$$

至于风险价值系数的大小,则可以由投资者根据经验,并结合其他因素加以确定。或根据以往同类项目的历史资料计算所得。例如,企业进行某项投资,其同类项目的投资收益率为10%,无风险收益率为6%,收益标准离差率为50%。根据公式可计算为

$$b = \frac{投资收益率 - 无风险收益率}{标准离差率} = \frac{10\% - 6\%}{50\%} = 8\%$$

(5)计算投资方案的预测投资收益率,权衡投资方案是否可取。

按照上述程序计算出来的风险收益率,是在现有风险程度下要求的风险收益率。为了判断某一投资方案的优劣,可将预测风险收益率同应得风险收益率进行比较,研究预测风险收益率是否大于应得风险收益率。对于投资者来说,预测的风险收益率越大越好。无风险收益率即资金时间价值是已知的,根据无风险收益率和预测投资收益率,可求得预测风险收益率,并进而推算出预测风险收益额。其计算公式为

$$预测投资收益率 = \frac{预测期望收益额}{投资额} \times 100\%$$

预测风险收益率 = 预测投资收益率 – 无风险收益率

$$预测风险收益额 = 收益期望值 \times \frac{预测风险收益率}{无风险收益率 + 预测风险收益率}$$

前面已假设上述 A 方案无风险收益率为 6%，则有关指标计算为

$$预测投资收益率 = \frac{1\ 050}{10\ 000} \times 100\% = 10.5\%$$

$$预测风险收益率 = 10.5\% - 6\% = 4.5\%$$

$$预测风险收益额 = 1\ 050 \times \frac{4.5\%}{6\% + 4.5\%} = 450(元)$$

求出预测的风险收益率（收益额）后，用以与应得的风险收益率（收益额）进行比较，即可对投资方案进行评价。如上述 A 方案：预测风险收益率 4.5% > 应得风险收益率 3.98%；预测风险收益额 450 元 > 应得风险收益额 419 元。这说明该投资方案所冒的风险小，而预测可得的风险收益率大，此方案符合投资原则，可取；反之，则不可取。

以上对投资风险程度的衡量，是就一个投资方案而言的。如果有多个投资方案供选择，那么进行投资决策总的原则应该是，投资收益率越高越好，风险程度越低越好。具体说来有以下几种情况：（1）如果两个投资方案的预期收益率基本相同，应当选择标准离差率较低的那一个；（2）如果两个投资方案的标准离差率基本相同，应当选择预期收益率较高的那一个；（3）如果甲方案预期收益率高于乙方案，而其标准离差率低于乙方案，则应当选择甲方案；（4）如果甲方案预期收益率高于乙方案，而其标准离差率也高于乙方案，则不能一概而论，而要取决于投资者对风险的态度。有的投资者愿意冒较大的风险，以追求较高的收益率，可能选择甲方案；有的投资者则不愿意冒较大的风险，宁肯接受较低的收益率，可能选择乙方案。但如甲方案收益率高于乙方案的程度大，而其收益标准离差率高于乙方案的程度较小，则选择甲方案可能是比较适宜的。

应当指出，风险价值计算的结果具有一定的假定性，并不十分精确。研究投资风险价值原理，主要是在进行投资决策时，树立风险价值观念，认真权衡风险与收益的关系，选择有可能避免风险、分散风险，并获得较多收益的投资方案。

四、资本资产定价模型

(一)资本资产定价模型基本原理

资本资产定价模型是由经济学家 Harry Markowitz 和 William F. Sharpe 于 1964 年提出来的。根据风险与收益的一般关系，某资产的必要收益率是由无风险收益率和该资产的风险收益率决定的。即：必要收益率 = 无风险收益率 + 风险收益率，由此引出了资本资产定价模型的表达式为

$$E(R_i) = R_F + \beta_i(R_M - R_F)$$

$E(R_i)$ 表示某资产的必要收益率；R_F 表示无风险收益率，它通常以短期国债的利率来替代；β_i 表示该资产的系统风险系数；R_M 表示市场组合收益率，通常以股票价格指数收益率的平均值或所有股票的平均收益率来代替。

上式中的 $(R_M - R_F)$ 称为市场风险溢酬，是附加在无风险收益率之上的，反映的是市场整体对风险的厌恶程度，对风险越是厌恶和回避，要求的补偿就越高，因此市场风险溢酬的

数值就越大。反之,市场的抵抗风险能力越强,市场风险溢酬的数值就越小。可以看出,某项资产的风险收益率是该资产系统风险系数与市场风险溢酬的乘积,即

$$风险收益率 = \beta_i(R_M - R_F)$$

【例2.15】 某年由 MULTEX 公布的美国通用汽车公司的 β 系数是1.170,短期国库券的利率为4%,S&P 股票价格指数的收益率是10%,则通用汽车该年股票的必要收益率为

$$E(R_i) = R_F + \beta_i(R_M - R_F) = 4\% + 1.170 \times (10\% - 4\%) = 11.02\%$$

(二)资产组合的必要收益率

由资本资产定价模型可以推导出资产组合的必要收益率的计算公式为

$$R_P = R_F + \beta_P(R_M - R_F)$$

式中,R_P 表示资产组合的必要收益率。

这个公式与资本资产定价模型的公式极为相似,唯一不同的是 β_P 是指资产组合的 β 系数,它是由所有单项资产 β 系数的加权平均数,权数为各项资产在资产组合中所占的价值比重,计算公式为

$$\beta_P = \sum W_i \times \beta_i$$

式中,β_P 是指资产组合的系统风险系数;W_i 是第 i 项资产在资产组合中所占的价值比重;β_i 是第 i 项资产的 β 系数。

【例2.16】 某资产组合有三只股票,相关信息如表2.2所示,则该项资产组合的 β 系数是多少?若假设当前短期国债收益率为3%,股票价格指数平均收益率为12%,则这三只股票组合的必要收益率为多少?

表2.2 某资产组合的相关信息

股票	β 系数	股票的每股市价/元	股票的数量/股
A	0.7	4	200
B	1.1	2	100
C	1.7	10	100

分析:先计算三只股票所占的价值比重。

$$A\ 股票:\frac{4 \times 200}{4 \times 200 + 2 \times 100 + 10 \times 100} = 40\%$$

$$B\ 股票:\frac{2 \times 100}{4 \times 200 + 2 \times 100 + 10 \times 100} = 10\%$$

$$C\ 股票:\frac{10 \times 100}{4 \times 200 + 2 \times 100 + 10 \times 100} = 50\%$$

该项资产组合的 β 系数为

$$\beta_P = \sum W_i \times \beta_i = 40\% \times 0.7 + 10\% \times 1.1 + 50\% \times 1.7 = 1.24$$

该项资产组合的必要收益率 $= R_F + \beta_P(R_M - R_F) = 3\% + 1.24 \times (12\% - 3\%) = 14.16\%$

第三章 筹资管理

第一节 企业筹资概述

一、筹资的作用

筹资是指企业为了满足投资和用资的需要,筹集取得所需资金的活动。筹资是企业的一项重要财务活动。筹资活动是资金运动的起点。筹资的作用主要表现在两个方面。

(一)满足经营运转的资金需要

企业筹资,能够为企业生产经营活动的正常开展提供财务保障。筹集资金,作为企业资金运动的起点,决定着企业资金运动的规模和生产经营发展的程度。企业新建时,要按照企业战略所确定的生产经营规模核定长期资本和流动资金的需要量。在企业日常生产经营活动运行期间,需要维持一定数额的资金,以满足营业活动的正常波动需求。这些都需要筹措相应数额的资金,来满足生产经营活动的需要。

(二)满足投资发展的资金需要

企业在成长时期,往往因扩大生产经营规模或对外投资需要大量资金。企业生产经营规模的扩大有两种形式,一种是新建厂房、增加设备,这是外延式的扩大再生产;另一种是引进技术、改进设备,提高固定资产的生产能力,培训工人,提高劳动生产率,这是内涵式的扩大再生产。不管是外延式的扩大再生产还是内涵式的扩大再生产,都会发生扩张性的筹资机动。同时,企业由于战略发展和资本经营的需要,还会积极开拓有发展前途的投资领域,以联营投资、股权投资和债权投资等形式对外投资。经营规模扩张和对外产权投资,往往会产生大额的资金需求。

二、筹资的分类

(一)股权筹资、债务筹资及衍生工具筹资

按企业所取得资金的权益特性不同,企业筹资分为股权筹资、债务筹资及衍生工具筹资三类,这也是企业筹资方式最常见的分类方法。

股权筹资形成股权资本是企业依法长期拥有、能够自主调配运用的资本。股权资本在企业持续经营期间内,投资者不得抽回,因而也称之为企业的自有资本、主权资本或股东权益资本。股权资本是企业从事生产经营活动和偿还债务的本钱,是代表企业基本资信状况的一个主要指标。企业的股权资本通过吸收直接投资、发行股票、内部积累等方式取得。股权资本由于一般不用还本,形成了企业的永久性资本,因而财务风险小,但付出的资本成本相对较高。

股权筹资项目包括实收资本(股本)、资本公积金、盈余公积金和未分配利润等。其中,实收资本(股本)和实收资本溢价部分形成的资本公积金是投资者的原始投入部分;盈余公积金、未分配利润和部分资本公积金是原始投入资本在企业持续经营中形成的经营积累。通常,盈余公积金、未分配利润共称为留存收益。股权筹资在经济意义上形成了企业的所有者权益,其金额等于企业资产总额减去负债总额后的余额。

债务筹资是企业通过借款、发行债券、融资租赁以及赊销商品或服务等方式取得的资金。由于债务筹资到期要归还本金和支付利息,因而具有较大的财务风险,但付出的资本成本相对较低。从经济意义上来说,债务筹资是债权人对企业的一种投资,也要依法享有企业使用债务所取得的经济利益,因而也可以称之为债权人权益。

衍生工具筹资包括兼具股权与债务特性的混合融资和其他衍生工具融资。我国上市公司目前最常见的混合融资是可转换债券融资,最常见的其他衍生工具融资是认股权证融资。

(二)直接筹资与间接筹资

按其是否以金融机构为媒介,企业筹资分为直接筹资和间接筹资两种类型。

直接筹资是企业直接与资金供应者协商融通资本的一种筹资活动。直接筹资方式主要有吸收直接投资、发行股票、发行债券等。通过直接筹资既可以筹集股权资金,也可以筹集债务资金。按法律规定,公司股票、公司债券等有价证券的发行需要通过证券公司等中介机构进行,但证券公司所起到的只是承销的作用,资金拥有者并未向证券公司让渡资金使用权,因此发行股票、债券属于直接向社会筹资。

间接筹资是企业借助银行等金融机构融通资本的筹资活动。在间接筹资方式下,银行等金融机构发挥了中介的作用,资金拥有者首先向银行等金融机构让渡资金的使用权,然后由银行等金融机构将资金提供给企业。间接筹资的基本方式是向银行借款,此外还有融资租赁等筹资方式,间接筹资形成的主要是债务资金。

(三)内部筹资与外部筹资

按资金的来源范围不同,企业筹资分为内部筹资和外部筹资两种类型。

内部筹资是指企业通过利润留存形成的资金来源。内部筹资数额的大小主要取决于企业可分配利润的多少和利润分配政策(股利政策),一般无需花费筹资费用,从而降低了资本成本。

外部筹资是指企业向外部筹措资金形成的资金来源。处于初创期的企业,内部筹资的可能性是有限的;处于成长期的企业,内部筹资往往难以满足需要。这就需要企业广泛地开展外部筹资,如发行股票、债券,取得商业信用、向银行借款等。企业向外部筹资大多需要花费一定的筹资费用,从而提高了筹资成本。企业筹资时首先应利用内部筹资,然后再考虑外部筹资。

(四)长期筹资与短期筹资

按所筹集资金的使用期限不同,企业筹资分为长期筹资和短期筹资两种类型。

长期筹资是指企业筹集使用期限在1年以上的资金。长期筹资的目的主要在于形成和更新企业的生产和经营能力,或扩大企业的生产经营规模,或为对外投资筹集资金。长期筹资通常采取吸收直接投资、发行股票、发行债券、取得长期借款、融资租赁等方式,所形成的长期资金主要用于购建固定资产、形成无形资产、进行对外长期投资、垫支流动资金、产品和技术研发等。从资金权益性质来看,长期资金可以是股权资金,也可以是债务资金。

短期筹资是指企业筹集使用期限在1年以内的资金。短期资金主要用于企业的流动资产和日常资金周转,一般在短期内需要偿还。短期筹资经常利用商业信用、短期借款、保理业务等方式来筹集。

三、筹资管理的原则

企业筹资管理的基本要求,是在严格遵守国家法律法规的基础上,分析影响筹资的各种因素,权衡资金的性质、数量、成本和风险,合理选择筹资方式,提高筹集效果。

(一)遵循国家法律法规,合法筹措资金

不论是直接筹资还是间接筹资,企业最终都通过筹资行为向社会获取资金。企业的筹资活动不仅为自身的生产经营提供资金来源,而且也会影响投资者的经济利益,影响社会经济秩序。企业的筹资行为必须遵循国家的相关法律法规,依法履行法律法规和投资合同约定的责任,合法合规筹资,依法披露信息,维护各方的合法权益。

(二)分析生产经营情况,正确预测资金需要量

企业筹集资金,首先要合理预测资金的需要量。筹资规模与资金需要量应当匹配一致,既要避免因筹资不足,影响生产经营的正常进行,又要防止筹资过多,造成资金闲置。

(三)合理安排筹资时间,适时取得资金

企业筹集资金,还需要合理预测确定资金需要的时间。要根据资金需求的具体情况,合理安排资金的筹集时间,适时获取所需资金。使筹资与用资在时间上相衔接,既要避免过早筹集资金形成的资金投放前闲置,又要防止取得资金的时间滞后,错过资金投放的最佳时间。

(四)了解各种筹资渠道,选择资金来源

企业所筹集的资金都要付出资本成本的代价,不同的筹资渠道和筹资方式所取得的资金,其资本成本各有差异。企业应当在考虑筹资难易程度的基础上,针对不同来源资金的成本进行分析,尽可能选择经济、可行的筹资渠道与方式,力求降低筹资成本。

(五)研究各种筹资方式,优化资本结构

企业筹资要综合考虑股权资金与债务资金的关系、长期资金与短期资金的关系、内部筹资与外部筹资的关系,合理安排资本结构,保持适当偿债能力,防范企业财务危机,提高筹资效益。

第二节 企业筹资的渠道与方式

筹资活动是企业生存和发展的前提条件,没有资金,企业将难以生存,也不可能发展。所谓筹资,是指企业根据其生产经营、对外投资及调整资本结构的需要,通过筹资渠道和资本市场,并运用筹资方式,经济有效地筹集企业所需资金的财务活动。从企业资金活动的过程及财务活动的内容看,它是企业财务管理工作的起点,关系到企业生产经营活动的正常开展和企业经营成果的获取,所以,企业应科学合理地进行筹资活动。

一、企业筹资渠道

筹资渠道,是指企业取得资金的来源,即企业可以从哪些渠道获取资金。我国企业目前筹资渠道主要有如下几方面。

(一)国家财政资金

国家财政资金在企业资金来源中占有相当大的比重。国家对企业的直接投资是国有企业最主要的资金来源渠道。国家财政资金分为以下三种形式:一是无偿拨款。现有国有企业的资金来源大部分是过去由国家财政的直接拨款方式投资形成的。二是国家对企业"税前还贷"或减免各种税款形成的资金。从产权关系上看,"税前还贷"或减免各种税款形成的资金都属于国家投入的资金。三是有偿使用周转金贷款。为了提高财政资金的使用效果,财政资金也进行了无偿拨款变为有偿使用的改革。总之,国家财政资金具有广阔的源泉,今后仍将是国有企业筹集资金的重要来源。

(二)银行信贷资金

银行对企业的贷款是我国目前各类企业最为重要的资金来源。我国银行分为商业性银行和政策性银行两种。现有的中国工商银行、中国建设银行、中国农业银行等商业性银行是以盈利为目的、从事信贷资金投放的金融机构,它主要为企业提供各种商业贷款。现有的政策性银行国家开发银行可以为特定企业提供政策性贷款。

(三)非银行金融机构资金

非银行金融机构主要指信托投资公司、保险公司、租赁公司、证券公司、企业集团的财务公司等。这些公司所提供的各种金融服务,既包括信贷资金投放,也包括物资的融通,还包括为企业承销证券等金融服务。

(四)其他企业资金

企业在生产经营过程中,往往形成部分暂时闲置的资金,并为一定的目的而进行相互投资;另外,企业间的购销业务可以通过商业信用方式来完成,从而形成债务人对债权人的短期信用资金占用。企业间的相互投资和商业信用的存在,使其他企业资金也成为企业资金的重要来源。

(五)居民个人资金

企业职工和居民个人的结余货币,作为"游离"于银行及非银行金融机构等之外的个人资金,形成民间闲置资金,可用于对企业进行投资,从而为企业所利用。

(六)企业自留资金

它是企业内部形成的资金,主要包括计提折旧、提取公积金和未分配利润等。它们无需企业通过一定的方式去筹集,而直接由企业内部自动生成或转移,是企业自我筹资的渠道。

二、企业筹资的方式

筹资方式,是指企业筹措资金所采用的具体形式。如果说筹资渠道属于客观存在,那么筹资方式则属于企业主观能动行为。企业筹资管理的重要内容是如何针对客观存在的筹资渠道,选择合理的筹资方式进行筹资。认识筹资方式的种类及各种筹资方式的属性,有利于企业选择适宜的筹资方式并有效地进行筹资组合,降低成本,提高筹资效益。

目前我国企业筹资方式主要有以下几种:(1)吸收直接投资;(2)发行股票;(3)银行借款;(4)商业信用;(5)发行债券;(6)融资租赁;(7)利用留存收益。这些筹资方式的含义及特征,将在以后章节中介绍。

三、筹资渠道与筹资方式的对应关系

筹资渠道在于了解资金有没有渠道的问题,筹资方式则解决通过何种方式取得资金的问题,它们之间存在一定的对应关系。一定的筹资方式可能只适用于某一特定的筹资渠道,但是同一渠道的资金往往可采用不同的方式去取得。它们之间的对应关系,可用表3.1表示。

企业资金可以从多种渠道采用多种方式来筹集。不同来源的资金,其使用时间的长短、附加条款的限制、财务风险的大小、资金成本的高低都不一样。企业在筹集资金时,要充分考虑各种筹资方式给企业带来的资金成本的高低和财务风险的大小,以便选择筹资方式。

表3.1 筹资方式与筹资渠道间的对应关系

	吸收直接投资	发行股票	借款	发行债券	商业信用	租赁	留存收益
国家财政资金	√	√					
银行信贷资金	√		√				
非银行金融机构资金	√	√	√	√		√	
其他企业资金	√	√	√	√	√		
居民个人资金	√	√		√			
企业自留资金							√

第三节 资金需要量预测

资金的需要量预测方法有定性预测法和定量预测法,定量预测法主要包括因素分析法、销售百分比法、资金习性预测法,这里主要介绍定量预测法。

一、因素分析法

因素分析法又称分析调整法,是以有关项目基期年度的平均资金需要量为基础,根据预测年度的生产经营任务和资金周转加速的要求,进行分析调整,来预测资金需要量的一种方法。这种方法计算简便,容易掌握,但预测结果不太精确。它通常用于品种繁多、规格复杂、资金用量小的项目。因素分析法的计算公式为

资金需要量 =(基期资金平均占用额 - 不合理资金占用额)×
(1 + 预测期销售增长率)×(1 - 预测期资金周转加速率)

【例3.1】 甲企业上年度资金平均占用额为2 200万元,经分析,其中不合理部分200万元,预计本年度销售增长5%,资金周转加速2%。则

预测年度资金需要量 =(2 200 - 200)×(1 + 5%)×(1 - 2%) = 2 058(万元)

二、销售百分比法

销售百分比法,是根据销售增长与资产增长之间的关系,预测未来资金需要量的方法。企业的销售规模扩大时,要相应增加流动资产;如果销售规模增加很多,还必须增加长期资产。为取得扩大销售所需增加的资产,企业需要筹措资金。这些资金,一部分来自留存收益,另一部分通过外部筹资取得。通常,销售增长率较高时,仅靠留存收益并不能满足资金需要,即使获利良好的企业也需外部筹资。

销售百分比法预测资金需要量的基本步骤:

(1) 确定随销售额变动而变动的资产和负债项目。随着销售额的变动,经营性资产项目将占用更多的资金。同时,随着经营性资产的增加,相应的经营性短期债务也会增加,如存货增加会导致应付账款增加。销售百分比法预测资金需要量中所说的经营性资产项目主要包括库存现金、应收账款、存货等项目;经营性短期负债项目主要包括应付票据、应付账款等"自发负债"项目,不包括短期借款、短期融资券、长期负债等主动负债项目。

(2) 确定经营性资产与经营性短期自发负债有关项目与销售额的百分比。如果企业资金周转的营运效率保持不变,经营性资产与经营性短期自发负债会随销售额的变动而呈正比例变动。销售百分比法假定经营性资产与经营性短期自发负债与销售额保持稳定的百分比关系,预测应当根据历史资料,剔除不合理的资金占用,计算其与销售额的比例关系。

(3) 确定需要增加的资金及外部筹资额。

外部筹资额用公式表示为

外部筹资额 = 需要增加的资金 - 预计留存收益额 =
  增加的经营性资产 - 增加的经营性短期自发负债 - 预计留存收益额 =
  经营性资产与销售额的百分比 × 增加的销售额 -
  经营性短期自发负债与销售额的百分比 × 增加的销售额 -
  预测期销售额 × 销售净利率 × 留存收益率

式中,增加的销售额 = 预测期销售额 - 基期销售额;销售净利率 = 基期税后净利/基期销售额;留存收益率 = 1 - 股利支付率。

【例 3.2】 光华公司 20×8 年 12 月 31 日的简要资产负债表如表 3.2 所示(金额为给出资料)。假定光华公司 20×8 年销售额为 10 000 万元,销售净利率为 10%,利润留存率为 40%。20×9 年销售额预计增长 20%,公司有足够的生产能力,无需追加固定资产投资。

根据给定的资料确定随销售额变动而变动的资产和负债项目。在表 3.2 中,N 表示不变项目,是指该项目不随销售的变化而变化。

根据给定的资料确定经营性资产与经营性短期自发负债有关项目与销售额的百分比。计算出有关变动项目与销售额的百分比如表 3.2 中所示。

计算需要增加的资金:

需要增加的资金 = 50% × (12 000 - 10 000) - 15% × (12 000 - 10 000) = 700(万元)

表 3.2 光华公司资产负债表(20×8 年 12 月 31 日)　　　　　　　单位:万元

资产	金额	与销售关系/%	负债与权益	金额	与销售关系/%
货币资金	500	5	短期借款	2 500	N
应收账款	1 500	15	应付账款	1 500	15

续表 3.2

资产	金额	与销售关系/%	负债与权益	金额	与销售关系/%
存货	3 000	30	应付债券	1 000	N
固定资产	3 000	N	实收资本	2 000	N
			留存收益	1 000	N
合计	8 000	50	合计	8 000	15

计算外部融资额：

外部融资额 = 35% × 2 000 − 12 000 × 10% × 40% = 220(万元)

销售百分比法不仅能确定需要增加的资金及外部筹资额，还能确定资金需求总量以及编制预计的资产负债表。

三、资金习性预测法

资金习性预测法，是指根据资金习性预测未来资金需要量的一种方法。所谓资金习性，是指资金总额的变动与业务量(产销量)变动之间的依存关系。按照资金总额与产销量之间的依存关系，可以把资金区分为不变资金、变动资金和半变动资金。

不变资金是指在一定的产销量范围内，资金总额不受产销量变动的影响而保持固定不变的资金。也就是说，产销量在一定范围内变动，这部分资金总额保持不变。这部分资金包括：为维持营业而占用的最低数额的现金，原材料的保险储备，必要的成品储备，生产能力范围内的厂房、机器设备等固定资产占用的资金。

变动资金是指资金总额随产销量的变动而成正比例变动的资金。它一般包括直接构成产品实体的原材料、外购件等占用的资金。另外，在最低储备以外的现金、存货、应收账款等也具有变动资金的性质。

半变动资金是指资金总额虽然受产销量变化的影响，但不成正比例变动的资金。如一些辅助材料上占用的资金。半变动资金可采用一定的方法分解为不变资金和变动资金。

(一)资金习性预测法基本步骤

1. 假定资金总额与产销量的关系为直线方程

$$Y = a + bX$$

式中，Y 为因变量即资金总额；X 为自变量即产销量；a 为不变资金；b 为单位产销量的变动资金。

2. 用一定方法求出 a, b 值

(1)回归直线法。采用回归直线法可以直接利用前面已经讲述的 a, b 值公式求出，也可以用下列联立方程求解 a, b 值，即

$$\begin{cases} \sum Y = na + b\sum X \\ \sum XY = a\sum X + b\sum X^2 \end{cases}$$

(2)高低点法。采用高低点法先以高点与低点的资金总额之差除以高点与低点的产销量之差求出 b 值，然后再将求出的 b 值代入高点或低点直线方程"$Y = a + bX$"求出 a 值。也可以用下列联立方程求解 a, b 值，即

$$\begin{cases} Y_H = a + bX_H \\ Y_L = a + bX_L \end{cases}$$

式中,Y_H 为高点资金总额;Y_L 为低点资金总额;X_H 为高点产销量;X_L 为低点产销量。

3. 预测资金需求量

根据预测期的产销量(X),代入直线方程"$Y = a + bX$"即可求出资金需求总量,在此基础上还可以进一步求出需要增加的资金及外部筹资额。

资金习性预测法可以直接根据资金总额与产销量的关系进行预测,也可以先分项后汇总进行预测。

(二)资金习性预测法举例

1. 直接根据资金总额与产销量的关系预测举例

【例3.3】 某企业历年产销量和资金变化情况如表3.3所示。20×9年预计销售量为1 500万件,预计20×9年的资金需求总量。

列表求出 $\sum X, \sum Y, \sum XY, \sum X^2$ 四项内容(见表3.4)可以直接代入公式求出 a, b 值。或建立以下联立方程

$$\begin{cases} 6\,000 = 6a + 7\,200b \\ 7\,250\,000 = 7\,200a + 8\,740\,000b \end{cases}$$

通过上述联立方程解得

$$a = 400$$
$$b = 0.5$$
$$Y = 400 + 0.5X$$

把20×9年预计销售量1 500万件代入上式,得出20×9年资金需要总量。

资金需要总量 = 400 + 0.5 × 1 500 = 1 150(万元)。

表3.3 产销量与资金变化情况表

年度	产销量(X)/万件	资金占用(Y)/万元
20×3 年	1 200	1 000
20×4 年	1 100	950
20×5 年	1 000	900
20×6 年	1 200	1 000
20×7 年	1 300	1 050
20×8 年	1 400	1 100

表3.4 资金需要量预测表(按总额预测)

年度	产销量(X)/万件	资金占用(Y)/万元	XY	X^2
20×3 年	1 200	1 000	1 200 000	1 440 000
20×4 年	1 100	950	1 045 000	1 210 000
20×5 年	1 000	900	900 000	1 000 000
20×6 年	1 200	1 000	1 200 000	1 440 000
20×7 年	1 300	1 050	1 365 000	1 690 000
20×8 年	1 400	1 100	1 540 000	1 960 000
合计	7 200	6 000	7 250 000	8 740 000

2. 先分项后汇总预测举例

这种方式是根据各资金占用项目(如现金、存货、应收账款、固定资产)同产销量之间的关系,把各项目的资金都分成变动和不变两部分,然后汇总在一起,求出企业变动资金总额和不变资金总额,进而来预测资金需求量。

【例3.4】 某企业历年现金占用与销售额之间的关系如表3.5所示。

表3.5 现金与销售额变化情况表 单位:元

年度	销售收入(X)	现金占用(Y)
20×1年	2 000 000	110 000
20×2年	2 400 000	130 000
20×3年	2 600 000	140 000
20×4年	2 800 000	150 000
20×5年	3 000 000	160 000

根据以上资料,采用适当的方法来计算不变资金和变动资金的数额。此处采用高低点法求 a 和 b 的值。可以直接利用高低点法的公式求出 a 值和 b 值,也可以用下列联立方程求解为

$$b = (160\,000 - 110\,000)/(3\,000\,000 - 2\,000\,000) = 0.05$$

将0.05代入高点或低点直线方程

$$160\,000 = a + 0.05 \times 3\,000\,000$$

解得

$$a = 10\,000(元)$$

存货、应收账款、流动负债、固定资产等也可根据历史资料做这样的分解,然后汇总列于表3.6中。

表3.6 资金需要量预测表(分项预测) 单位:元

项目	年度不变资金(a)	每1元销售收入所需变动资金(b)
流动资产		
货币资金	10 000	0.05
应收账款	60 000	0.14
存货	100 000	0.22
小计	170 000	0.41
减:流动负债		
应付账款及应付费用	80 000	0.11
净资金占用	90 000	0.30
固定资产		
厂房、设备	510 000	0
所需资金合计	600 000	0.30

根据表3.6的资料得出

$$Y = 600\,000 + 0.30X$$

如果20×6年的预计销售额为3 500 000元,则20×6年的资金需要总量为

$$Y = 600\,000 + 0.30 \times 3\,500\,000 = 1\,650\,000(元)$$

第四节 权益资金的筹集

权益资金是投资者投入企业的资本金及企业经营中所形成的资金积累,它反映所有者权益,又称主权资金。权益资金的筹集方式主要有吸收直接投资、发行普通股股票、发行优先股股票和利用留存收益。

一、企业资本金制度

资本金制度是国家制定的有关企业资本金的筹集、管理以及所有者的责权利等方面的法律规范。资本金是企业权益资本的主要部分,是企业长期稳定拥有的基本资金,此外,一定数额的资本金也是企业取得债务资本的必要保证。

(一)资本金的含义与表现形式

资本金是指企业在工商行政管理部门登记的注册资金,是投资者用以进行企业生产经营、承担民事责任而投入的资金。资本金在不同类型的企业表现形式有所不同。股份有限公司的资本金被称为"股本"。非股份有限公司的资本金被称为"实收资本"。

(二)资本金的筹集

1. 资本金的最低限额

有关法规制度规定了各类企业资本金的最低限额,我国《公司法》规定,股份有限公司注册资本的最低限额为人民币500万元,上市的股份有限公司股本总额不少于人民币3 000万元;有限责任公司注册资本的最低限额为人民币3万元,一人有限责任公司的注册资本最低限额为人民币10万元。

如果需要高于这些最低限额的,可以由法律、行政法规另行规定。比如,《注册会计师法》和《资产评估机构审批管理办法》均规定,设立公司制的会计师事务所或资产评估机构,注册资本应当不少于人民币30万元;《保险法》规定,采取股份有限公司形式设立的保险公司,其注册资本的最低限额为人民币2亿元。《证券法》规定,可以采取股份有限公司形式设立证券公司,在证券公司中属于经纪类的,最低注册资本为人民币5 000万元;属于综合类的,公司注册资本最低限额为人民币5亿元。

2. 资本金的出资方式

根据我国《公司法》等法律法规的规定,投资者可以采取货币资产和非货币资产两种形式出资。全体投资者的货币出资金额不得低于公司注册资本的30%;投资者可以用实物、知识产权、土地使用权等可以依法转让的非货币财产作价出资;法律、行政法规规定不得作为出资的财产除外。

3. 资本金缴纳的期限

资本金缴纳的期限,通常有三种办法:一是实收资本制,在企业成立时一次筹足资本金总额,实收资本与注册资本数额一致,否则企业不能成立;二是授权资本制,在企业成立时不一定一次筹足资本金总额,只要筹集了第一期资本,企业即可成立,其余部分由董事会在

企业成立后进行筹集,企业成立时的实收资本与注册资本可能不相一致;三是折中资本制,在企业成立时不一定一次筹足资本金总额,类似于授权资本制,但规定了首期出资的数额或比例及最后一期缴清资本的期限。

我国《公司法》规定,资本金的缴纳采用折中资本制,资本金可以分期缴纳,但首次出资额不得低于法定的注册资本最低限额。股份有限公司和有限责任公司的股东首次出资额不得低于注册资本的20%,其余部分由股东自公司成立之日起两年内缴足,投资公司可以在5年内缴足。而对于一人有限责任公司,股东应当一次足额缴纳公司章程规定的注册资本额。

4. 资本金的评估

吸收实物、无形资产等非货币资产筹集资本金的,应按照评估确认的金额或者按合同、协议约定的金额计价。企业筹建的注册资本,必须进行验资,以保证出资的真实可信。

(三)资本金的管理原则

企业资本金的管理,应当遵循资本保全这一基本原则。实现资本保全的具体要求,可分为资本确定、资本充实和资本维持三部分内容。

1. 资本确定原则

资本确定,是指企业设立时资本金数额的确定。企业设立时,必须明确规定企业的资本总额以及各投资者认缴的数额。如果投资者没有足够认缴资本总额,企业就不能成立。

2. 资本充实原则

资本充实,是指资本金的筹集应当及时、足额。企业筹集资本金的数额、方式、期限均要在投资合同或协议中约定,并在企业章程中加以规定,以确保企业能够及时、足额筹得资本金。

3. 资本维持原则

资本维持,指企业在持续经营期间有义务保持资本金的完整性。企业除由股东大会或投资者会议做出增减资本决议并按法定程序办理者外,不得任意增减资本总额。

二、吸收直接投资

吸收直接投资是指企业按照"共同投资、共同经营、共担风险、共享利润"的原则直接吸收国家、法人、个人投入资金的一种筹资方式。吸收直接投资的种类包括:吸收国家投资、吸收法人投资和吸收个人投资。

吸收直接投资与发行股票、留存收益都是企业筹集自有资金的重要方式,但发行股票要以股票为媒介,而吸收直接投资则无需发行任何证券。吸收直接投资中的出资者都是企业的所有者,并对企业具有经营管理权。企业经营状况好,盈利多,各方可按出资额的比例分享利润,但如果企业经营状况差,连年亏损,甚至被迫破产清算,则各方要在其出资的限额内按出资比例承担损失。

(一)吸收直接投资的种类

企业采用吸收直接投资方式筹集的资金一般可分为以下四类:

1. 吸收国家投资

吸收国家投资是国有企业筹集自有资金的主要方式。国家投资是指有权代表国家投资的政府部门或者机构以国有资产投入企业,由此形成国家资本金。目前,除了国家以拨款形式投入企业所形成的各种资金外,用利润总额归还贷款后所形成的国家资金、财政和主管部门拨给企业的专用拨款以及减免税后形成的资金,也应视为国家投资。吸收国家投资一般具有以下特点:(1)产权归属于国家;(2)资金数额较大;(3)只有国有企业才能采用;(4)资金的运用和处置受国家约束较大。

2. 吸收法人投资

法人投资是指法人单位以其依法可以支配的资产投入企业,由此形成法人资本金,目前主要指法人单位在进行横向经济联合时所产生的联营、合资等投资。吸收法人投资一般具有如下特点:(1)投资发生在法人单位之间;(2)投资以参与企业利润分配为目的;(3)投资方式灵活多样。

3. 吸收个人投资

个人投资是指社会个人或本企业内部职工以个人合法财产投入企业,由此形成个人资本金。吸收个人投资一般具有以下特点:(1)参加投资的人员较多;(2)每人投资的数额相对较少;(3)以参与企业利润分配为目的。

(二)吸收直接投资的方式

企业在采用吸收直接投资这一方式筹集资金时,投资者可以用现金、厂房、机器设备、材料物资、无形资产等多种方式向企业投资。具体而言,主要有以下几种出资方式:

1. 现金投资

现金投资是吸收直接投资中一种最重要的投资方式。企业有了现金,就可以购置各种物质资料,支付各种费用,比较灵活方便。因此,企业应尽量动员投资者采用现金方式出资。吸收投资中所需投入现金的数额,取决于投入的实物及工业产权之外建立企业的开支和日常周转需要。外国公司法或投资法对现金投资占资本总额的多少,一般都有规定,目前我国尚无这方面的规定,所以,需要在投资过程中由出资各方协商加以确定。

2. 实物投资

实物投资是指以房屋、建筑物、设备等固定资产和材料、燃料、商品等流动资产所进行的投资。一般来说,企业吸收的实物投资应符合如下条件:(1)确为企业生产、经营所需;(2)技术性能比较好;(3)作价公平合理。投资实物的具体作价,可由双方按公平合理的原则协商确定,也可以聘请各方同意的专业资产评估机构评定。

3. 工业产权投资

工业产权投资是指以专有技术、商标权、专利权等无形资产所进行的投资。一般来说,企业吸收的工业产权投资应符合以下条件:(1)能帮助企业研究和开发出高新技术产品;(2)能帮助企业生产出适销对路的高科技产品;(3)能帮助企业改进产品质量,提高生产效率;(4)能帮助企业大幅度降低各种消耗;(5)作价公平合理。

企业在吸收工业产权投资时应特别谨慎,进行认真的可行性研究。因为以工业产权投资实际上是把有关技术资本化了,把技术的价值固定化了,而技术实际上都是在不断老化,价值在不断减少甚至会完全丧失。

4. 土地使用权投资

投资者也可以用土地使用权来进行投资。土地使用权是按有关法规和合同的规定使用土地的权利。企业吸收土地使用权投资应符合以下条件:(1)是企业科研、生产、销售活动所需要的;(2)交通、地理条件比较适宜;(3)作价公平合理。

吸收直接投资按照投资者共同投资、共同经营、共担风险、共享收益原则直接吸收资金的一种融资方式,也是现在大多数小企业筹资的主要方式。吸收直接投资是我国企业筹资最早采用的一种方式,也是我国国有企业、集体企业、联营企业、合资企业和有限责任公司普遍采用的筹资方式。

(三)吸收直接投资的优缺点

1. 吸收直接投资的优点

(1)有利于增强企业信誉。吸收直接投资所筹集的资金属于企业的自有资金,与借入资金相比较,能增强企业的信誉和负债能力,对扩大企业经营规模,壮大企业实力具有重要作用。

(2)有利于企业尽快形成生产能力。吸收直接投资不仅可以筹得现金,而且能够直接获得所需的先进设备和先进技术,与筹得现金的筹资方式相比较,有利于企业尽快形成生产经营能力,尽快开拓市场。

(3)有利于降低财务风险。吸收直接投资可以根据企业的经营状况向投资者支付报酬,企业经营状况好,就向投资者多支付一些报酬,企业经营状况不好,就可以向投资者少支付一些报酬或不支付报酬,比较灵活,因此财务风险比较小。

2. 吸收直接投资的缺点

(1)资金成本较高。因为向投资者支付的报酬是根据其出资的数额和企业经营状况的好坏来确定的,所以采用吸收直接投资方式筹集资金所需负担的资金成本较高,特别是企业经营状况较好、盈利较多时更是如此。

(2)不利于产权流动。吸收直接投资由于没有证券作为媒介,产权关系有时不清晰,也不便于进行产权交易。

(3)企业控制权容易分散。采用吸收直接投资方式筹集资金,投资者一般都要求获得与投资数量相适应的经营管理权,这是接受外来投资的代价之一。如果外部投资者的投资较多,则投资者会有相当大的管理权,甚至会对企业实行完全控制,这是吸收直接投资的不利因素。

三、股票筹资

(一)股票的概念和种类

股票是股份公司为筹集自有资金而发行的有价证券,是投资人投资入股以及取得股利的凭证,它代表了股东对股份制公司的所有权。

股票按股东享受权利和承担义务不同分为普通股和优先股。

普通股票简称普通股,是股份公司依法发行的具有管理权、股利不固定的股票。普通股具备股票的最一般特征,是股份公司资本的最基本部分。优先股票简称优先股,是股份公司依法发行的具有一定优先权的股票。从法律上来讲,企业对优先股不承担法定的还本义务,是企业自有资金的一部分,其股利的分配比例是固定的,这与债券利息相似。因此,优先股是一种具有双重性质的证券,既属自有资金,又兼有债券性质。

普通股与优先股的区别主要在于两者的权利和义务不同:

(1)在收益的分配上,普通股股东可按其持有股份或出资比例获得企业分配的利润,其获利水平随企业盈利水平的变动而变动,且一般高于优先股;优先股的持有者可享有较固定的股息,公司有利润时可优先于普通股得到支付,公司利润达到一定水平时也可能享受剩余利润,但较普通股的权力要小些。

(2)在剩余财产分配上,当企业转入清算时,优先股对企业剩余财产的分配顺序在普通股之先。

(3)在对公司控制权的影响上,普通股股东可参与企业经营管理,对企业经营活动有表决权,且当股份公司增发新股时,普通股股东享有优先认股权;优先股股东却无这些权力。

(4)在应承担的义务上,当公司出现经营亏损或发生破产清算时,普通股股东要按出资额或所占股份承担公司的经营损失和经济责任;优先股股东一般无此义务,但优先股也可能要承担收不回本金的风险。

在这里只介绍普通股票筹资,而把优先股放在混合性融资中介绍。

(二)普通股的概念和种类

1. 普通股及其股东权利

通常情况下,股份有限公司只发行普通股。持有普通股股份者为普通股股东。依照我国《公司法》的规定,普通股股东主要有如下权利:

(1)出席或委托代理人出席股东大会,并依公司章程规定行使表决权。这是普通股股东参与公司经营管理的基本方式。

(2)股份转让权。股东持有的股份可以自由转让,但必须符合《公司法》、其他法规和公司章程规定的条件和程序。

(3)股利分配请求权。

(4)对公司账目和股东大会决议的审查权和对公司事务的质询权。

(5)分配公司剩余财产的权利。

(6)公司章程规定的其他权利。

同时,普通股股东也基于其资格,对公司负有义务。我国《公司法》中规定了股东具有遵守公司章程、缴纳股款、对公司负有有限责任、不得退股等义务。

2. 普通股的种类

(1)按股票有无记名,可分为记名股和不记名股。

记名股是在股票票面上记载股东姓名或名称的股票。这种股票除了要在股票上记载的股东名称外,公司还要在股东名册上进行登记。这种股票除了股票上所记载的股东外,其他人不得行使其股权,且股份的转让有严格的法律程序与手续,需办理过户。我国《公司法》规定,向发起人、国家授权投资的机构、法人发行的股票,应为记名股。

不记名股是票面上不记载股东姓名或名称的股票。这类股票的持有人即股份的所有人,具有股东资格,股票的转让也比较自由、方便,无须办理过户手续。

(2)按股票是否标明金额,可分为面值股票和无面值股票。

面值股票是在票面上标有一定金额的股票。持有这种股票的股东,对公司享有的权利和承担的义务大小,依其所持有的股票票面金额占公司发行在外股票总面值的比例而定。

无面值股票是不在票面上标出金额,只载明所占公司股本总额的比例或股份数的股票。无面值股票的价值随公司财产的增减而变动,而股东对公司享有的权利和承担义务的大小,直接依股票标明的比例而定。目前,我国《公司法》不承认无面值股票,规定股票应记载股票的面额,并且其发行价格不得低于票面金额。

(3)按投资主体的不同,可分为国家股、法人股、个人股等。

国家股是有权代表国家投资的部门或机构以国有资产向公司投资而形成的股份。

法人股是企业法人依法以其可支配的财产向公司投资而形成的股份,或具有法人资格的事业单位和社会团体以国家允许用于经营的资产向公司投资而形成的股份。

个人股是社会个人或公司内部职工以个人合法财产投入公司而形成的股份。

(4)按发行对象和上市地区的不同,又可将股票分为 A 股、B 股、H 股和 N 股等。

A 股是供我国内地个人或法人买卖的,以人民币标明票面金额并以人民币认购和交易的股票;A 股在上海、深圳上市。

B 股、H 股和 N 股是专供外国和我国港、澳、台地区投资者买卖的,以人民币标明票面金额但以外币认购和交易的股票(注:自 2001 年 2 月 19 日起,B 股开始对境内居民开放)。其中,B 股在上海、深圳上市;H 股在香港上市;N 股在纽约上市。

(三)股票发行

股份有限公司在设立时要发行股票。此外,公司设立之后,为了扩大经营、改善资本结构,也会增资发行新股。股份的发行,实行公平、公正的原则,必须同股同权、同股同利。同次发行的股票,每股的发行条件和价格应当相同。任何单位或个人所认购的股份,每股应支付相同的价款。同时,发行股票还应接受国务院证券监督管理机构的管理和监督。股票发行具体应执行的管理规定主要包括股票发行条件、发行程序和方式、销售方式等。

1.股票发行的规定与条件

按照我国《公司法》和《证券法》的有关规定,股份有限公司发行股票,应符合以下规定与条件:

(1)每股金额相等。同次发行的股票,每股的发行条件和价格应当相同。

(2)股票发行价格可以按票面金额,也可以超过票面金额,但不得低于票面金额。

(3)股票应当载明公司名称、公司登记日期、股票种类、票面金额及代表的股份数、股票编号等主要事项。

(4)向发起人、国家授权投资的机构、法人发行的股票,应当为记名股票;对社会公众发行的股票,可以为记名股票,也可以为无记名股票。

(5)公司发行记名股票的,应当置备股东名册,记载股东的姓名或者名称、住所、各股东所持股份、各股东所持股票编号、各股东取得其股份的日期;发行无记名股票的,公司应当记载其股票数量、编号及发行日期。

(6)公司发行新股,必须具备下列条件:

第一,具备健全且运行良好的组织结构;

第二,具有持续盈利能力,财务状态良好;

第三,最近 3 年财务会计文件无虚假记载,无其他重大违法行为;

第四,证券监督管理机构规定的其他条件。

(7)公司发行新股,应由股东大会做出有关下列事项的决议:新股种类及数额;新股发行价格;新股发行的起止日期;向原有股东发行新股的种类及数额。

2. 股票发行的程序

股份有限公司在设立时发行股票与增资发行新股,程序上有所不同。

设立时发行股票的程序:(1)提出募集股份申请;(2)公告招股说明书,制作认股书,签订承销协议和代收股款协议;(3)招认股份,缴纳股款;(4)召开创立大会,选举董事会、监事会;(5)办理设立登记,交割股票。

增资发行新股的程序:(1)股东大会做出发行新股的决议;(2)由董事会向国务院授权的部门或省级人民政府申请并经批准;(3)公告新股招股说明书和财务会计报表及附属明细表,与证券经营机构签订承销合同,定向募集时向新股认购人发出认购公告或通知;(4)招认股份,缴纳股款;(5)改组董事会、监事会,办理变更登记并向社会公告。

3. 股票发行方式、销售方式和发行价格

公司发行股票筹资,应当选择适宜的股票发行方式和销售方式,并恰当地制定发行价格,以便及时募足资本。

(1)股票发行方式。股票发行方式,指的是公司通过何种途径发行股票。总的来讲,股票的发行方式可分为如下两类:

①公开间接发行。公开间接发行指通过中介机构,公开向社会公众发行股票。我国股份有限公司采用募集设立方式向社会公开发行新股时,须由证券经营机构承销的做法,就属于股票的公开间接发行。这种发行方式的发行范围广、发行对象多,易于足额募集资本;股票的变现性强,流通性好;股票的公开发行还有助于提高发行公司的知名度和扩大其影响力。但这种发行方式也有不足,主要是手续繁杂,发行成本高。

②不公开直接发行。不公开直接发行指不公开对外发行股票,只向少数特定的对象直接发行,因而不需经中介机构承销。我国股份有限公司采用发起设立方式和以不向社会公开募集的方式发行新股的做法,即属于股票的不公开直接发行。这种发行方式弹性较大,发行成本低;但发行范围小,股票变现性差。

(2)股票的销售方式。股票的销售方式,指的是股份有限公司向社会公开发行股票时所采取的股票销售方法。股票销售方式有两类:自销和委托承销。

①自销方式。股票发行的自销方式,指发行公司自己直接将股票销售给认购者。这种销售方式可由发行公司直接控制发行过程,实现发行意图,并可以节省发行费用;但往往筹资时间长,发行公司要承担全部发行风险,并需要发行公司有较高的知名度、信誉和实力。

②承销方式。股票发行的承销方式,指发行公司将股票销售业务委托给证券经营机构代理。这种销售方式是发行股票所普遍采用的。我国《公司法》规定股份有限公司向社会公开发行股票,必须与依法设立的证券经营机构签订承销协议,由证券经营机构承销。股票承销又分为包销和代销两种具体办法。所谓包销,是根据承销协议商定的价格,证券经营机构一次性全部购进发行公司公开募集的全部股份,然后以较高的价格出售给社会上的认购者。对发行公司来说,包销的办法可及时筹足资本,免于承担发行风险(股款未募足的风险由承销商承担);但股票以较低的价格售给承销商会损失部分溢价。所谓代销,是证券经营机构代替发行公司代售股票,并由此获取一定的佣金,但不承担股款未募足的风险。

(3)股票发行价格。股票的发行价格是股票发行时所使用的价格,也就是投资者认购股票时所支付的价格。股票发行价格通常由发行公司根据股票面额、股市行情和其他有关因素决定。以募集设立方式设立公司首次发行的股票价格,由发起人决定;公司增资发行新股的股票价格,由股东大会做出决议。

股票的发行价格可以和股票的面额一致,但多数情况下不一致。股票的发行价格一般有以下三种:

①等价。等价就是以股票的票面额为发行价格,也称为平价发行。这种发行价格,一般在股票的初次发行或在股东内部分摊增资的情况下采用。等价发行股票容易推销,但无从取得股票溢价收入。

②时价。时价就是以本公司股票在流通市场上买卖的实际价格为基准确定的股票发行价格。其原因是股票在第二次发行时已经增值,收益率已经变化。选用时价发行股票,考虑了股票的现行市场价值,对投资者也有较大的吸引力。

③中间价。中间价就是以时价和等价的中间值确定的股票发行价格。

按时价或中间价发行股票,股票发行价格会高于或低于其面额。前者称溢价发行,后者称折价发行。如属溢价发行,发行公司所获得的溢价款列入资本公积。

我国《公司法》规定,股票发行价格可以等于票面金额(等价),也可以超过票面金额(溢价),但不得低于票面金额(折价)。

通常在确定股票的发行价格时应考虑以下主要因素:

①市盈率。市盈率是指股票的每股市价与每股盈利的比值,用于体现股票的风险,反映着投资人获取收益的水平,是进行股票估价的重要参数,通常可把每股净利与市盈率的乘积作为股票发行价格。

②每股净值。每股净值是指股票的每一股份所代表的公司净资产数额。通常认为,股票的每股净值越高,股票的价格可定得越高。

③公司的市场地位。市场地位较高的公司,其经营水平、盈利能力和发展前景等一般都比较好,因而其股票的发行价格也比较高。

④证券市场的供求关系及股价水平。证券市场的供求关系对股票价格有着重要影响,当供过于求时股价一般较低;当供不应求时股价一般较高。一般地讲,股票价格不宜与股票市场的总体水平背离太多,否则容易使投资人持怀疑观望态度。

⑤国家有关政策规定。我国禁止股票折价发行,并且规定股票的发行价格在同一次发行中不能改变。

(四)股票上市

1. 股票上市的目的

股票上市,指的是股份有限公司公开发行的股票经批准在证券交易所进行挂牌交易。经批准在交易所上市交易的股票则称为上市股票。按照国际通行做法,非公开募集发行的股票或未向证券交易所申请上市的非上市证券,应在证券交易所外的店头市场上流通转让;只有公开募集发行并经批准上市的股票才能进入证券交易所流通转让。

股份公司申请股票上市,一般出于以下的一些目的:

(1)资本大众化,分散风险。股票上市后,会有更多的投资者认购公司股份,公司则可将部分股份转售给这些投资者,再将得到的资金用于其他方面,这就分散了公司的风险。

(2)提高股票的变现力。股票上市后便于投资者购买,自然提高了股票的流动性和变现力。

(3)便于筹措新资金。股票上市必须经过有关机构的审查批准并接受相应的管理,执行各种信息披露和股票上市的规定,这就大大增强了社会公众对公司的信赖,乐于购买公司的股票。同时,由于一般人认为上市公司实力雄厚,也便于公司采用其他方式(如负债)筹措资金。

(4)提高公司知名度,吸引更多顾客。股票上市公司,为社会所知,并被认为经营优良,会带来良好声誉,吸引更多的顾客,从而扩大销售量。

(5)便于确定公司价值。股票上市后,公司股价由市价可循,便于确定公司的价值,有利于促进公司财富最大化。

2. 股票上市的不利方面

(1)公司将负担较高的信息披露成本。公开上市需要很高的费用,包括资产评估费用、股票承销佣金、律师费、注册会计师费、材料印刷费、登记费等等。这些费用的具体数额取决于每一个企业的具体情况、整个上市过程的难易程度和上市数额等因素。公司上市后尚需花费一些费用为证券交易所、股东等提供资料,聘请注册会计师、律师等。

(2)各种信息公开的要求可能会暴露公司的商业秘密。公开上市的公司必须向社会公众公布其经营成果及重大经营事项等,以便使社会公众和股东随时了解公司的经营状况。这就使得上市公司隐私权消失,从而加大了经理人员的操作难度。

(3)股价有时会歪曲公司的实际状况,丑化公司声誉。

(4)可能会分散公司的控制权,造成管理上的困难。

3. 股票上市的条件

公司公开发行的股票进入证券交易所挂牌买卖(即股票上市),须受严格的条件限制。我国《证券法》规定,股份有限公司申请其股票上市,必须符合下列条件:

(1)股票经国务院证券监督管理机构核准已公开发行。

(2)公司股本总额不少于人民币5 000万元。

(3)公司发行的股份达到公司股份总数的25%以上;公司股本总额超过人民币4亿元的公开发行的比例为10%以上。

(4)公司最近3年无重大违法行为,财务会计报告无虚假记载。

此外,公司股票上市还应符合证券交易所规定的其他条件。

(五)普通股筹资的优缺点

1. 普通股筹资的优点

普通股筹资与负债筹资方式相比,普通股筹措资本具有如下优点:

(1)发行普通股筹措资本具有永久性。无到期日,不需归还。这对保证公司对资本的最低需要、维持公司长期稳定发展极为有益。

(2)发行普通股筹资没有固定的股利负担。股利的支付与否和支付多少,视公司有无盈利和经营需要而定,经营波动给公司带来的财务负担相对较小。由于普通股筹资没有固定的到期还本付息的压力,所以筹资风险较小。

(3)发行普通股筹集的资本是公司最基本的资金来源,它反映了公司的实力,可作为其他方式筹资的基础,尤其可为债权人提供保障,增强公司的举债能力。

(4)由于普通股的预期收益较高并可一定程度地抵消通货膨胀的影响(通常在通货膨

胀期间,不动产升值时普通股也随之升值),因此普通股筹资容易吸收资金。

2.普通股筹资的缺点

(1)普通股的资本成本较高。首先,从投资者的角度讲,投资于普通股风险较高,要求有较高的投资报酬率。其次,对于筹资公司来讲,普通股股利从税后利润中支付,不像债券利息那样作为费用从税前支付,因而不具有抵税作用。此外,普通股的发行费用一般也高于其他证券。

(2)以普通股筹资会增加新股东,可能会分散公司的控制权,削弱原有股东对公司的控制。

第五节 长期债务资金的筹集

一、长期负债筹资的特点

负债筹资是指通过负债筹集资金。负债是企业一项重要的资金来源,负债筹资是与普通股筹资性质不同的筹资方式。与后者相比,负债筹资的特点表现为:筹集的资金具有使用上的时间性,须到期偿还;不论企业经营好坏,需固定支付债务利息,从而形成企业固定的负担;但其资本成本一般比普通股筹资成本低,且不会分散投资者对企业的控制权。

按照所筹资金可使用时间的长短,负债筹资可分为长期负债筹资和短期负债筹资两类。

长期负债是指期限超过1年的负债。筹措长期负债资金,可以解决企业长期资金的不足,如满足发展长期性固定资产的需要;长期负债的筹资一般成本较高,即长期负债的利率一般会高于短期负债利率;负债的限制较多,即债权人经常会向债务人提出一些限制性的条件以保证其能够及时、足额偿还债务本金和支付利息,从而形成对债务人的种种约束。

目前在我国,长期负债筹资主要有长期借款和债券两种方式。

二、长期借款筹资

长期借款是指企业向银行或其他非银行金融机构借入的使用期超过1年的借款,主要用于购建固定资产和满足长期流动资金占用的需要。

(一)长期借款的种类

长期借款的种类很多,各企业可根据自身的情况和各种借款条件选用。我国目前各金融机构的长期借款主要有:

(1)按照用途,分为固定资产投资借款、更新改造借款、科技开发和新产品试制借款等。

(2)按照提供贷款的机构,分为政策性银行贷款、商业银行贷款等。此外,企业还可从信托投资公司取得实物或货币形式的信托投资贷款、从财务公司取得各种中长期贷款等。

(3)按照有无担保,分为信用贷款和抵押贷款。信用贷款指不需企业提供抵押品,仅凭其信用或担保人信誉而发放的贷款。抵押贷款指要求企业以抵押品作为担保的贷款。长期贷款的抵押品常常是房屋、建筑物、机器设备、股票、债券等。

(二)取得长期借款的条件

金融机构对企业发放贷款的原则是:按计划发放、择优扶植、有物资保证、按期归还。

企业申请贷款一般应具备的条件是：

(1)独立核算、自负盈亏、有法人资格；

(2)经营方向和业务范围符合国家产业政策,借款用途属于银行贷款办法规定的范围；

(3)借款企业具有一定的物资和财产保证,担保单位具有相应的经济实力；

(4)具有偿还贷款的能力；

(5)财务管理和经济核算制度健全,资金使用效益及企业经济效益良好；

(6)在银行设有账户,办理结算。

具备上述条件的企业欲取得贷款,先要向银行提出申请,陈述借款原因与金额、用款时间与计划、还款期限与计划。银行根据企业的借款申请,针对企业的财务状况、信用情况、盈利的稳定性、发展前景、借款投资项目的可行性等进行审查。银行审查同意贷款后,再与借款企业进一步协商贷款的具体条件,明确贷款的种类、用途、金额、利率、期限、还款的资金来源及方式、保护性条件、违约责任等,并以借款合同的形式予以法律化。借款合同生效后,企业便可取得借款。

(三)长期借款的保护性条款

由于长期借款的期限长、风险大,按照国际惯例,银行通常对借款企业提出一些有助于保证贷款按时足额偿还的条件。这些条件写进贷款合同中,形成了合同的保护性条款。归纳起来,保护性条款大致有如下两类:

1.一般性保护条款

一般性保护条款应用于大多数借款合同,但根据具体情况会有不同内容,主要包括:

(1)对借款企业流动资金保持量的规定,其目的在于保持借款企业资金的流动性和偿债能力；

(2)对支付现金股利和再购入股票的限制,其目的在于限制现金外流；

(3)对资本支出规模的限制,其目的在于减小企业日后不得不变卖固定资产以偿还贷款的可能性,仍着眼于保持借款企业资金的流动性；

(4)限制其他长期债务,其目的在于防止其他贷款人取得对企业资产的优先求偿权；

(5)借款企业定期向银行提交财务报表,其目的在于及时掌握企业的财务情况；

(6)不准在正常情况下出售较多资产,以保持企业正常的生产经营能力；

(7)如期缴纳税费和清偿其他到期债务,以防被罚款而造成现金流失；

(8)不准以任何资产作为其他承诺的担保或抵押,以避免企业过重的负担；

(9)不准贴现应收票据或出售应收账款,以避免或有负债；

(10)限制租赁固定资产的规模,其目的在于防止企业负担巨额租金以致削弱其偿债能力,还在于防止企业以租赁固定资产的办法摆脱对其资本支出和负债的约束。

2.特殊性保护条款

特殊性保护条款是针对某些特殊情况而出现在部分借款合同中的。主要包括:

(1)贷款专款专用；

(2)不准企业投资于短期内不能收回资金的项目；

(3)限制企业高级职员的薪金和奖金总额；

(4)要求企业主要领导人在合同有效期间担任领导职务；

(5)要求企业主要领导人购买人身保险等。

（四）长期借款的成本

长期借款的利息率通常高于短期借款。但信誉好或抵押品流动性强的借款企业，仍然可以争取到较低的长期借款利率。长期借款利率有固定利率和浮动利率两种。浮动利率通常有最高、最低限，并在借款合同中明确。对于借款企业来讲，若预测市场利率将上升，应与银行签订固定利率合同；反之，则应签订浮动利率合同。

除了利息之外，银行还会向借款企业收取其他费用。如实行周转信贷协定所收取的承诺费、要求借款企业在本银行中保持补偿余额所形成的间接费用等。这些费用会加大长期借款的成本。

（五）长期借款的偿还方式

长期借款的偿还方式不一，包括定期支付利息、到期一次性偿还本金的方式；如同短期借款那样的定期等额偿还方式；平时逐期偿还小额本金和利息、期末偿还余下的大额部分的方式。第一种偿还方式会加大企业借款到期时的还款压力；而定期等额偿还又会提高企业使用贷款的实际利率。

（六）长期借款筹资的特点

与其他长期负债筹资相比，长期借款筹资的特点为：
(1)筹资速度快。长期借款的手续比发行债券简单得多，得到借款所花费的时间较短。
(2)借款弹性较大。借款时企业与银行直接交涉，有关条件可谈判确定；用款期间发生变动，亦可与银行再协商。而债券筹资所面对的是社会广大投资者，协商改善筹资条件的可能性很小。
(3)借款成本较低。长期借款利率一般低于债券利率，且由于借款属于直接筹资，筹资费用也较少。
(4)长期借款的限制性条款比短期借款多。

三、债券筹资

债券是经济主体为筹集资金而发行的、用以记载和反映债权债务关系的有价证券。由企业发行的债券称为企业债券或公司债券。这里所说的债券，指的是期限超过1年的公司债券，其发行目的通常是为建设大型项目筹集大笔长期资金。

（一）债券的种类
(1)按债券上是否记有持券人的姓名或名称，分为记名债券和无记名债券。这种分类类似于记名股票与无记名股票的划分。在公司债券上记载持券人姓名或名称的为记名公司债券；反之为无记名公司债券。两种债券在转让上的差别也与记名股票、无记名股票相似。
(2)按能否转换为公司股票，分为可转换债券和不可转换债券。若公司债券能转换为本公司股票，为可转换债券；反之为不可转换债券。一般来讲，前种债券的利率要低于后种债券。
(3)按有无特定的财产担保，分为抵押债券和信用债券。发行公司以特定财产作为抵押品的债券为抵押债券;没有特定财产作为抵押,凭信用发行的债券为信用债券。抵押债券又分为:一般抵押债券,即以公司产业的全部作为抵押品而发行的债券;不动产抵押债券,即以公司的不动产为抵押而发行的债券;设备抵押债券,即以公司的机器设备为抵押而发行的债券;证券信托债券,即以公司持有的股票证券以及其他担保证书交付给信托公司作为抵押而发行的债券等。

(4)按是否参加公司盈余分配,分为参加公司债券和不参加公司债券。债券持有人除享有到期向公司请求还本付息的权利外,还有权按规定参加公司盈余分配的债券,为参加公司债券;反之为不参加公司债券。

(5)按利率的不同,分为固定利率债券和浮动利率债券。将利率明确记载于债券上,按这一固定利率向债权人支付利息的债券,为固定利率债券;债券上明确利率,发放利息时利率水平按某一标准(如政府债券利率、银行存款利率)的变化而同方向调整的债券,为浮动利率债券。

(6)按能否上市,分为上市债券和非上市债券。可在证券交易所挂牌交易的债券为上市债券;反之为非上市债券。上市债券信用度高,价值高,且变现速度快,故而容易吸引投资者;但上市条件严格,并要承担上市费用。

(7)按照偿还方式,分为到期一次债券和分期债券。发行公司于债券到期日一次集中清偿本息的,为到期一次债券;一次发行而分期、分批偿还的债券为分期债券。分期债券的偿还有不同办法。

(8)按照其他特征,分为收益公司债券、附认股权债券、附属信用债券等。收益公司债券是只有当公司获得盈利时方向持券人支付利息的债券。这种债券不会给发行公司带来固定的利息费用,对投资者而言收益较高,但风险也较大。附认股权债券是附带允许债券持有人按特定价格认购公司股票权利的债券。这种认购股权通常随债券发放,具有与可转换债券类似的属性。附认股权债券与可转换公司债券一样,票面利率通常低于一般公司债券。附属信用债券是当公司清偿时,受偿权排列顺序低于其他债券的债券;为了补偿其较低受偿顺序可能带来的损失,这种债券的利率高于一般债券。

(二)发行债券的条件

我国《证券法》规定,公开发行公司债券的公司必须具备以下条件:

(1)股份有限公司的净资产额不低于人民币3 000万元,有限责任公司的净资产额不低于人民币6 000万元;

(2)累计债券总额不超过公司净资产额的40%;

(3)最近3年平均可分配利润足以支付公司债券1年的利息;

(4)所筹集资金的投向符合国家产业政策;

(5)债券的利率不得超过国务院限定的利率水平;

(6)国务院规定的其他条件。

另外,发行公司债券所筹集的资金,必须用于核准的用途,不得用于弥补亏损和非生产性支出,否则会损害债权人的利益。

(三)债券的发行价格

债券的发行价格有三种:等价发行、折价发行和溢价发行。等价发行又叫面值发行,是指按债券的面值出售;折价发行是指以低于债券面值的价格出售;溢价发行是指按高于债券面值的价格出售。

对于债券的发行价格,发行企业与投资者是从不同角度来看待的。发行人考虑的是发行收入能否补偿未来所应支付的本息;投资者考虑的则是放弃资金使用权而应该获取的收益。由于公司债券的还本期限一般在一年以上,因此确定债券发行价格时,不仅应考虑债券券面与市场利率之间的关系,还应考虑债券资金所包含的时间价值。

债券之所以会存在溢价发行和折价发行,是因为资金市场上的利息率是经常变化的,而企业债券上的利息率,一经印出,便不易再进行调整。从债券的开印到正式发行,往往需要经过一段时间,在这段时间内如果资金市场上的利率发生变化,就要靠调整发行价格来使债券顺利发行。但无论以哪种价格发行债券,投资者的收益都保持在与市场利率相等的水平上。

债券发行价格的计算公式为

$$债券发行价格 = \frac{R}{(1+i)^n} + \sum_{t=1}^{n} \frac{R \times r}{(1+i)^t}$$

式中,R 为债券面值;n 为债券期限;t 为付息期限;i 为市场利率;r 为票面利率。

【例3.5】 某公司打算发行面值为100元、利息率为8%、期限为5年的每年付息一次的债券。在公司决定发行债券时,如果市场上的利率发生变化,那么就要调整债券的发行价格。现分如下三种情况来说明。

(1)资金市场的利率保持在8%,该公司的债券利率为8%,则债券可等价发行,其发行价格为

发行价格 = $100 \times 8\% \times (P/A, 8\%, 5) + 100(P/F, 8\%, 5) = 100 \times 8\% \times 3.993 + 100 \times 0.681 \approx 100(元)$

也就是说,当债券利率等于市场利率时,按100元的价格出售此债券,投资者可以获得8%的报酬。

(2)资金市场上的利率大幅度上升到12%,公司债券利率为8%,低于资金市场利率,则应采用折价发行,其发行价格为

发行价格 = $100 \times 8\% \times (P/A, 12\%, 5) + 100 \times (P/F, 12\%, 5) = 100 \times 8\% \times 3.605 + 100 \times 0.567 = 85.54(元)$

也就是说,只有按85.54元的价格出售,投资者才会购买此债券,以获得与市场利率12%相等的报酬。

(3)资金市场上的利率大幅度下降到5%,公司债券利率为8%,则可采用溢价发行,其发行价格为

发行价格 = $100 \times 8\% \times (P/A, 5\%, 5) + 100 \times (P/F, 5\%, 5) = 100 \times 8\% \times 4.329 + 100 \times 0.784 = 113.03(元)$

也就是说,投资者把113.03万元的资金投资于该公司面值为100元的债券,只能获得5%的回报,与市场利率相同。

(四)债券的信用等级

公司公开发行债券通常需要由债券评信机构评定等级。债券的信用等级对于发行公司和购买人都有重要影响。

国际上流行的债券等级是3等9级。AAA级为最高级,AA级为高级,A级为上中级,BBB级为中级,BB级为中下级,B级为投机级,CCC级为完全投机级,CC级为最大投机级,C级为最低级。

我国的债券评级工作正在开展,但尚无统一的债券等级标准和系统评级制度。根据中国人民银行的有关规定,凡是向社会公开发行的企业债券,需要由经中国人民银行认可的资信评级机构进行评信。这些机构对发行债券企业的企业素质、财务质量、项目状况、项目前景和偿债能力进行评分,以此评定信用级别。

(五)债券筹资的优缺点

1. 债券筹资的优点

(1)资金成本较低。利用债券筹资的成本要比股票筹资的成本低,这主要是因为债券的发行费用较低,债券利息在税前支付,有一部分利息由政府负担了。

(2)有利于保障所有者权益。由于债券持有人无权参与企业的经营管理,也无权分享利润,因而不会改变所有者对企业的控制权,也不会损失所有者原有的收益。

(3)发挥财务杠杆作用。不论公司赚钱多少,债券持有人只收取固定的、有限的利息,而更多的收益可分配给股东,增加其财富,或留归企业以扩大经营。

(4)有利于调整资本结构。当企业发行可转换债券或可提前收回债券时,可增强企业财务能力的弹性,便于企业调整资本结构。

2. 债券筹资的缺点

(1)筹资风险高。债券有固定的到期日,并定期支付利息。利用债券筹资,要承担还本、付息的义务。在企业经营不景气时,向债券持有人还本、付息,无异于釜底抽薪,会给企业带来更大的困难,甚至导致企业破产。

(2)限制条件多。发行债券的契约书中往往有一些限制条款,这种限制比优先股及短期债务严得多,可能会影响企业的正常发展和以后的筹资能力。

(3)筹资额有限。利用债券筹资有一定的限度,当公司的负债比率超过了一定程度后,债券筹资的成本要迅速上升,有时甚至会发行不出去。

第六节 混合性筹资

一、可转换证券筹资

(一)可转换证券的概念与种类

所谓可转换证券,是指可以转换为普通股股票的证券,主要包括可转换债券和可转换优先股。可转换债券和可转换优先股具有很多共同之处,而可转换债券的应用比较广泛,本教材仅介绍可转换债券。

(二)可转换债券的要素

可转换债券,又称可转换公司债券,是指发行人依照法定程序发行,在一定期间内依据约定的条件以转换成普通股股份的公司债券。

可转换债券的要素指构成可转换债券基本特征的必要因素,它们表明可转换债券与不可转换债券(或普通债券)的区别。

(三)可转转债券筹资的特点

1.可转换债券筹资的优点

(1)筹资成本较低。可转换债券给予了债券持有人以优惠的价格转换公司股票的好处,故而其利率低于同一条件下的不可转换债券(或普通债券)的利率,降低了公司的筹资成本。此外,在可转换债券转换为普通股时,公司无须另外支付筹资费用,又节约了股票的筹资成本。

(2)便于筹集资金。可转换债券一方面可以使投资者获得固定利息;另一方面又向其提供了进行债权投资或股权投资的选择权,对投资者具有一定的吸引力,有利于债券的发行,便于资金的筹集。

(3)有利于稳定股票价格和减少对每股收益的稀释。由于可转换债券规定的可转换价格一般要高于其发行时的公司股票价格,因此在发行新股或配股时机不佳时,可以先发行可转换债券,然后通过转换实现较高价位的股权筹资。事实上,一些公司正是认为当前其股票价格太低,为避免直接发行新股而遭受损失,才通过发行可转换债券变相发行普通股的。这样,一来不至于因为直接发行新股而进一步降低公司股票市价;二来因为可转换债券的转换期较长,即使在将来转换股票时,对公司股价的影响也较温和,从而有利于稳定公司股票。

可转换债券的转换价格高于其发行时的股票价格,转换成的股票股数会较少,相对而言就降低了因为增发股票对公司每股收益的稀释度。

(4)减少筹资中的利益冲突。由于日后会有相当一部分投资者将其持有的可转换债券转换成普通股,发行可转换债券不会太多地增加公司的偿债压力,所以其他债权人对此的反对较小,受其他债务的限制性约束较少。同时,可转换债券持有人是公司的潜在股东,与公司有着较大的利益趋同性,冲突较少。

2.可转换债券筹资的缺点

(1)股价上扬风险。虽然可转换债券的转换价格高于其发行时的股票价格,但如果转换时股票价格大幅度上扬,公司只能以较低的固定转换价格换出股票,这会降低公司的股权筹资额。

(2)财务风险。发行可转换债券后,如果公司业绩不佳,股价长期低迷,或虽然公司业绩尚可,但股价随大盘下跌,持券者没有如期转换普通股,则会增加公司偿还债务的压力,加大公司的财务风险,特别是在订有回售条款的情况下,公司短期内集中偿还债务的压力会更明显。

(3)丧失低息优势。可转换债券转换成普通股后,其原有的低利息优势不复存在,公司将要承担较高的普通股成本,从而可能导致公司的综合资本成本上升。

二、认股权证

认股权证全称为股票认购授权证,是一种由上市公司发行的证明文件,持有人有权在一定时间内以约定价格认购该公司发行的一定数量的股票。广义的权证,是一种持有人有权于某一特定期间或到期日,按约定的价格,认购或沽出一定数量的标的资产的期权。按买或卖的不同权利,权证可分为认购权证和认沽权证,又称为看涨权证和看跌权证。

(一) 认股权证的基本性质

(1) 证券期权性。认股权证本质上是一种股票期权,属于衍生金融工具,具有实现融资和股票期权激励的双重功能。但认股权证本身是一种认购普通股的期权,它没有普通股的红利收入,也没有普通股相应的投票权。

(2) 认股权证是一种投资工具。投资者可以通过购买认股权证获得市场价与认购价之间的股票差价收益,因此它是一种具有内在价值的投资工具。

(二) 认股权证的种类

(1) 美式认股证与欧式认股证。美式认股证,指权证持有人在到期日前,可以随时提出履约要求,买进约定数量的标的股票。而欧式认股证,则是指权证持有人只能于到期日当天,才可买进标的股票。无论股证属欧式或美式,投资者均可在到期日前在市场出售转让其持有的认股权证。事实上,只有小部分权证持有人会选择行权,大部分投资者均会在到期前沽出权证。

(2) 长期认股权证与短期认股权证。短期认股权证的认股期限一般在 90 天以内。认股权证期限超过 90 天的,为长期认股权证。

(三) 认股权证的筹资特点

(1) 认股权证是一种融资促进工具,它能促使公司在规定的期限内完成股票发行计划,顺利实现融资。

(2) 有助于改善上市公司的治理结构。采用认股权证进行融资,融资的实现是缓期分批实现的,上市公司及其大股东的利益和投资者是否在到期之前执行认股权证密切相关。因此,在认股权证有效期间,上市公司管理层及其大股东任何有损公司价值的行为,都可能降低上市公司的股价,从而降低投资者执行认股权证的可能性,这将损害上市公司管理层及其大股东的利益。认股权证将有效约束上市公司的败德行为,并激励他们更加努力地提升上市公司的市场价值。

(3) 作为激励机制的认股权证有利于推进上市公司的股权激励机制。认股权证是常用的员工激励工具,通过给予管理者和重要员工一定的认股权证,可以把管理者和员工的利益与企业价值成长紧密联系在一起,建立一个管理者与员工通过提升企业价值再实现自身财富增值的利益驱动机制。

三、融资租赁

(一) 租赁的概念及特征

1. 租赁的概念

一般来说,租赁是一种契约协议,规定资产所有者(出租人)在一定时期,根据一定条件,将资产交给使用者(承租人)使用,承租人在规定的期限内,分摊支付租金并享有对租赁资产的使用权。租赁是租用的一种类型,是为使用资产而融资,它直接涉及的是物而不是钱,但并非购买资产。租赁行为在实质上具有借贷属性。

2. 租赁的特征

租赁作为一种独特的信用形式,既有信用的一般特征,又有自己的独特性,主要表现在：

(1) 融资与融物相结合。租赁是以商品形态与货币形态相结合提供的信用活动,它在向企业出租设备的同时,解决了企业的资金需求,具有信用、贸易双重性质。它不同于一般的借钱还钱、借物还物的信用形式,而是借物还钱,并分期支付租金的方式来体现。租赁这一特点使银行信贷和物资信贷融合在一起,成为企业融资的一种新形式。

(2) 所有权与使用权相分离。租赁资产的所有权与使用权分离是租赁的主要特点之一。租赁是建立在资金与实物结合基础上的所有权与使用权相分离,而银行信用则是以现实资金为载体的所有权与使用权相分离。

(3) 租金分期收付。租金收付的次数和金额由租赁双方协商确定。对出租方而言,资金一次投入,分期收回。对于承租方而言,租金分期支付。承租方通过租赁可以提前获得资产的使用价值,分期支付租金又便于测算现金流出量,且租金支付在后,等于用未来的钱还现在债务。

(二) 租赁的分类

租赁形式多种多样,从不同角度、按不同标准,可以做出许多不同的分类。一般按性质将租赁分为经营租赁和融资租赁。

1. 经营租赁

经营租赁也称营业租赁、使用租赁或服务性租赁。其主要特征在于:

(1) 租赁期一般短于租赁资产的经济寿命期。

(2) 一次租赁所获得的租金总额一般不足以弥补出租人的全部租赁资产成本,故租赁期满,出租人可以将租赁资产收回自用或再次多次出租,只有这样才能收回成本。

(3) 在设备租赁期间内,如有新设备出现或不需用租入设备时,承租企业可按规定提前解除租赁合同,这对承租企业比较有利。

(4) 出租人负责对租赁资产的维修、保险和管理工作,因此,租赁费较高。

(5) 租赁期满或合同中止时,租赁设备由出租人收回。

经营性租赁的目的,主要不在于融通资金,而是为了获得设备的短期使用以及出租人提供的专门技术服务。一般适用于季节性生产企业或租赁资产的技术更新很快,或承租方资金虽然充裕可以购买,但对生产产品的畅销期长短没有把握等情形。

2. 融资租赁

(1) 融资租赁的概念。融资租赁又称资本租赁、财务租赁或金融租赁等。它是由租赁公司按照租赁企业的要求融资购买设备,并在契约或合同规定的较长期限内提供给承租企业使用的信用性业务。它是现代租赁业务的主要类型。

(2) 融资租赁的主要目的。融资租赁是一种以融通资金为主要目的租赁方式。一般融资的对象是资金,而融资租赁集融资与融物于一体。

(3) 融资租赁的性质。在这一租赁方式下,由于由租赁公司支付设备的全部价款,等于向承租人提供了百分之百的长期信贷,故称之为融资性租赁,所以,融资租赁具有借贷性质。

(4) 融资租赁的特征:

①承租方对设备、供应商具有选择的权利和验货责任。承租企业向租赁公司提出正式

租赁申请,由租赁公司融资购进设备给承租企业使用。租赁物一般由承租人亲自挑选,出租人代为购买,承租方对设备的技术参数往往要求很具体,而出租方可能了解不多,因此,承租方要负责选货和验货。

②融资租赁涉及三方主体。交易涉及出租方、承租方和供货方三方主体。承租人与出租人是租赁关系,而出租人与供货人是买卖关系,承租方与供货方又存在事实上的选货与技术服务的关系。

③融资租赁存在两个关联的合同。一个是承租方与出租方的租赁合同,另一个是出租方与供货方的购销合同,这两个合同之间存在密切的联系。出租方为租出而买入,只有预期收入它才会发生现金支出。

④融资租赁是一种不可解约的租赁。在合同有效期内双方均无权单方面撤销合同。只有在租赁设备损坏或被证明丧失使用功能的情况下方可中止合同。

⑤租赁期限较长。融资租赁以承租人对租赁设备的长期租用为前提,租赁期一般与设备有效寿命期基本相同。根据美国会计准则的规定,租赁只有超过资产经济寿命期的75%,才能称为融资租赁。出租方通过一次融资租赁所得租金收入的现值应大于设备的现值。

⑥有关租赁物的维修、保险、管理等均由承租人负责。

⑦租约通常预先估定设备在租赁期满后的残值。如届时在市场上的售价少于事先规定的残值,承租人应补偿这部分损失。

⑧租约期满时承租人对设备的处置有选择权。承租方可以选择降低租金续租、或将设备退还给出租人,也可按不低于设备公平市价的价格购进。

由此可见,融资租赁可以给承租人带来既可根据自己需要的意图选定最合适的生产设备,又可以解决企业资金的困难,以及在需要继续租用或想拥有这项设备时,可以订立续租合同或按公平市价买下设备等好处。适用于融资性租赁的资产主要包括:不动产、办公设备、医疗设备、飞机等。

(5)融资租赁的形式:

①直接租赁。直接租赁是指承租人直接向出租人租入所需要的资产,并付出租金。直接租赁的出租人主要是制造厂商、租赁公司。除制造厂商外,其他出租人都是从制造厂商处购买资产出租给承租人。

②售后租回。根据协议,企业将某资产卖给出租人,再将其租回使用,资产的售价大致为市价。采用这种租赁形式,出售资产的企业可得到相当于售价的一笔资金,同时仍然可以使用资产。当然,在此期间,该企业要支付租金,并失去了财产所有权。从事售后租回的出租人为租赁公司等金融机构。

③杠杆租赁。杠杆租赁要涉及承租人、出租人和资金出借者三方当事人。从承租人的角度来看,这种租赁与其他租赁形式并无区别,同样是按合同的规定,在基本租赁期内定期支付定额租金,取得资产的使用权。但对出租人却不同,出租人只出购买资产所需的部分资金(如30%),作为自己的投资;另外以该资产作为担保向资金出借者借入其余资金(如70%)。因此,它既是出租人又是借款人,同时拥有对资产的所有权,既收取租金又要偿付债务。如果出租人不能按期偿还借款,那么资产的所有权就要转归资金出借者。

(三)融资租赁与经营租赁的区别

融资租赁与经营租赁的区别如表3.7所示。

表3.7 融资租赁与经营租赁的区别

对比项目	融资租赁	经营租赁
业务原理	融资融物于一体	只是一种融物方式
租赁目的	融通资金,添置设备	暂时性使用,预防无形损耗风险
租期	相当于设备经济寿命的大部分	较短
租金	包括设备价款	只是设备使用费
契约法律效力	不可撤销合同	经双方同意可中途撤销合同
租赁标的	一般为专用设备,也可为通用设备	通用设备居多
维修与保养	专用设备多为承租人负责	全部为出租人负责
承租人	一般为一个	寿命期内轮流租给多个承租人
灵活方便	不明显	明显

(四)融资租赁租金的计算

1. 租金的构成

融资租赁每期租金的多少,取决于以下几项因素:(1)设备原价及预计残值,包括设备买价、运输费、安装调试费、保险费等,以及该设备租赁期满后,出售可得的市价。(2)利息,指租赁公司为承租企业购置设备垫付资金所应支付的利息。(3)租赁手续费,指租赁公司承办租赁设备所发生的业务费用和必要的利润。

2. 租金的支付方式

租金的支付方式有以下几种:(1)按支付间隔期长短,分为年付、半年付、季付和月付等方式。(2)按在期初和期末支付,分为先付和后付。(3)按每次支付额,分为等额支付和不等额支付。实务中,承租企业与租赁公司商定的租金支付方式,大多为后付等额年金。

3. 租金的计算

我国融资租赁实务中,租金的计算大多采用等额年金法。等额年金法下,通常要根据利率和租赁手续费率确定一个租费率,作为折现率。

【例3.6】 某企业于2007年1月1日从租赁公司租入一套设备,价值60万元,租期6年,租赁期满时预计残值5万元,归租赁公司。年利率10%(含利息和租赁手续费)。租金每年年末支付一次,则

每年租金 = $[600\,000 - 50\,000 \times (P/F, 10\%, 6)]/(P/A, 10\%, 6) = 131\,283$(元)

为了便于有计划地安排租金的支付,承租企业可编制租金摊销计划表。根据本例的有关资料编制租金摊销计划表如表3.8所示。

表 3.8　租金摊销计划表　　　　　　　　　　　　　　　单位：元

年份	期初本金	支付租金	应计租费	本金偿还额	本金余额
2007 年	600 000	131 283	60 000	71 283	528 717
2008 年	528 717	131 283	52 872	78 411	450 306
2009 年	450 306	131 283	45 031	86 252	364 054
2010 年	364 054	131 283	36 405	94 878	269 176
2011 年	269 176	131 283	26 918	104 365	164 811
2012 年	164 811	131 283	16 481	114 802	50 009
合计		787 698	237 707	549 991	*50 009

*50 009 即为到期残值。尾数 9 系中间计算过程四舍五入的误差导致。

(五)融资租赁筹资的优缺点

1. 租赁筹资的优点

(1)筹资速度快,筹资弹性大。租赁往往比借款购置设备更迅速、更灵活,因为租赁是筹资与设备购置同时进行,可以缩短设备的购进、安装时间,使企业尽快形成生产能力,有利于企业尽快占领市场,打开销路。另外,有些企业由于种种原因,如负债比率过高,不能向外界筹集大量资金。在这种情况下,采用租赁的形式就可使企业在资金不足而又急需设备时,不付出大量资金就能及时得到所需设备。

(2)限制条款少。如前所述,债券和长期借款都有相当多的限制条款,虽然类似的限制在租赁公司中也有,但一般比较少。

(3)可避免资产陈旧过时所带来的风险。当今,科学技术在迅速发展,固定资产更新周期日趋缩短,承租人在签订租赁合的同时都会考虑企业自身生产技术发展的情况,利用租赁筹资可避免自行购置设备而发生的无形损耗,从而降低风险。

(4)到期还本负担轻。租金在整个租期内分摊,不用到期归还大量本金,这会适当减少不能偿付的风险。

(5)税收负担轻。租金可在税前扣除,具有抵免所得税的效用。

2. 租赁筹资的缺点

(1)取得成本过高。租赁筹资的最主要缺点就是资金成本较高。一般来说,其租金要比向银行借款或发行债券所负担的利息高得多,在财务困难时,固定的租金也会构成一项较沉重的负担。

(2)资产处置权有限。由于承租企业在租赁期内无资产所有权,因而不能根据自身的要求自行处置租赁资产

四、优先股

优先股是一种有双重性质的证券,它与普通股有许多相似之处,但又具有债券的某些特征。优先股是企业自有资金的一部分。但优先股有固定的股利,这与债券利息相似,优先股对盈利的分配和剩余资产的求偿具有优先权,这也类似于债券。所以,当企业利用优先股融资时,一定要考虑这两方面特性。

(一)优先股股东的权利

优先股的"优先"是相对普通股而言的,这种优先权主要表现在以下几个方面：

1. 优先取得股息权

优先取得股息权,是优先股最主要的特征。优先股的股息固定,受企业经营状况和盈利水平的影响较少,一般按面值的一定百分比来计算。此外,优先股的股息还必须在支付普通股股利之前予以支付。

2. 优先分配企业剩余财产权

当企业破产清算时,优先股股东位于债权人的求偿之后,但优先于普通股东分得企业的剩余财产。

3. 优先股股东一般无表决权

优先股股东的管理权限是有严格限制的。通常,在企业的股东大会上,优先股股东没有表决权,但是,当企业研究与优先股有关的问题时有权参加表决。例如,如果讨论把一般优先股改为可转换优先股时,或推迟优先股股利的支付时,优先股股东都有权参加股东大会并有权表决。

(二)优先股的种类

优先股按其所包含的优先权利不同,可作进一步的分类。现介绍几种最主要的分类方式。

1. 累积优先股和非累积优先股

(1)累积优先股。累积优先股是指在任何营业年度内未支付的股利可累积起来,由以后营业年度的盈利一起支付的优先股股票。也就是说,当企业营业状况不好、无力支付固定股利时,可把股利累积下来,当企业营业状况好转,盈余增多时,再补发这些股利。一般而言,一个企业只有把所欠的优先股股利全部支付以后,才能支付普通股股利。

(2)非累积优先股。非累积优先股是仅按当年利润分取股利,而不予以累积补付的优先股股票。也就是说,如果本年度的盈利不足以支付全部优先股股利,对所欠的部分,企业不予累积计算,优先股股东也不能要求企业在以后年度中予以补发。

显然,对投资者来说,累积优先股比非累积优先股具有更大的吸引力,所以,累积优先股发行比较广泛,而非累积优先股则因认购者少而发行量小。

2. 参加优先股和不参加优先股

(1)参加优先股。参加优先股是指不仅能取得固定股利,还有权与普通股一同参加利润分配的股票。根据参与利润分配的方式不同,又可分为全部参加分配的优先股和部分参加分配的优先股。前者表现为优先股股东有权与普通股股东共同等额分享本期剩余利润,后者则表现为优先股股东有权按规定额度与普通股股东共同参与利润分配,超过规定额度部分归普通股股东所有。

(2)不参加优先股。不参加优先股是指不能参加剩余利润分配,只能取得固定股利的优先股。其特点是优先股股东对股份企业的税后利润只有权分得固定股利,对取得固定股利的剩余利润无权参加分配。

3. 可转换优先股与不可转换优先股

(1)可转换优先股。可转换优先股是股东可在一定时期内按一定比例把优先股转换成普通股的股票。转换的比例是事先确定的,其数值大小取决于优先股与普通股的现行价格。

(2)不可转换优先股。不可转换优先股是指不能转换成普通股的股票。不可转换优先股只能获得固定股利报酬,而不能获得转换收益。

4. 可赎回优先股与不可赎回优先股

(1)可赎回优先股。可赎回优先股又称可收回优先股,是指股份企业可以按一定价格收回的优先股票。在发行这种股票时,一般都附有收回条款,在收回条款中规定了赎回该股票的价格。此价格一般略高于股票的面值。至于是否收回,在什么时候收回,则由发行股票的企业来决定。

(2)不可赎回优先股。不可赎回优先股是指不能收回的优先股股票。因为优先股都有固定股利,所以,不可赎回优先股一经发行,便会成为一项永久性的财务负担。因此,在实际工作中,大多数优先股均是可赎回优先股,而不可赎回优先股则很少发行。

从以上介绍可以看出,累积优先股、可转换优先股、参加优先股均对股东有利,而可赎回优先股则对股份企业有利。

(三)优先股融资的评价

1. 利用优先股融资的优点

(1)没有固定到期日,不用偿还本金。利用优先股融资,事实上等于使用一笔无限期的贷款,无偿还本金义务,也无需做再融资计划。但大多数优先股又附有收回条款,这就使得使用这种资金更有弹性。当财务状况较弱时发行,而财务状况转强时收回,有利于结合资金需求,同时也能控制企业的资金结构。

(2)股利支付既固定,又有一定弹性。一般而言,优先股都采用固定股利,但固定股利的支付并不构成企业的法定义务。如果财务状况不佳,则可暂时不支付优先股股利,那么,优先股股东就不能像债权人一样迫使企业破产。

(3)有利于增强企业信誉。从法律上讲,优先股属于自有资金,因而,优先股扩大了权益基础,可适当增加企业的信誉,加强企业的借款能力。

2. 优先股融资的缺点

(1)融资成本高。优先股通常以高于债券利率的股息率支付股利,即其成本低于普通股,但一般高于债券,同时,优先股所支付的股利要从税后利润中支付,不同于债券利息可在税前扣除。因此,优先股成本较高。

(2)融资限制多。发行优先股,通常有许多限制条款。例如,对普通股股利支付上的限制,对企业借债限制等。

(3)财务负担重。如前所述,优先股需要支付固定股利,但又不能在税前扣除,所以,当利润下降时,优先股的股利会成为一项较重的财务负担,有时不得不延期支付。

第四章 企业筹资决策

第一节 资本成本

资金成本是企业筹资管理的重要依据,也是筹资管理的一项重要标准。企业从不同的渠道,采用不同的方式,筹集生产经营所需的各类资金,总要付出一定的代价,即资金成本。企业在进行筹资时,一个重要的要求就是力求以最低的资金成本,获得最大的收益。资金成本从广义上讲,是企业不论筹集和使用短期的还是长期的资金都要付出的代价。而狭义的资金成本仅指筹集和使用长期资金的成本。关于短期资金,如商业信用筹资的资金成本在其他章节中述及,本节仅讨论长期资金的成本。

一、资金成本的内容、性质及作用

(一)资本成本的内容

资金成本包括筹资成本和用资成本两部分内容。

1. 筹资成本

筹资成本是指企业在筹措资金过程中为获取资金而付出的费用,如向银行支付的借款手续费,因发行股票、债券而支付的发行费等。筹资成本通常是在筹措资金时一次支付的费用,在用资过程中不再发生。

2. 用资成本

用资成本是指企业在生产经营、投资过程中因使用资金而付出的费用,如向股东支付的股利、向债权人支付的利息等。用资成本一般与所筹资金的多少及所筹资金使用时间的长短有关,具有经常性、定期性支付的特征,这是资金成本的主要内容。

资金成本可以用绝对数表示,也可以用相对数表示。在一般情况下,如果不作特别说明,资金成本即是相对数表示的成本率(资本成本率或资金成本率)。用公式表示为

$$K = \frac{D}{P-F} \times 100\%$$

或

$$K = \frac{D}{P(1-f)} \times 100\%$$

式中,K 为资金成本,以百分率表示;D 为用资费用;P 为筹资总额;F 为筹资费用;f 为筹资费用率,即筹资费用与筹资数额的比率。

上式中,筹资费用作为筹资总额的扣减项,主要原因是:(1)筹资费用在筹资之时,已作为一次费用发生,不属于资金使用期内的预计待续付现项目。(2)分母扣减筹资费用后即为筹资净额,在资金使用过程中,可被企业利用的也是这一净额,而不是筹资总额。按照配比原则,只有筹资净额能与使用费用配比。(3)从出让资金的投资者看,资金成本即为投资

报酬,而投资报酬主要表现为在投资期间而获得的收益额,显然,筹资费用并非投资者的收益,不宜作为分子计入其投资报酬率之中。

(二)资金成本的性质

(1)从资金成本的价值属性看,它属于投资收益的再分配,属于利润范畴。资金成本的产生是由于资本所有权与使用权的分离,它属于资本使用者向其所有者或中介人支付的费用,构成资本所有者或中介人的一种投资收益,有关资金成本的构成与投资收益的构成相同。尽管资金成本属于利润范畴,但在会计核算中,有的资金成本计入企业的成本费用之中,如利息。有的资金成本则作为利润分配项目,如股息。这样处理主要是为了加强资金成本管理,也与资金成本的支出对象相关。

(2)从资金成本的支付基础看,它属于资金使用费用,在会计上称为财务费用,即非生产经营费用,也就是说这种成本只与资金的使用有关,并不是一种实际的活劳动和物化劳动耗费,从而并不直接构成产品的生产成本。

(3)从资金成本的计算与应用价值看,它属于预测成本。计算资金成本的目的在于通过成本大小的比较来规划筹资方案,因此,规划方案在前,实施方案在后。作为规划筹资方案的一种有效手段,计算不同筹资方式下的成本,有利于降低其投资成本,提高投资效益。因此,资金成本计算是规划筹资方案前的一项基础性工作,相应的,其计算结果也为预测数。

(三)资本成本的分类

在企业筹资实务中,通常运用资本成本的相对数,即资本成本率。资本成本率是指企业用资费用与有效筹资额之间的比率,通常用百分比表示。一般而言,资本成本率有下列种类:

(1)个别资本成本率。个别资本成本率是指企业各种长期资本的成本率。例如,股票资本成本率,债券资本成本率,长期借款资本成本率。企业在比较各种筹资方式时,需要使用个别资本成本率。

(2)综合资本成本率。综合资本成本率是指企业全部长期资本的成本率。企业在进行长期资本结构决策时,通常运用综合资本成本率。

(3)边际资本成本率。边际资本成本率是指企业追加长期资本的成本率。企业在追加筹资方案的选择中,需要运用边际资本成本率。

(四)资金成本的作用

资金成本是企业筹资、投资决策的主要依据。只有当投资项目的投资报酬率高于资金成本时,资金的筹集和使用才有利于提高企业价值。资金成本在许多方面都可加以应用,主要用于筹资决策和投资决策。

(1)资金成本是比较筹资方式,选择追加筹资方案的依据。企业筹集长期资金一般有多种方式可供选择,如长期借款、发行债券、发行股票等,这些长期筹资方式的个别资金成本是不一样的。资金成本的高低可以作为比较各种筹资方式优劣的一个依据。企业的全部长期资金通常是采用多种方式筹资组合构成的,这种长期筹资组合可有多个方案可供选择,综合资金成本的高低就是比较不同筹资组合方案,做出资本结构决策的基本依据。边际资金成本是比较选择追加筹资方案的重要依据。

(2)资金成本是评价投资项目、比较投资方案和追加投资决策的主要经济标准。一般而言,一个投资项目,只有其投资收益率高于其资金成本率,经济上才是合理的;否则,该投资项目将无利可图,甚至会发生亏损。

(3)资金成本还可作为衡量企业整个经营业绩的基准。将企业的实际资金成本率与相应的利润率相比较,如果利润率高于资金成本率,可认为经营有利;反之,则可认为企业经营不利,需改善经营管理,提高利润率和降低资金成本率。

二、资本成本的计算

(一)个别资金成本

个别资金成本是指各种长期资本的成本。企业的长期资本一般有长期借款、债券、优先股、普通股、留用利润等,其中前两项可统称债务资金或简称债务,后三项可统称权益资本或简称权益。个别资金成本相应有长期借款成本、债券成本、优先股成本、普通股成本、留存收益成本等,前两者统称债务成本,后三者统称权益成本。

(1)长期借款资本成本。企业长期借款的成本可按下列公式计算为

$$K_l = \frac{I_l(1-T)}{L(1-f_l)} = \frac{i \times L \times (1-T)}{L(1-f_l)}$$

式中,K_l 为长期借款成本;I_l 为长期借款年利息;T 为企业所得税率;L 为长期借款筹资额;i 为银行借款利息率;f_l 为长期借款筹资费用率。

在长期借款附加补偿性余额的情况下,长期借款筹资额应扣除补偿性余额,从而长期借款成本将会提高。

【例4.1】 某企业取得长期借款100万元,年利率10%,期限三年,每年付息一次,到期一次还本,筹措这笔借款的费用率为0.2%,企业所得税率为25%。则这笔长期借款的成本计算为

$$K_l = \frac{100 \times 10\% \times (1-25\%)}{100 \times (1-0.2\%)} = 7.65\%$$

(2)债券资本成本。债券成本中的利息亦在所得税前列支,但发行债券的筹资费用一般较高。债券的筹资费用即债券的发行费用,包括申请债券发行手续费、债券注册费、印刷费、上市费以及推销费用等。其中有些费用按一定的标准支付,有的并无固定的标准。

债券的发行价格有平价、溢价、折价三种。债券利息按面额和票面利率确定,但债券的筹资额应按具体发行价格计算,以便正确计算债券成本。债券成本的计算公式为

$$K_b = \frac{I_b(1-T)}{B_0(1-f_b)} = \frac{i \times B \times (1-T)}{B_0(1-f_b)}$$

式中,K_b 为债券成本;I_b 为债券年利息;T 为企业所得税率;B 为债券筹资额,按发行价格确定;i 为债券利息率;f_b 为债券筹资费用率。

【例4.2】 某公司发行总面额为200万元的债券400张,票面利率14%,发行费用占发行价格的6%,公司所得税率为25%,请分别计算按溢价、平价、折价发行该债券下的债券成本,计算如下:

第一,债券按溢价发行,发行价格为230万元:

$$K_b = \frac{200 \times 14\% \times (1-25\%)}{230 \times (1-6\%)} = 9.71\%$$

第二,债券按平价发行,发行价格为200万元:

$$K_b = \frac{200 \times 14\% \times (1-25\%)}{200 \times (1-6\%)} = 11.17\%$$

第三,债券按折价发行,发行价格为180万元:

$$K_b = \frac{200 \times 14\% \times (1-25\%)}{180 \times (1-6\%)} = 12.41\%$$

(3)优先股资本成本。优先股成本属于权益成本。权益成本主要有吸收直接投资的成本、优先股成本、普通股成本、留用利润成本等。各种权益形式的权利责任不同,计算方法也不同。股利是从所得税后的净利润中支付的,不会减少企业应缴的所得税。因此,权益成本的计算方法不同于债务成本。

公司发行优先股筹资需要支付发行费用,优先股股利通常是固定的。因此,优先股成本可按下列公式计算为

$$K_P = \frac{D}{P(1-f_P)}$$

式中,K_P 为优先股成本;D 为优先股年股利;P 为优先股筹资额;f_P 为优先股筹资费用率。

优先股筹资额应按优先股的发行价格确定。

【例4.3】 某公司发行优先股总面额100万元,总价为125万元,筹资费用率为6%,规定年股利率为14%,则优先股成本计算为

$$K_P = \frac{100 \times 14\%}{125 \times (1-6\%)} = 11.91\%$$

由于优先股股利在税后支付,而债券利息在税前支付。当公司破产清算时,优先股持有人的求偿权在债券持有人之后,故其风险大于债券。因此,优先股成本明显高于债券成本。

(4)普通股资本成本。普通股成本的计算相对复杂,存在多种计算方法,其主要方法有三个。

第一,估价法,又称股利增长模型,是一种常用的方法。这种方法是将未来的期望股利收益折为现值,以确定其成本率的一种计算方法。

从理论上看,股东的投资期望收益率即为公司普通股成本,其基本计算公式为

$$K_S = \frac{D}{S(1-f_S)}$$

式中,K_S 为普通股成本;D 为每年固定股利;S 为普通股筹资额;f_S 为普通股筹资费用率。

许多公司的股利都是不断增加的,假设年增长率为 g,则普通股成本的计算公式为

$$K_S = \frac{D_1}{S(1-f_S)} + g$$

式中,D_1 为第1年的股利;D_0 为去年已发放的股利

$$D_1 = D_0 \times (1+g)$$

【例4.4】 某公司以面值发行普通股总价格为1 000万元,筹资费率为4%,第一年股利率为12%,以后每年增长3%,则普通股资本成本为

$$K_S = \frac{1\,000 \times 12\%}{1\,000 \times (1-4\%)} + 3\% = 15.5\%$$

第二,资本资产定价模式(贝它系数法)。普通股的资本成本率可以用投资者对发行企业的风险程度与股票投资承担的平均风险水平来评价。其公式为

资本成本率 = 无风险报酬率 + 贝它系数 × (股票市场平均报酬率 – 无风险报酬率)

贝它系数法在理论上是比较严密的。但它同样建立在一些假设基础上,因而有可能不切实际。其假设是风险与报酬率成线形关系,投资者进行了高度多元化的投资组合。

第三,债券收益加风险溢酬法。这种方法是在企业发行的长期债券利率的基础上加上风险溢酬率,便得到普通股的资本成本率。

资本成本率 = 债券成本率 + 风险溢酬率

这种方法的理论依据是,相对于债券持有人,普通股东承担较大的风险,理应得到比债券持有人更高的报酬率。实证研究表明,风险溢酬率的变化范围约为 1.5% ~ 4.5%。

(5) 留存收益资本成本。公司的留存收益是由公司的未分配利润加上盈余公积构成,它属于普通股股东。从表面上看,公司使用留存收益似乎不花费什么成本,而事实上,股东愿意将它留用于公司而不作为股利取出投资于别处,是为求得与普通股等价的报酬,因此,留存收益也有成本,不过是一种机会成本。留存收益成本的确定方法与普通股成本基本相同,只是不考虑筹资费用。其计算公式为

$$K_e = \frac{D_1}{S} + g$$

式中,K_e 为留存收益成本;其他符号含义同普通股成本。

在公司全部资本中,普通股以及留存收益的风险最大,要求报酬相应最高。因此,其资金成本也最高。

(二) 综合资金成本

综合资金成本是指企业全部长期资本的总成本,通常是以各种资本占全部资本的比重为权数,对个别资金成本进行加权平均确定的,故也称为加权平均资金成本。其计算公式为

$$K_w = \sum K_j W_j \ (其中:\sum W_j = 1)$$

式中,W_j 为综合资金成本;K_j 为第 j 种个别资金成本;W_j 为第 j 种个别资本成本占全部资本的比重。

在已经确定个别资金成本的情况下,取得企业各种资本占全部资本的比重后,即可计算企业的综合资金成本。

【例4.5】 某公司共有长期资本(账面价值)10 000 万元,其中长期借款 2 000 万元,债券 3 500 万元,优先股 1 000 万元,普通股 3 000 万元,留存收益 500 万元,其个别资金成本分别为 4%,6%,10%,14%,13%。则该公司的综合资金成本计算见表4.1。

表4.1 综合资本成本测算表

资本种类	资本价值/万元	资本比例/%	个别资本成本率/%	综合资本成本率/%
长期借款	2 000	20	4	0.80
长期债券	3 500	35	6	2.10
优先股	1 000	10	10	1.00
普通股	3 000	30	14	4.20

续表 4.1

资本种类	资本价值/万元	资本比例/%	个别资本成本率/%	综合资本成本率/%
留存收益	500	5	13	0.65
合计	10 000	100	—	8.75

上述加权平均资金成本计算中的权数是按账面价值确定的。这种账面价值权数的资料易于从资产负债表中取得,但如果债券和股票的市场价值已脱离账面价值许多,就会误估加权平均资金成本,不利于筹资决策。在实践中,加权平均资本的权数还有两种选择,即市场价值权数和目标价值权数。

(1)市场价值权数,是指债券、股票等以现行市场价格确定权数,从而计算加权平均资金成本。

(2)目标价值权数,是指债券、股票等以未来预计的目标市场价值确定权数,从而估加权平均资金成本。

(三)边际资金成本

边际资金成本是指资本每增加一个单位而增加的成本。加权平均的资金成本是企业过去筹集的或目前使用的资本的成本。但是,企业各种资本的成本,随时间的推移或筹资条件的变化而不断变化,加权平均的资金成本也不是一成不变的。一个企业进行投资,不能仅仅考虑目前所使用的资金成本,还要考虑为投资项目新筹集的资本的成本,这就需要计算资本的边际成本。现举例说明边际成本的计算过程。

【例 4.6】 甲公司现有资本 100 万元,其中长期负债 20 万元,优先股 5 万元,普通股 75 万元,为了满足追加投资需要,公司拟筹措新资,这需要计算确定资金的边际成本。其计算过程如下:

第一,确定公司最优的资金结构。甲公司的财务人员经过认真分析,认为目前的资金结构即为最优资金的结构,即在今后筹资时,继续保持长期债务占 20%,优先股占 5%,普通股占 75% 的资金结构。

第二,确定各种筹资方式的个别资金成本。甲公司的财务人员认真分析了目前金融市场状况和企业筹资能力,认为随着公司筹资规模的不断扩大,各种筹资成本也会增加,详细情况列示如表 4.2 所示。

表 4.2 甲公司筹资资料

资本种类	目标资本结构	新筹资的范围/元	资金成本
长期负债	0.2	10 000 以内	6%
		10 000~40 000	7%
		40 000 以上	8%
优先股	0.05	2 500 以内	10%
		2 500 以上	12%
普通股	0.75	22 500 以内	14%
		22 500~75 000	15%
		75 000 以上	16%

第三,计算筹资总额分界点。根据目标资金结构和各种筹资方式资金成本变化的分界点,计算筹资总额的分界点,即筹资突破点,是指为保持其资本结构不变的条件下可以筹集到的资本总额。换言之,在筹资突破点以内筹资,资本成本不会改变,一旦超过了筹资突破点,即使保持原有的资本结构,其资本成本也会增加。其具体计算公式为

$$筹资突破点 = \frac{可用某一特定成本率筹集到某种资本最大数额}{该种资本在资本结构中所占的比重}$$

甲公司的筹资总额分界点如表 4.3 所示。

表 4.3 筹资分界点计算表 单位:元

资本种类	资金成本/%	各种资本筹资范围	筹资总额分界点	筹资总额范围
长期负债	6	10 000 以内		50 000 以内
	7	10 000~40 000	10 000/0.2 = 50 000	50 000~200 000
	8	40 000 以上	40 000/0.2 = 200 000	200 000 以上
优先股	10	2 500 以内		50 000 以内
	12	2 500 以上	2 500/0.05 = 50 000	50 000 以上
普通股	14	22 500 以内		30 000 以内
	15	22 500~75 000	22 500/0.75 = 30 000	30 000~100 000
	16	75 000 以上	75 000/0.75 = 100 000	100 000 以上

表 4.3 显示了特定筹资种类成本变化的分界点。例如,长期债务在 10 000 元以内时,其成本为 6%,而在目标资本结构中,债务的比重为 20%,这表明在债务成本由 6% 上升到 7% 之前,企业可筹集 50 000 元资本;当筹资总额多于 50 000 元时,债务成本就要上升到 7%。

第四,计算边际资金成本。根据上一步计算出的筹资总额分界点蒍 E,可得出下列五组新的筹资范围:(1)30 000 元以内;(2)30 000~50 000 元;(3)50 000~100 000 元;(4)100 000~200 000 元;(5)200 000 元以上。

对上列五个筹资范围分别计算加权平均资金成本,即可得到各种筹资范围的边际成本,计算过程如表 4.4 所示。

表 4.4 资金边际成本计算表

序号	筹资总额的范围	筹资方式	资金结构	资金成本/%	资金的边际成本/%
1	0~30 000	长期债券	0.20	6	1.2
		优先股	0.05	10	0.5
		普通股	0.75	14	10.5
				第一个范围的资金边际成本 = 12.2%	
2	30 000~50 000	长期债券	0.20	6	1.2
		优先股	0.05	10	0.5
		普通股	0.75	15	11.5
				第二个范围的资金边际成本 = 12.95%	

续表4.4

序号	筹资总额的范围	筹资方式	资金结构	资金成本/%	资金的边际成本/%
3	50 000～100 000	长期债券	0.20	7	1.4
		优先股	0.05	10	0.5
		普通股	0.75	15	11.25
		第三个范围的资金边际成本＝13.25%			
4	100 000～200 000	长期债券	0.20	7	1.4
		优先股	0.05	12	0.6
		普通股	0.75	16	12
		第四个范围的资金边际成本＝14%			
5	200 000 以上	长期债券	0.20	8	1.6
		优先股	0.05	12	0.6
		普通股	0.75	16	12
		第五个范围的资金边际成本＝14.2%			

第二节 杠杆原理

杠杆是一个应用很广泛的概念,作为预测和分析的工具,杠杆原理在财务管理上反映产量、收入、利息及息税前利润(支付利息及缴纳所得税前的利润)和每股收益之间的关系。本节将介绍三种杠杆:经营杠杆、财务杠杆和复合杠杆。

一、经营风险和经营杠杆

(一)经营风险

企业的所有资本可分为两类:债务资本和权益资本。在无负债、无税收的情况下,企业经营的净现金流量全部归股东所有。企业无债务引起的风险,仅有因经营环境和经营策略改变而引起的风险。我们把企业在无负债时未来息税前利润(EBIT)的不确定性称为经营风险。经营风险无论在不同行业的企业之间,还是在同一行业内各个企业之间,以及一个企业的不同时期,均有所差异。一般来讲,决定经营风险的因素主要有以下几项:

(1)产品需求。市场对企业产品的需求越稳定,经营风险就越小;反之,经营风险则大。
(2)产品售价。产品售价变动不大,经营风险则小;否则经营风险便大。
(3)产品成本。产品成本是收入的抵减,成本不稳定,会导致利润不稳定,因此产品成本变动较大的,经营风险就大;反之,经营风险就小。
(4)调整价格的能力。当产品成本变动时,若企业具有较强的调整价格的能力,经营风险就小;反之,经营风险则大。

(二)经营杠杆和经营保本点

经营杠杆是指在某一固定成本比重下,销售量变动对息税前利润产生的作用。在其他条件不变的情况下,产销量的增加虽然一般不会改变固定成本总额,但会降低单位固定成本,从而提高单位利润,使息税前利润的增长率大于产销量的增长率;反之,产销量的减少会提高单位固定成本,降低单位利润,使息税前利润下降率也大于产销量下降率。如果不存在固定成本,所有成本都是变动的,那么边际贡献就是息税前利润,这时息税前利润变动率就同产销量变动率完全一致。这就是经营杠杆作用的结果。用盈亏平衡分析能较好地说明这一点。

在企业的成本结构中存在固定经营成本时,就有了经营杠杆。只要企业利用经营杠杆,就有一定的经营风险,这就意味着固定经营成本的存在会对经营收入进而对息税前利润产生影响。

考察经营杠杆的作用,首先要运用经营保本点分析方法。

经营保本点就是息税前利润为零时的销售量或销售额。即指经营收入恰好补偿经营成本的这个分界点,这个分界点可以是销售数量,或者是销售收入额。它表明销售量与息税前利润之间的关系。在经营保本点上,经营利润即息税前等于零。运用经营保本点的分析方法,有助于企业决定能补偿全部经营成本的销售量或销售额和确定在不同销售水平下所能获得的经营利润。

运用经营保本点分析方法,须将企业的全部经营成本分为固定经营成本和变动经营成本两部分。其计算过程为

设 P——单位销售价格

V——单位变动成本

Q_B——经营保本点销售数量

S_B——经营保本点销售收入

$EBIT$——息税前利润

销售收入 – (变动成本 + 固定成本) = 息税前利润

经营保本点就是使息税前利润等于零的销售数量,所以,上式可用符号表示为

$$P \times Q - (V \times Q + F) = EBIT = 0$$

变换上式,得出经营保本点的计算公式为

$$Q_B = \frac{F}{P - V}$$

经营保本点也可以使用销售收入来表示,见下面公式,即

$$S_B = \frac{F}{1 - \frac{V}{P}}$$

【例4.7】 宝奇公司和海龙公司均经营单一的甲产品。预计明年两家公司均按单位售价30元销售该产品,这两家的经营成本和经营保本点见表4.5。

表4.5 甲产品经营保本点比较表

项目		宝奇公司	海龙公司
单位售价		30	30
单位变动成本		24	22
固定成本总额		300	300
经营保本点	保本销售量	50	37.5
	保本销售额	1 500	1 125

从以上计算结果中可知,不同的经营保本点,意味着在其他条件不变时,保本点较低的

企业,其经营风险就越低。

(三)经营杠杆系数

因为固定成本在相关范围内不随销量的变化而变化,所以销售量的变化率同息税前利润的变化率不一致,通常是息税前利润的变化率大于销量的变化率。为衡量经营杠杆程度的大小,我们采用了经营杠杆系数这个指标,并用字母 DOL 表示。经营杠杆系数是指息税前利润变化率相当于产销量变化率的倍数。它表明了息税前利润变动率与产销量变动率之间的关系。其计算公式为

$$经营杠杆系数 = \frac{息税前利润变动率}{产销量变动率}$$

用符号表示为:$DOL = \frac{\Delta EBIT/EBIT}{\Delta S/S}$

式中,$EBIT$ 为变动前的息税前利润;$\Delta EBIT$ 为息税前利润的变动额;S 为变动前的产销量;ΔS 为产销量的变动额。

由于上述公式是计算经营杠杆系数的常用公式,但利用该公式,必须根据变动前和变动后的有关资料才能进行计算。为了简化公式,我们根据上述公式推导出用基期资料计算经营杠杆系数的公式。其推导结果如下:

$$DOL = \frac{销售量 \times (单位售价 - 单位变动成本)}{销售量 \times (单位售价 - 单位变动成本) - 固定成本总额} = \frac{Q(P-V)}{Q(P-V) - F}$$

即

$$经营杠杆系数 = 基期边际贡献/基期息税前利润$$

【例 4.8】 大华公司有关资料如表 4.6 所示,试计算该企业的经营杠杆系数。

表 4.6 产销量资料表 单位:元

	产销量变动前	产销量变动后	变动额	变动率/%
销售额	40 000	48 000	8 000	20
变动成本	24 000	28 800	4 800	20
边际贡献	16 000	19 200	3 200	20
固定成本	8 000	8 000	—	—
息税前利润	8 000	11 200	3 200	40

注:假设产销量一致。

根据上述公式得

$$DOL = \frac{\Delta EBIT/EBIT}{\Delta S/S} = \frac{3\,200/8\,000}{8\,000/40\,000} = 2$$

或

$$DOL = \frac{Q(P-V)}{Q(P-V) - F} = \frac{40\,000 - 24\,000}{40\,000 - 24\,000 - 8\,000} = 2$$

(四)经营风险与经营杠杆的关系

引起企业经营风险的主要原因,是市场需求和成本等因素的不确定性,经营杠杆本身并不是利润不稳定的根源。但是,产销量增加时,息税前利润将以 DOL 的倍数的幅度增加;而产销量减少时,息税前利润又将以 DOL 倍数的幅度减少。可见,经营杠杆扩大了市

场和生产等不确定因素对利润变动的影响。而且经营杠杆系数越高,利润变动越激烈,企业的经营风险就越大。于是,企业经营风险的大小和经营杠杆有重大关系。一般来说,在其他因素不变的情况下,固定成本越高,经营杠杆系数越大,经营风险越大。

二、财务风险和财务杠杆

(一)财务风险

财务风险是指企业利用债务而额外给所有者(一般指普通股股东)增加的风险。当一个企业的负债较少时,它的财务风险也就较低;反之,企业运用的负债较大,必须用较多的经营利润支付更多的利息费用,一旦企业的环境变化导致经营利润下降,它对负债企业的不利影响远超过对没有负债企业的影响。企业的负债越大,其财务风险也就越高。

(二)财务杠杆和财务保本点

不论企业营业利润多少,债务的利息和优先股的股利,通常都是固定不变的。当息税前利润增大时,每1元盈余所负担的固定财务费用就会相对减少,这能给普通股股东带来更多的盈余;反之,当息税前利润减少时,每1元盈余所负担的固定财务费用就会相对增加,这就会大幅度减少普通股的盈余。这种债务对投资者收益的影响,称作财务杠杆。

与经营杠杆系数类似,考察财务杠杆程度的作用首先要了解财务保本点,在此基础上再确定财务杠杆的程度。

财务保本点是指普通股股东每股收益为零时的息税前利润(或销售额或销售量)。企业利用财务杠杆,给予债权人的利息和优先股股东的股利等筹资成本即资金成本,在大多数情况下,不随企业盈利的变化而变化,而且这些固定筹资成本必须在支付所有者投资报酬(如普通股股利)之前支付。企业将需要多少息税前利润才能满足债权人和优先股股东的报酬要求,这就要确定财务保本点。在财务保本点上,息税前利润恰好补偿包括所得税在内的固定融资成本,从而每股收益或资本金收益率等于零。

财务保本点的计算公式推导如下:

设 I——债务的利息费用;

T——企业所得税税率;

D_P——优先股股利;

$EBIT$——息税前利润。

为了求得财务保本点,使给予所有者(指普通股股东)的税后利润等于零,即下式

$$(EBIT - I)(1 - T) - D_P = 0$$

变化该式,得

$$EBIT_{财务保本点} = I + \frac{D_P}{(1 - T)}$$

如果没有优先股,只需用息税前利润抵补利息费用,财务保本点就等于利息费用。

运用财务保本点分析,有助于分析企业的不同性质资金的组合对所有者权益的影响。

【例4.9】 宝奇公司预计明年甲产品的销售数量将达到100万件,单位售价为30元,单位变动成本为24元,固定成本总额为300万元,利息支出70万元。预计明年的息税前利润为

预计明年的 $EBIT = (30 \times 1\,000\,000) - (24 \times 1\,000\,000) - 3\,000\,000 = 3\,000\,000$(元)

由于宝奇公司明年的利息支出为70万元,则该公司明年的财务保本点为70万元,即

$$EBIT_{财务保本点} = I = 700\,000(元)$$

(三)财务杠杆系数

对财务杠杆进行计量的最常用指标是财务杠杆系数。所谓财务杠杆系数是普通股每股利润的变动率相当于息税前利润变动率的倍数。其计算公式为

财务杠杆系数 = 普通股每股利润变动率/息税前利润变动率

$$DFL = \frac{\Delta EPS/EPS}{\Delta EBIT/EBIT}$$

式中,DFL 为财务杠杆系数;ΔEPS 为普通股每股利润变动额或普通股利润变动额;EPS 为基期每股利润或基期普通股利润;$\Delta EBIT$ 为息税前利润变动额;$EBIT$ 为基期息税前利润。

在实际工作中,财务杠杆系数的计算公式,可进一步简化,具体推导过程如下:

基期的普通股利润,应是基期息税前利润减去利息费用、所得税和优先股股利以后的余额,即

$$EPS = (EBIT - I)(1 - T) - D_P$$

因为利息费用、优先股股利固定不变,所以,普通股利润的增长额、应是息税前利润增长额减去所得税之后的余额,即

$$\Delta EPS = \Delta EBIT(1 - T)$$

则

$$DFL = \frac{\Delta EPS/EPS}{\Delta EBIT/EBIT} = \frac{\Delta EPS(1-T)}{(EBIT-I)(1-T)-D_P} \times \frac{EBIT}{\Delta EBIT} = \frac{EBIT}{EBIT - I - \dfrac{D_P}{1-T}}$$

上式中:

(1)若其他因素不变,D_P 愈高,DFL 程度愈大;

(2)若其他因素不变,I 愈高,DFL 程度愈大;

(3)若其他因素不变,T 愈高,DFL 程度愈大;

(4)若其他因素不变,$EBIT$ 愈高,DFL 程度愈小。

现用表4.7加以说明。

将表4.7的有关资料代入公式,得

$$DFL_甲 = 600\,000/(600\,000 - 0) = 1$$

$$DFL_乙 = 600\,000/(600\,000 - 240\,000) = 1.67$$

表4.7 甲、乙公司的资金结构与普通股利润表   单位:元

项目	甲公司	乙公司
股本(面值:100)	600 000	300 000
发行在外股数/股	60 000	30 000
债券(利息率为8%)	0	3 000 000

续表4.7　　　　　　　　　　　　　　　　　　　　　　　　　　　单位：元

项目	甲公司	乙公司
资金总额	6 000 000	6 000 000
息税前利润	600 000	600 000
利息	0	24 000
税前利润	600 000	360 000
所得税(50%税率)	300 000	18 000
净利润	300 000	180 000
每股利润	5	6
息税前利润增长率/%	20	20
增长后的息税前利润	720 000	720 000
债券利息	0	240 000
税前利润	720 000	480 000
所得税(50%税率)	360 000	240 000
净利润	360 000	240 000
每股利润	6	8
每股利润增加额	1	2
每股利润增长率/%	20	33.33

在表4.7中，甲、乙两个公司的资金总额相等，息税前利润相等，息税前利润的增长率也相同，不同的只是资金结构。甲公司全部资金都是普通股，乙公司的资金中普通股和债券各占一半。在息税前利润增长20%的情况下，甲公司每股利润增长20%，而乙公司却增长了33%，这就是财务杠杆的作用。当然，如果息税前利润下降，乙公司每股利润的下降幅度要大于甲公司每股利润的下降幅度。财务杠杆系数也说明了这一点，即在利润增加时，乙公司每股利润的增长幅度大于甲公司的增长幅度；当然，当利润减少时，乙公司每股利润减少得也更快。因此，公司息税前利润较多，增长幅度较大时，适当地利用负债资金，发挥财务杠杆的作用，可增加每股利润，使股票价格上涨，增加企业价值。

(四)财务杠杆与财务风险的关系

财务风险指企业为取得财务杠杆利益而利用负债资金时，增加了破产机会或普通股利润大幅度变动的机会所带来的风险。企业为取得财务杠杆利益，就要增加负债，一旦企业息税前利润下降，不足以补偿固定利息支出，企业的每股利润就会下降得更快。现举例说明，如表4.8所示。

从表4.8中可以看出，丙公司没有负债，就没有财务风险；丁公司有负债，当息税前利润比计划减少时，就有了比较大的财务风险。如果不能及时扭亏为盈，可能会导致破产。

表4.8　丙、丁公司的资金结构与财务风险　　　　　　　　　　　　　　　单位：元

项目	丙公司	丁公司
普通股	1 000 000	500 000
利息率为8%的债券	0	500 000
资金总额	1 000 000	1 000 000
计划息税前利润	100 000	100 000

表4.8 丙、丁公司的资金结构与财务风险 单位:元

项目	丙公司	丁公司
实际息税前利润	30 000	30 000
借款利息	0	40 000
税前利润	30 000	-10 000

三、复合杠杆

(一) 复合杠杆的含义

如前所述,由于存在固定的生产经营成本,产生经营杠杆作用,使息税前利润的变动率大于业务量的变动率;同样,由于存在固定的财务成本(如固定利息和优先股股利),产生财务杠杆作用,使企业每股利润的变动率大于息税前利润的变动率。如果两种杠杆共同起作用,那么销售额稍有变动就会使每股收益产生更大的变动。通常将这两种杠杆的连锁作用称为复合杠杆。

【例4.10】 某企业有关资料如表4.9所示,试看复合杠杆的作用。

表4.9 某企业有关资料 单位:元

项目	1997年	1998年	1998年比1997年增减/%
销售收入①	5 000	6 000	20
变动成本②	2 000	2 400	20
固定成本	2 000	2 000	0
息税前利润(EBIT)	1 000	1 600	60
利息	400	400	0
税前利润	600	1 200	100
所得税(税率为50%)	300	600	100
净利润	300	600	100
普通股发行在外股数/股	500	500	0
每股利润	0.6	1.2	100

注:①单位产品售价10元;②单位变动成本4元。

从表4.9中看到,在复合杠杆的作用下,业务量增加20%,每股利润便增长100%。当然,如果业务量下降20%,企业的每股利润也会下降100%。

(二) 复合杠杆系数

从以上分析中得知,只要企业同时存在固定的生产经营成本和固定的利息费用等财务支出,就会存在复合杠杆的作用。但不同企业,复合杠杆作用的程度是不完全一致的。为此,需要对复合杠杆作用的程度进行计量。对复合杠杆进行计量的最常用指标是复合杠杆系数或复合杠杆度。所谓复合杠杆系数,是指每股利润变动率相当于业务量变动率的倍数。其计算公式为

$$复合杠杆系数 = 每股利润变动率/产销量变动率$$

$$DCL = \frac{\Delta EPS/EPS}{\Delta Q/Q}$$

式中,DCL 为复合杠杆系数;EPS 为变动前的每股利润;ΔEPS 为每股利润变动额;Q 为变动

前产销量;ΔQ 为产销量的变动额。

把表 4.9 中的有关数据代入,得

$$DCL = \frac{0.6 \div 0.6}{1000 \div 5000} = \frac{100\%}{20\%} = 5$$

为简化计算,可根据上述公式推导出计算复合杠杆系数的简单公式:

$$DCL = \frac{\Delta EPS/EPS}{\Delta Q/Q} =$$

$$\frac{\Delta EPS/EPS}{\Delta EBIT/EBIT} \times \frac{\Delta EBIT/EBIT}{\Delta Q/Q} =$$

$$DOL \times DFL$$

即复合杠杆系数等于经营杠杆系数与财务系数之积。

若企业未发行优先股,其复合杠杆系数的计算公式可简化为:

$$DCL = \frac{(P-V)Q}{(P-V)Q - F - I}$$

将表 4.9 中的数据代入公式,得

$$DCL = \frac{(10-4) \times 500}{(10-4) \times 500 - 2000 - 400} = 5$$

这就是说,在本例中,企业的业务量每增减 1%,每股利润增减 5%,因此,业务量有一个比较小的增长,每股利润便会大幅度增长;反之,业务量有比较小的下降,每股利润便会大幅度下降。

(三)复合杠杆与企业风险

从以上分析看到,在复合杠杆的作用下,当企业经济效益好时,每股利润会大幅度上升,当企业经济效益差时,每股利润会大幅度下降。企业复合杠杆系数越大,每股利润的波动幅度越大。由于复合杠杆作用使每股利润大幅度波动而造成的风险,称为复合风险。在其他因素不变的情况下,复合杠杆系数越大,企业风险越大;复合杠杆系数越小,企业风险越小。

第三节 资本结构

资本结构是企业筹资决策的核心问题。企业应综合考虑有关影响因素,运用适当的方法确定最佳资本结构,并在以后追加筹资时继续保持。若现行资本结构不合理,应通过筹资活动进行调整,使其趋于合理,以至达到最优化。

一、资本结构的含义和作用

(一)资本结构的含义

资本结构是指企业各种资金的构成及其比例关系。在实务中,资本结构有广义和狭义之分。狭义的资本结构是指长期资本结构;广义的资本结构是指全部资金(包括长期资金和短期资金)的结构。短期资金的需要量和筹集是经常变化的,且在整个资金总量中所占比重不稳定,因此不列入资本结构管理范围,而作为营运资金管理。

在通常情况下,企业的资本结构由长期债务资本和权益资本构成。资本结构指的就是长期债务资本和权益资本各占多大比例。

(二) 资本结构中债务资本的作用

在企业资本结构中,合理地安排债务资本,对企业具有重要影响。

(1) 合理安排债务资本有利于降低资金成本。由于债务资本利息率通常低于权益资本股利率,而且债务资本利息从税前支付,企业可减少交纳所得税,从而使得债务资本的成本明显低于权益资本的成本。因此,在一定的限度内合理提高债务资本的比率,就可降低企业的综合资金成本。

(2) 债务资本可以获取财务杠杆利益。不论企业利润多少,由于债务利息通常都是固定不变的,当息税前利润增大时,每一元利润所负担的固定利息就会相对减少,从而可分配公司股东的税后利润也会相应增加。因此,利用债务资本可以发挥财务杠杆的作用,给企业股东带来财务杠杆利益。

(3) 使用债务资本会加大企业的财务风险。企业运用债务资本,一方面可以发挥财务杠杆的作用,获取财务杠杆利益,但另一方面也使企业的债务增加,给企业带来一定的财务风险,包括定期付息还本的风险和可能导致所有权收益下降的风险。

总之,适当利用债务资本可降低企业资金成本。同时,由于财务杠杆的作用,会使每股利润增加,进而会提高股票的市场价格,但债务的增加也必然伴随一定的财务风险,这又会造成资金成本上升和股票价格下跌。因此,财务人员必须在风险与报酬之间进行权衡,确定合理的资金结构。

(三) 影响资本结构的因素

企业资本结构的变动,除受资金成本、财务风险等因素影响外,还要受到其他因素的影响,企业在资本结构决策中应予综合考虑。

1. 企业内部因素

(1) 管理者的风险态度。如果管理者对风险持十分谨慎的态度,则企业资本结构中负债的比重相对较小;相反,如果管理者以取得高报酬为目的而比较愿意冒险,则资本结构中负债的比重相对要大。

(2) 企业获利能力。息税前利润是用以还本付息的根本来源。息税前利润越大,即投资利润率大于负债利率,则利用财务杠杆能取得较高的资本利润率,否则相反。可见,获利能力是衡量企业负债能力强弱的基本依据。

(3) 企业规模。一般而言,企业规模越大,筹集资金的方式就越多,如通过证券市场发行股票、吸收国家和法人单位投资等,因此,负债比率一般较低。而一些中小型企业筹资方式比较单一,主要靠银行借款来解决资金需求,负债比率就比较大。

(4) 企业的资产结构。资产结构会以多种方式影响企业的资金结构:拥有大量固定资产的企业主要通过长期负债和发行股票筹集资金;拥有较多流动资产的企业,更多依赖流动负债来筹集资金;资产适用于抵押贷款的公司举债额较多,如房地产公司的抵押贷款就相当多;以技术研究开发为主的公司则负债很少。

(5)企业经济增长。增长快的企业,一般总期望通过扩大筹资来满足其资本需要,而在主权资本一定的情况下,扩大筹资就意味着对外负债。

(6)企业的现金流量状况。债务利息和本金通常必须以现金支付。企业的现金流入量越大,举债筹资能力就越强。

2. 企业外部因素

(1)银行等金融机构的态度。虽然企业都希望通过负债筹资来取得资本利润率的提高,但银行等金融机构的态度在企业的负债筹资中也会起到重要作用。银行等金融机构的态度是指商业银行的经营规则,即考虑贷款的安全性、流动性与收益性。

(2)信用评估机构的意见。信用评估机构的意见对企业的对外筹资能力,起着举足轻重的作用。

(3)税收因素。债务利息从税前支付,从而具有节税的功能,而且,企业所得税率越高,节税功能越强,所以,税率变动会影响到企业资本结构的变动。

(4)行业差别。不同行业所处的经济环境、资产构成及运营效率、行业经营风险等都不同,因此,上述各种因素的变动会直接导致行业资本结构的变动,从而体现其行业特征。

二、西方资本结构理论

(一)早期资本结构理论

资本结构理论是由美国的经济学家戴兰德于1952年提出的。他认为,资本结构可以按净利理论、经营利润理论和传统理论来建立。

1. 净利理论

该理论认为,企业利用债务,即加大财务杠杆程度,可以降低其资本成本,并且会提高企业价值。因此,举债越多,资本成本越低,倘若举债100%,则公司价值最大。该理论的缺陷是,没有考虑财务风险对资本成本和企业价值的影响。

2. 经营利润理论

该理论认为,无论企业财务杠杆如何变动,综合资本成本和企业价值都是固定的。其假设是,资本成本越低的债务资本增加,会加大权益资本的风险,从而使权益资本成本上升。因此,资本结构与资本成本和企业价值无关,资本结构的选择也毫无意义。该理论的缺陷是,过分夸大了财务风险的作用,并忽略了资本成本与资本结构之间的内在联系。

3. 传统理论

该理论认为,财务杠杆的利用伴随着财务风险,从而伴随着债务资本成本和权益资本成本的提高;同时综合资本成本与负债权益比率密切相关,资本成本不能独立于资本结构之外。因此,最佳资本结构是客观存在的。具体地说,当企业的负债在一定范围内,债务资本成本与权益资本成本不会显著增加,并且相对稳定,一旦超过该范围,则开始上升。所以,最佳资本结构就在债务资本的边际成本等于权益资本的边际成本那一点上。

(二)现代资本结构理论

1. MM理论

该理论是由莫迪里亚尼和米勒于1958年提出的。该理论被认为是现代资本结构的开端和最有影响的资本结构理论。

MM 理论包括无公司税的 MM 理论和有公司税的 MM 理论。它们都具有以下基本假设:(1)风险是可以衡量的,且经营风险相同的企业处于同一个风险等级;(2)投资者对企业未来收益与风险的预期相同;(3)股票和债券在完全的资本市场上交易;(4)负债的利率为无风险利率;(5)投资者预期的息税前利润不变。无公司税的 MM 理论的结论是:资本结构不影响企业价值和资本成本。有公司税的 MM 理论的结论是:负债会因税负节约而加大企业价值,负债越多,企业价值越大,权益资本的所有者获得的收益也越大。

2. 权衡理论

MM 理论没有考虑财务拮据成本与代理成本。权衡理论的贡献在于,它是在 MM 理论的基础上,充分考虑财务拮据成本和代理成本两个因素来研究资本结构。

财务拮据成本是指企业因财务拮据而发生的成本。例如,企业因资金紧张,推迟了应付账款而使企业蒙受的信用损失。财务拮据成本发生在有负债的企业里,而且,负债越多,固定利息越大,收益下降的概率会增大,从而导致财务拮据成本的概率就越高。财务拮据成本越高,势必提高企业的资本成本,降低企业价值。

代理成本是指为处理股东和经理之间、债券持有人与经理之间的关系而发生的成本。它实际上是一种监督成本。代理成本的发生会提高负债成本,从而降低负债利益。

权衡理论认为,负债企业的价值等于无负债企业的价值加上税负节约,减去预期财务拮据成本的现值和代理成本的现值。最优资本结构存在于税负节约与财务拮据成本和代理成本相互平衡的点上。

以上介绍了现代西方资本结构理论,从中可以看出,现代资本结构的构思是精巧而新颖的,这对于我们寻求最佳资本结构大有益处。但也应该看到,现代资本结构理论是建立在一系列假设条件上的理论推导,其中的许多假设条件在我国的现实经济条件下尚不具备。我国企业对资本结构的选择尚处于摸索和主观确定阶段,资本结构经常出现巨大变动。因此,借鉴西方现代资本结构理论,建立起适合我国企业现实的资本结构理论,是我们面临的一项长期任务。

三、最优资本结构的确定

按照西方资本结构理论,最优资本结构是客观存在的。在最优资本结构这个点上,企业的加权平均资本成本最低,同时企业价值达到最大。

所谓最优资本结构是指在一定条件下使企业加权平均资金成本最低,企业价值最大的资本结构。从理论上讲,最优资本结构是存在的,但由于企业内部条件和外部环境经常发生变化,寻找最优资本结构十分困难。用以衡量企业资本结构是否最优的标准主要有三条:一是企业加权平均资金成本最低;二是有利于最大限度地增加所有者财富,能使企业价值最大化;三是资产保持适宜的流动性,并使资本结构具有弹性。

下面我们探讨的有关确定资本结构的方法,可以有效地帮助财务管理人员确定合理的资本结构。但这些方法并不能当作绝对的判别标准,在应用这些方法时,还应结合其他因素,以便使资本结构趋于最优。

资金结构决策的方法主要有以下三种:

(一) 综合资金成本比较法

综合资金成本比较法是指通过计算不同资金组合的综合资金成本,并以其中资金成本最低的组合为最佳的一种方法。它以资金成本的高低作为确定最佳资金结构的唯一标准,没有考虑筹资风险的大小。

【例 4.11】 某企业拟筹资组建一分公司,投资总额为 500 万元,有三个方案可供选择。其资金结构分别是,甲方案:长期借款 50 万元、债券 100 万元、普通股 350 万元;乙方案:长期借款 100 万元、债券 150 万元、普通股 250 万元;丙方案:长期借款 150 万元、债券 200 万元、普通股 150 万元。三种筹资方案所对应的资金成本分别为:6%,10%,15%。试分析何种方案资金结构最佳。

首先,计算各方案的综合资金成本:

甲方案的综合资本成本 $= \frac{50}{500} \times 6\% + \frac{100}{500} \times 10\% + \frac{350}{500} \times 15\% = 13.1\%$

乙方案的综合资本成本 $= \frac{50}{500} \times 6\% + \frac{150}{500} \times 10\% + \frac{250}{500} \times 15\% = 11.7\%$

丙方案的综合资本成本 $= \frac{150}{500} \times 6\% + \frac{200}{500} \times 10\% + \frac{150}{500} \times 15\% = 10.3\%$

其次,根据计算结果,选择最佳筹资方案为丙方案,其综合资金成本最低。

(二) 每股利润分析法

企业合理的资金结构,应当注意其对企业的盈利能力和股东财富的影响。因此,应将息税前利润($EBIT$)和每股利润(EPS)作为分析确定企业资金结构的两大要素。每股利润分析法就是将息税前利润和每股利润这两大要素结合起来,计算两个方案的每股利润相等时的息税前利润,分析资金结构与每股利润之间的关系,进而确定最佳资金结构的方法。由于这种方法需要确定每股利润的无差异点,因此又称每股利润无差异点法。

该方法测算每股利润无差异点的计算公式为

$$\frac{(\overline{EBIT} - I_1)(1-T) - D_1}{N_1} = \frac{(\overline{EBIT} - I_2)(1-T) - D_2}{N_2}$$

式中,$\overline{EBIT}$ 为每股利润无差异点处的息税前利润;I_1,I_2 为两种筹资方式下的年利息;D_1,D_2 为两种筹资方式下的优先股股利;N_1,N_2 为两种筹资方式下的流通在外的普通股股数。

每股利润无差异点的息税前利润计算出来以后,可与预期的息税前利润进行比较,据以选择筹资方式。当预期的息税前利润大于无差异点息税前利润时,应采用负债筹资方式;当预期的息税前利润小于无差异点息税前利润时,应采用普通股筹资方式。

【例 4.12】 某公司欲筹集新资金 400 万元以扩大生产规模。筹集新资金的方式可用增发普通股或长期借款方式。若增发普通股,则计划以每股 10 元的价格增发 40 万股;若采用长期借款,则以 10% 的年利率借入 400 万元。已知该公司现有资产总额为 2 000 万元,负债比率为 40%,年利率 8%,普通股 100 万股。假定增加资金后预期息税前利润为 500 万元,所得税率为 30%。试采用每股利润分析法计算分析应选择何种筹资方式。

(1) 计算每股利润无差异点。根据资料计算如下:

$$\frac{(\overline{EBIT}-64)(1-30\%)}{100+40}=\frac{(\overline{EBIT}-64-40)(1-30\%)}{100}$$

$$\overline{EBIT}=204 \text{ 万元}$$

将该结果代入上式可得无差异点的每股利润(EPS)为0.70元。

(2) 计算预计增资后的每股利润(见表4.10),并选择最佳筹资方式。

表4.10 预计增资后的每股利润　　　　　　　　　单位:万元

项目	增发股票	增加长期借款
预计息税前利润(EBIT)	500	500
减:利息	64	64+40
税前利润	436	396
减:所得税	130.8	118.8
税后利润	305.2	277.2
普通股股数/万股	140	100
每股利润(EPS)	2.18	2.77

由表4.10计算得知,预期息税前利润为500万元时,追加负债筹资的每股利润较高(为2.77元),应选择负债方式筹集资金。

由此表明,当息税前利润等于204万元时,采用负债或发行股票方式筹资都是一样的;当息税前利润大于204万元时,采用负债方式筹资更有利;当息税前利润小于204万元时,则应采用发行股票方式筹资。该公司预计EBIT为500万元,大于无差异点的EBIT,故采用长期借款的方式筹资较为有利。

每股利润分析法确定最佳资金结构,是以每股利润最大为分析起点,它直接将资金结构与企业财务目标、企业市场价值等相关因素结合起来,因此是企业在追加筹资时经常采用的一种决策方法。但是,该方法只考虑了资本结构对每股利润的影响,并假定每股利润最大,股票价格也就最高。但把资金结构对风险的影响置于视野之外,是不全面的。因为随着负债的增加,投资者的风险加大,股票价格和企业价值也会有下降的趋势,所以,单纯地用该法有时会做出错误的决策。

(三)企业价值比较法

企业价值比较法是在充分反映企业财务风险的前提下,以企业价值的大小为标准,经过测算确定企业最佳资本结构的方法。与资本成本比较法和每股利润分析法相比,企业价值比较法充分考虑了企业的财务风险和资本成本等因素的影响,进行资本结构的决策以企业价值最大为标准,更符合企业价值最大化的财务管理目标;但其测算原理及测算过程较为复杂,通常用于资本规模较大的上市企业。具体过程如下:

1. 企业市场价值的测算

企业的市场总价值等于借入资金的总价值和自有资金的总价值之和。为简化起见,设借入资本的市场价值等于面值,自有资本(普通股)的市场价值可用税后利润与自有资本(普通股)的资本成本之商表示。在风险变动情况下,企业价值最大、综合资本成本最低的资本结构为最优资本结构。

因此,在测算企业价值时,这种测算方法用公式表示为
$$V = B + S$$
式中,V 为企业的总价值,即企业总的折现价值;B 为企业长期债务的折现价值;S 为企业股票的折现价值。

其中,为简化测算起见,设长期债务(含长期借款和长期债券)的现值等于其面值(或本金);股票的现值按企业未来净收益的折现现值测算,测算公式为
$$S = \frac{(EBIT - I)(1 - T)}{K_S}$$
式中,S 为企业股票的折现价值;$EBIT$ 为企业未来的年息税前利润;I 为企业长期债务年利息;T 为企业所得税率;K_S 为企业股票资本成本率。

上列测算公式假定企业的长期资本系由长期债务和普通股组成。如果企业的股票有普通股和优先股之分,则上列公式可写成下列形式,即
$$S = \frac{(EBIT - I)(1 - T) - D_P}{K_S}$$
式中,D_P 为企业优先股年股利。

在上列公式中,为了考虑企业筹资风险的影响,普通股资本成本率可运用资本资产定价模型来测算。采用资本资产定价模型计算股票的资本成本 K_S,即
$$K_S = R_S = R_F + \beta(R_M - R_F)$$
式中,R_F 为无风险报酬率;β 为股票的贝他系数;R_M 为平均风险股票必要报酬率。

2. 企业资本成本率的测算

在企业价值测算的基础上,如果企业的全部长期资本由长期债务和普通股组成,则企业的全部资本成本率,即综合资本成本率可按下列公式测算。

公司的加权平均资本成本(K_W)来表示为

加权平均资本成本 = 税前债务资本成本 × 债务额占总资本的比重 ×
(1 - 所得税税率) + 权益资本成本 × 股票额占总资本比重

$$K_W = K_b\left(\frac{B}{V}\right)(1 - T) + K_S\left(\frac{S}{V}\right)$$

式中,K_W 为企业资本成本率;K_b 为企业长期债务税前资本成本率,可按企业长期债务年利率计算;K_S 为企业普通股资本成本率。

3. 企业最佳资本结构的确定

运用上述原理测算企业的总价值和综合资本成本率,并以企业价值最大化为标准比较确定企业的最佳资本结构。下面举例说明企业价值比较法的应用。

【例4.13】 ABC 企业现有全部长期资本均为普通股资本,无长期债务和优先股,账面价值 20 000 万元。企业认为这种资本结构不合理,没有发挥财务杠杆的作用,准备举借长期债务购回部分普通股予以调整。企业预计息税前利润为 5 000 万元,企业所得税率 33%。经测算,目前的长期债务年利率和普通股资本成本率列入表4.11。

表4.11　ABC企业在不同长期债务规模下的债务年利率和普通股资本成本率测算表

B/万元	债券资本成本率 (K_B)/%	β	无风险报酬率 (R_F)/%	市场平均报酬率 (R_M)/%	普通股资本成本率(K_S)/%
0		1.20	10	14	14.8
2 000	10	1.25	10	14	15.0
4 000	10	1.30	10	14	15.2
6 000	12	1.40	10	14	15.6
8 000	14	1.55	10	14	16.2
10 000	16	2.10	10	14	18.4

在表4.11中,当 $B=2\,000$ 万元, $\beta=1.25$, $R_F=10\%$, $R_M=14\%$ 时, $K_S=10\%+1.25\times(14\%-10\%)=15\%$。

其余同理计算。

根据表4.11的资料,运用前述企业价值和企业资本成本率的测算方法,可以测算在不同长期债务规模下的企业价值和企业资本成本率,列入表4.12,据以可比较确定企业最佳资本结构。

表4.12　ABC企业在不同长期债务规模下的企业价值和企业资本成本率测算表

债券价值 (B)/万元	股票价值 (S)/万元	企业总价值 (V)/万元	K_B/%	K_S/%	企业综合资本成本率(KW)/%
0	22 640	22 640	—	14.8	14.80
2 000	21 440	23 440	10	15.0	14.29
4 000	20 280	24 280	10	15.2	13.79
6 000	18 380	24 380	12	15.6	13.74
8 000	16 050	24 050	14	16.2	13.93
10 000	12 380	22 380	16	18.4	15.69

从表4.12可以看到,在没有长期债务资本的情况下,ABC企业的价值就是其原有普通股资本的价值,此时 $V=S=22\,640$ 万元。当ABC企业开始利用长期债务资本部分地替换普通股资本时,企业的价值开始上升,同时企业资本成本率开始下降;直到长期债务资本达到6 000万元时,企业的价值最大(24 380万元),同时企业的资本成本率最低(13.74%);而当企业的长期债务资本超过6 000万元后,企业的价值又开始下降,企业的资本成本率同时上升。因此,可以确定,ABC企业的长期债务资本为6 000万元时的资本结构为最佳资本结构。此时,ABC企业的长期资本价值总额为24 380万元,其中普通股资本价值18 380万元,占企业总资本价值的比例为75%(18 380/24 380×100%);长期债务资本价值6 000万元,占企业总资本价值的比例为25%(6 000/24 380×100%)。

第五章 项目投资管理

第一节 项目投资管理概述

对于创造价值而言,投资决策是财务决策中最重要的决策。筹资的目的是投资,投资需求决定了筹资的规模和时间。在一定意义上,投资决策决定着企业的前景,以至于提出投资方案和评价方案的工作已经不是财务人员能单独完成的,需要所有经理人员的共同努力。

一、项目及项目投资的含义

项目是一种一次性的工作,它应当在规定的时间内,由为此专门组织起来的人员来完成;项目应有一个明确的预期目标;还要有明确的可利用的资源范围,需要运用多种学科的知识来解决问题;没有或很少有以往的经验可以借鉴。

项目可以是建造一栋大楼,一座工厂,或一座大水坝,也可以是解决某个研究课题,例如研制一种新药,设计、制造一种新型设备或产品,如一种新型计算机。这些都是一次性的,都要求在一定的期限内完成,不得超过一定的费用,并有一定的性能要求等。所以,有人说项目是新企业、新产品、新工程、新系统和新技术的总称。

项目投资是一种以特定项目为投资对象的长期投资行为,它与企业的新建项目或更新改造项目直接有关。从性质上看,它是企业直接的、生产性投资,通常包括固定资产投资、无形资产投资、开办费投资和流动资金投资等内容。本章所介绍的工业企业投资项目主要包括新建项目(含单纯固定资产投资项目和完整工业投资项目)和更新改造项目两种类型。

二、项目投资的特点

与其他形式的投资相比,项目投资具有如下特点。

(一)投资金额大

项目投资,特别是战略性的扩大生产能力投资一般都需要较多的资金,其投资额往往是企业及其投资人多年的资金积累,在企业总资产中占有相当大的比重。因此,项目投资对企业未来的现金流量和财务状况都将产生深远的影响。

(二)影响时间长

项目投资的投资期及发挥作用的时间都较长,往往要跨越好几个会计年度或营业周期,对企业未来的生产经营活动将产生重大影响。

(三)变现能力差

项目投资一般不准备在一年或一个营业周期内变现,而且即使在短期内变现,其变现能力也较差。因为,项目投资一旦完成,要想改变相当困难,不是无法实现,就是代价太大。

(四)投资风险大

因为影响项目投资未来收益的因素多,加上投资额大、影响时间长和变现能力差,必然造成其投资风险比其他投资大,对企业未来的命运产生决定性影响。

无数事例证明,一旦项目投资决策失败,会给企业带来先天性、无法逆转的损失。

三、项目投资的类型

按照投资时间,项目投资可分为短期投资和长期投资。短期投资又称流动资产投资,是指在一年内能收回的投资。长期投资则是指一年以上才能收回的投资。由于长期投资中固定资产所占的比重最大,所以长期投资有时专指固定资产投资。

从决策的角度看,可把投资分为采纳与否投资和互斥选择投资。采纳与否投资是指决定是否投资于某一独立项目的决策。在两个或两个以上的项目中,只能选择其中之一的决策叫做互斥选择投资决策。

按照投资内容,项目投资主要包括新建项目和更新改造项目。新建项目以新增生产能力为目的,按其涉及内容可进一步细分为单纯固定资产投资项目和完整工业投资项目。单纯固定资产投资项目简称固定资产投资,其特点在于:在投资中只包括为取得固定资产而发生的垫支资本投入而不涉及周转资本的投入;完整工业投资项目则不仅包括固定资产投资,而且还涉及流动资金投资,甚至包括其他长期资产项目(如无形资产、长期待摊费用等)的投资。因此,不能将项目投资简单地等同于固定资产投资。更新改造项目以恢复或改善生产能力为目的,按其涉及的内容也可进一步细分为更新项目和改造项目。

第二节 项目投资的现金流量分析

一、项目计算期的构成与资本投入方式

项目计算期是指投资项目从投资建设开始到最终清理结束整个过程的全部时间,即该项目的有效持续期间。完整的项目计算期包括建设期和经营期。投资建设开始的时间点称为建设起点,建设期末(经营期期初)的时间点称为投产日,项目最终清理的时间点称为终结点。从建设起点到投产日之间的时间间隔称为建设期,从投产日到终结点之间的时间间隔称为经营期。

从时间特征上看,投资主体将资金投入具体投资项目的方式有一次投入和分次投入两种。一次投入方式是指投资行为集中一次发生在项目计算期第一个年度的某一时间点;如果投资行为涉及两个或两个以上年度,或者虽只涉及一个年度,但同时在该年的不同时间点发生,则属于分次投入方式。

二、现金流量的概念

(一)现金流量的构成

现金流量是指与固定资产投资决策有关的现金流入和流出的数量,是评价投资方案是否可行时必须事先计算的一个基础性指标。现金流量包括现金流出量,现金流入量、现

净流量三个具体概念。现金流出量是指固定资产投资方案所引起的企业现金支出的增加额;现金流入量是指固定资产投资方案所引起的企业现金收入的增加额;一定时期内现金流入量减去现金流出量以后的差额称为现金净流量(NCF)。现金净流量一般可以分为以下三个部分:

1. 初始现金流量

初始现金流量,即开始投资时发生的现金流入量和现金流出量,一般包括:(1)固定资产方面的投资,包括固定资产的购入或建造成本、运输成本和安装成本等;(2)流动资产方面的投资,包括投资于材料、在产品、产成品和现金等流动资产的投资;(3)其他方面的投资,包括与固定资产投资有关的职工培训费、注册费等;(4)原有固定资产的变价收入,这主要是指固定资产更新时原有固定资产的变卖所得的现金收入。

初始现金流量除原有固定资产的变价收入为现金流入量外,其他部分均为现金流出量。

2. 营业现金流量

营业现金流量即固定资产投资项目投入使用后,在其使用寿命期间内,由生产经营所带来的现金流入和现金流出的数量,一般按年度进行计算。营业现金流入量是指因投资使企业增加的销售收入(或营业收入);营业现金流出量是指为取得现金流入而发生的营业现金支出和交纳的税金。营业现金支出亦称付现成本,指需要每年支付现金的销货成本。销货成本中不需要每年支付现金的主要是折旧和摊销费,即非付现成本。所以,付现成本可用销货成本减去折旧和摊销费用来计算,即

$$付现成本 = 销货成本 - 折旧和摊销费用$$

因此,营业现金净流量可通过下列公式计算。

营业现金净流量 = 销售收入 - 付现成本 - 企业所得税 = 式(5.1)

销售收入 - (销货成本 - 折旧和摊销费用) - 企业所得税 =

(销售收入 - 销货成本 - 企业所得税) + 折旧和摊销费用 =

净利润 + 折旧和摊销费用 = 式(5.2)

(销售收入 - 销货成本) × (1 - 企业所得税率) + 折旧和摊销费用 =

(销售收入 - 付现成本 - 折旧和摊销费用) × (1 - 企业所得税率) + 折旧和摊销费用 =

(销售收入 - 付现成本) × (1 - 所得税率) + 折旧和摊销费用 × 企业所得税率 式(5.3)

上述三个公式,最常用的是式(5.3),因为企业的所得税是根据企业总利润计算的。在决定某个项目是否投资时,我们往往使用差额分析法确定现金流量,并不知道整个企业的利润及与此有关的所得税,这就妨碍了式(5.1)和式(5.2)的使用。式(5.3)并不需要知道企业的利润是多少,使用起来比较方便。尤其是有关固定资产更新的决策,我们没有办法计量某项资产给企业带来的收入和利润,以至于无法使用式(5.1)和式(5.2)。

如果从每年现金流动的结果来看,增加的现金流入来自两部分:一部分是净利润造成的货币增值;另一部分是以货币形式收回的折旧和摊销费用。

3. 终结现金流量

终结现金流量即固定资产投资项目终结时所发生的现金流量,除营业现金流量外,还包括:

(1) 固定资产残值收入或变价收入；
(2) 原来垫支在各种流动资产上的资金回收；
(3) 停止使用的土地变价收入等。

(二) 现金流量的作用

利润是按照权责发生制确定的，而现金净流量是根据收付实现制确定的。在固定资产投资决策中，一般采取计算投资项目的现金流量来评价固定资产投资效率，即以现金流入作为项目的收入，以现金流出作为项目的支出，以现金净流量作为投资项目的净收益，并在此基础上评价投资项目的经济效益。以现金净流量评价投资效益，主要有以下两个方面的优点：

1. 采用现金流量有利于科学地考虑资金时间价值因素

资金时间价值是一个基本的财务观念，它表明不同时期相同金额的资金具有不同的价值。采用现金流量的考核方法，可以确定每项支出款项和收入款项的具体时间，使运用资金时间价值判别投资方案的优劣成为现实。而利润的计算，并不考虑资金的收付时间，它是以权责发生制为基础的，在选择投资方案时，无法考虑资金的时间价值。例如，购置固定资产要付大量现金，却不能计入当期成本，而在固定资产使用过程中，以计提折旧方式将固定资产的价值逐期计入成本时，又不需要支付现金。又如在计算利润时，只要销售行为确认发生，就作为当期的销售收入，不论是否收到现金。此外，计算利润时，也不考虑垫支的流动资产的数量和回收时间等。

2. 采用现金流量能更加客观地判别投资方案的优劣

利润反映的是某一会计期间"应计"经营成果或现金流量，而不是该期间实际发生的现金流量。若以利润考核投资方案的优劣，容易高估投资效益，使投资行为产生较大风险。同时，利润的计算没有一个统一标准，会受到存货计价方法、费用摊配和折旧计提方法的影响，使利润计算受主观因素的影响和制约。

(三) 现金流量的计算

为了正确地评价投资项目的优劣，必须正确地计算现金流量。

【例5.1】 A公司准备购入一台设备扩充生产能力，现有甲、乙两种方案可供选择，甲方案需投资20 000元，使用寿命5年，采用直线法计提折旧，5年后无残值。5年中每年销售收入为12 000元，每年的付现成本为3 000元。乙方案需要投资24 000元，使用寿命5年，5年后有残值收入4 000元，采用直线法计提折旧，5年中每年的销售收入15 000元，付现成本第一年为4 000元，以后随设备陈旧，逐年将增加修理费200元；另需垫支营运资金3 000元。假定所得税率为30%，试计算该投资项目甲、乙两种方案的现金流量。

(1) 计算甲、乙两种方案每年的折旧额：

甲方案每年折旧额 = 20 000 ÷ 5 = 4 000(元)

乙方案每年折旧额 = (24 000 - 4 000) ÷ 5 = 4 000(元)

(2) 计算甲、乙两种方案的营业现金净流量，如表5.1和表5.2所示。

表5.1 甲方案营业现金流量表 单位:元

项目 \ 年度	1	2	3	4	5
销售收入	12 000	12 000	12 000	12 000	12 000
付现成本	3 000	3 000	3 000	3 000	3 000
折旧	4 000	4 000	4 000	4 000	4 000
税前净利	5 000	5 000	5 000	5 000	5 000
所得税(30%)	1 500	1 500	1 500	1 500	1 500
税后净利	3 500	3 500	3 500	3 500	3 500
营业现金流量	7 500	7 500	7 500	7 500	7 500

表5.2 乙方案营业现金流量表 单位:元

项目 \ 年度	1	2	3	4	5
销售收入	15 000	15 000	15 000	15 000	15 000
付现成本	4 000	4 200	4 400	4 600	4 800
折旧	4 000	4 000	4 000	4 000	4 000
税前净利	7 000	6 800	6 600	6 400	6 200
所得税(30%)	2 100	2 040	1 980	1 920	1 860
税后净利	4 900	4 760	4 620	4 480	4 340
营业现金流量	8 900	8 760	8 620	8 480	8 340

(3)计算该投资项目甲、乙两种方案的现金流量,如表5.3所示。

表5.3 投资项目现金流量表 单位:元

项目 B \ 年度	0	1	2	3	4	5
甲方案						
固定资产投资	−20 000					
营业现金流量		7 500	7 500	7 500	7 500	7 500
净现金流量合计	−20 000	7 500	7 500	7 500	7 500	7 500
乙方案						
固定资产投资	−24 000					
营运资金垫支	−3 000					
营业现金流量		8 900	8 760	8 620	8 480	8 340
固定资产残值						4 000
营运资金回收						3 000
净现金流量合计	−27 000	8 900	8 760	8 620	8 480	15 340

第三节 项目投资评价的基本方法

对项目投资评价时使用的指标分为两类:一类是折现指标,即考虑了时间价值因素的指标,主要包括净现值、现值指数、内含报酬率;另一类是非折现指标,即没有考虑时间价值因素的指标,主要包括回收期、会计收益率。根据分析评价指标的类别,项目投资评价的基本方法,也被分为折现的评价方法和非折现的评价方法两种。

一、折现的评价方法

折现的评价方法,是指考虑货币时间价值的评价方法。

(一)净现值法

净现值法是使用净现值作为评价方案优劣的指标。所谓净现值,是指特定方案未来现金流入的现值与未来现金流出的现值之间的差额。按照这种方法,所有未来现金流入和流出都要按预定折现率折算为它们的现值,然后再计算它们的差额。如净现值为正数,即折现后现金流入大于折现后现金流出,该投资项目的报酬率大于预定的折现率;如净现值为零,即折现后现金流入等于折现后现金流出,该投资项目的报酬率等于预定的折现率;如净现值为负数,即折现后现金流入小于折现后现金流出,该投资项目的报酬率小于预定的折现率。

计算净现值的公式为

$$净现值 = \sum_{k=0}^{n} \frac{I_k}{(1+i)^k} - \sum_{k=0}^{n} \frac{O_k}{(1+i)^k}$$

式中,n 为投资涉及的年限;I_k 为第 k 年的现金流入量;O_k 为第 k 年的现金流出量;i 为预定的折现率。

【例5.2】 有三个项目投资方案,有关数据如表5.4所示。设折现率为10%,计算项目投资方案的净现值。

表5.4 项目投资方案相关指标   单位:元

年份	A方案 净收益	A方案 现金净流量	B方案 净收益	B方案 现金净流量	C方案 净收益	C方案 现金净流量
0		-20 000		-9 000		-12 000
1	1 800	11 800	-1 800	1 200	600	4 600
2	3 240	13 240	3 000	6 000	600	4 600
3			3 000	6 000	600	4 600
合计	5 040	5 040	4 200	4 200	1 800	1 800

净现值(A) = (11 800×0.909 1 + 13 240×0.826 4) - 20 000 = 21 669 - 20 000 = 1 669(元)

净现值(B) = (1 200×0.909 1 + 6 000×0.826 4 + 6 000×0.751 3) - 9 000 = 10 557 - 9 000 = 1 557(元)

净现值(C) = 4 600×2.487 - 12 000 = 11 440 - 12 000 = -560(元)

A、B 两个项目投资方案的净现值为正数,说明该方案的报酬率超过10%。如果企业的资金成本或要求的投资报酬率是10%,这两个方案是可行的,是可以接受的。C方案净现值为负数,说明该方案的报酬率达不到10%,是不可行的,应予放弃。

净现值法所依据的原理是:假设预计的现金流入在年末肯定可以实现,并且把原始投资看成是按预定折现率借入的。当净现值为正数时,偿还本息后该项目仍有剩余的收益;当净现值为零时,偿还本息后一无所获;当净现值为负数时,该项目收益不足以偿还本息。这一原理可以通过 A、C 两个方案的还本付息表来说明,见表5.5 和表5.6。

表5.5　A方案还本付息表　　　　　　　　　　　　　　单位:元

年份	年初债款	年息10%	年末债款	偿还现金	借款余额
1	20 000	2 000	22 000	11 800	10 200
2	10 200	1 020	11 220	13 240	(2 020)

表5.6　C方案还本付息表　　　　　　　　　　　　　　单位:元

年份	年初债款	年息10%	年末债款	偿还现金	借款余额
1	12 000	1 200	13 200	4 600	8 600
2	8 600	860	9 460	4 600	4 860
3	4 860	486	5 346	4 600	746

A 方案在第二年末还清本息后,尚有 2 020 元剩余,折合成现值为 1 669 元(2 020 × 0.826 4),即为该方案的净现值。C 方案第三年末没能还清本息,尚欠 746 元,折合成现值为 560 元(746 × 0.751 3),即为 C 方案的净现值。可见,净现值的经济意义是投资方案的折现后净收益。

净现值法具有广泛的适用性,在理论上也比其他方法更完善。净现值法应用的主要问题是如何确定折现率。

净现值法的主要优点是:可以进行互斥投资方案的比较。两个方案只能选择其中一个,这两个方案就是互相排斥的方案,简称互斥方案。在例5.2 中,如果这两个方案是互相排斥的,也就是说只能选择其中一个,尽管选择 A 方案投资较大,但是在分析时采用的折现率已考虑了承担该项投资的应付利息,所以选择 A 有利。净现值指标是绝对数指标,反映投资的效益。净现值法考虑了时间价值,可以说明投资方案高于或低于某一特定的投资报酬率,但没有揭示方案本身可以达到的具体的报酬率是多少。

(二)现值指数法

现值指数法方法是使用现值指数作为评价方案优劣的指标。所谓现值指数,是未来现金流入现值与现金流出现值的比率,亦称现值比率、获利指数。

计算现值指数的公式为

$$现值指数 = \sum_{k=0}^{n} \frac{I_k}{(1+i)^k} \div \sum_{k=0}^{n} \frac{O_k}{(1+i)^k}$$

根据例5.2 的资料,三个方案的现值指数为

现值指数(A) = 21 669 ÷ 20 000 = 1.08

现值指数(B) = 10 557 ÷ 9 000 = 1.17

现值指数(C) = 11 440 ÷ 12 000 = 0.95

A,B 两项投资机会的现值指数大于 1,说明其收益超过成本,即投资报酬率超过预定的折现率。C 项投资机会的现值指数小于 1,说明其报酬率没有达到预定的折现率。如果现值指数为 1,说明折现后现金流入等于现金流出,投资的报酬率与预定的折现率相同。

现值指数法的主要优点是:可以进行独立投资方案的比较。两个方案采纳一个方案并不排斥同时采纳另一个方案,这两个方案就是相互独立的方案,简称独立方案。在例 5.2 中,A 方案的现值指数是 1.08,B 方案现值指数为 1.17,如果两者是独立的,哪一个应优先给予考虑,可以根据现值指数来选择。B 方案现值指数大于 A 方案,所以 B 优于 A。现值指数可以看成是 1 元原始投资可望获得的现值净收益,因此,它是一个相对数指标,反映投资的效率。现值指数法同净现值法一样考虑了时间价值,可以说明投资方案高于或低于某一特定的投资报酬率,但没有揭示方案本身可以达到的具体的报酬率是多少。

(三) 内含报酬率法

这种方法是使用内含报酬率作为评价方案优劣的指标。所谓内含报酬率,是指能够使未来现金流入量现值等于未来现金流出量现值的折现率,或者说是使投资方案净现值等于零的折现率。

内含报酬率的计算,通常要用"逐步测试,比例内插"的方法来计算。首先估计一个折现率,用它来计算方案的净现值;如果净现值为正数,说明方案本身的报酬率超过估计的折现率,应提高折现率后进一步测试;如果净现值为负数,说明方案本身的报酬率低于估计的折现率,应降低折现率后进一步测试。经过多次测试,找出使净现值接近于零的邻近两个折现率,然后用对应成比例的方法即可以计算出净现值等于零的折现率,即内含报酬率。

根据例 5.2 的资料,已知 A 方案的净现值为正数,说明它的投资报酬率大于 10%,因此,应提高折现率进一步测试。假设以 18% 为折现率进行测试,其结果净现值为负 499 元。下一步降低到 16% 重新测试,结果净现值为 9 元,已接近于零,可以认为 A 方案的内含报酬率的近似值是 16%。测试过程见表 5.7。B 方案用 18% 作为折现率测试,净现值为负 22 元,接近于零,可认为其内含报酬率的近似值是为 18%。测试过程见表 5.8。如果对测试结果的精确度不满意,可以使用比例内插法来计算,即

$$\text{内含报酬率(A)} = 16\% + \left(2\% \times \frac{9}{9+499}\right) = 16.04\%$$

$$\text{内含报酬率(B)} = 16\% + \left(2\% \times \frac{338}{22+338}\right) = 17.88\%$$

表5.7　A 方案内含报酬率的测试　　　　　　　　　　　　　　单位:元

年份	现金净流量	贴现率 = 18%		贴现率 = 16%	
		贴现系数	现值	贴现系数	现值
0	20 000	1	−20 000	1	−20 000
1	11 800	0.847	9 995	0.862	10 172
2	13 240	0.718	9 506	0.743	9 837
净现值			(499)		9

表 5.8　B 方案内含报酬率的测试　　　　　　　　　　　　　　　　　　单位:元

年份	现金净流量	贴现率=18%		贴现率=16%	
		贴现系数	现值	贴现系数	现值
0	9 000	1	−9 000	1	−9 000
1	1 200	0.847	1 016	0.862	1 034
2	6 000	0.718	4 308	0.743	4 458
3	6 000	0.609	3 654	0.641	3 846
净现值			(22)		338

C 方案各期现金流入量相等,符合年金形式,内含报酬率可直接利用年金现值表来确定,不需要进行逐步测试。可以采用列算式,算系数,查表,比例内插计算。

列算式,即

$$原始投资 = 每年现金流入量 \times 年金现值系数$$
$$12\,000 = 4\,600 \times (P/A, i, 3)$$

算系数,即

$$(P/A, i, 3) = 2.609$$

查表,即

查阅"年金现值系数表",寻找 n=3 时系数 2.609 所指的利率。查表结果,与 2.609 接近的现值系数 2.624 和 2.577 分别指向 7% 和 8%。

比例内插计算,即

$$内含报酬率(C) = 7\% + \left(1\% \times \frac{2.624 - 2.609}{2.624 - 2.577}\right) = 7\% + 0.32\% = 7.32\%$$

计算出各方案的内含报酬率以后,可以根据企业的资本成本或要求的最低投资报酬率对方案进行取舍。假设资本成本是 10%,那么,A、B 两个方案都是可行的,都是可以接受;而 C 方案则是不可行的,应当放弃。

内含报酬率是方案本身的收益能力,反映其内在的获利水平。如果以内含报酬率作为贷款利率,通过借款来投资本项目,那么,还本付息后将一无所获。这一原理可以通过 C 方案的数据来证明,见表 5.9。

表 5.9　C 方案还本付息表　　　　　　　　　　　　　　　　　　单位:元

年份	年初借款	利率=7.32%	年末借款	偿还现金	借款余额
1	12 000	878	12 878	4 600	8 278
2	8 278	607	8 885	4 600	4 285
3	4 285	314	4 599	4 600	−1

注:第三年末借款余额 −1 是计算时四舍五入所致。

净现值法和现值指数法虽然考虑了时间价值,可以说明投资方案高于或低于某一特定的投资报酬率,但没有揭示方案本身可以达到的具体的报酬率是多少。内含报酬率是根据方案的现金流量计算的,是方案本身的投资报酬率,即可以说明投资方案的内在报酬率。

内含报酬率和现值指数法有相似之处,都是根据相对比率来评价方案,而不像净现值法那样使用绝对数来评价方案。如果这两个方案是相互独立的,也就是说采纳 A 方案时不排斥同时采纳 B 方案,那就很难根据净现值来排定优先次序。内含报酬率可以解决这个问题,应优先安排内含报酬率较高的 B 方案,如有足够的资金可以再安排 A 方案。

内含报酬率法与现值指数法也有区别。在计算内含报酬率时不必事先选择折现率,根据内含报酬率就可以排定独立投资的优先次序,只是最后需要一个切合实际的资本成本或最低报酬率来判定方案是否可行。现值指数法需要一个适合的折现率,以便将现金流量折为现值,折现率的高低将会影响方案的优先次序。

二、非折现的评价方法

非折现的方法是指不考虑货币时间价值的评价方法。这些评价方法在选择方案时起辅助作用,是辅助的评价方法。

(一)回收期法

回收期法是使用回收期作为评价方案优劣的指标。回收期是指投资引起的现金流入累积到与原始投资额(或建设投资)相等时所需要的时间。它代表收回投资所需要的年限。回收年限越短,方案越有利,说明本金安全程度越高,风险越小。

在原始投资一次支出,每年现金净流入量相等时,其计算方法为

$$回收期 = \frac{原始投资额}{每年现金净流入量}$$

【例 5.2】的 C 方案属于这种情况,即

$$回收期(C) = \frac{12\,000}{4\,600} = 2.61(年)$$

如果现金流入量每年不等,或原始投资是分几年投入的,则可使下式成立的 n 为回收期,即

$$\sum_{k=0}^{n} I_k = \sum_{k=0}^{n} O_k$$

其计算方法是:先累计净现金流量,然后用比例内插法计算。根据例 5.2 的资料,A 方案和 B 方案的回收期分别为 1.62 年和 2.30 年,计算过程见表 5.10、表 5.11。

表 5.10　A 方案现金回收计算表　　　　　　　　　　　　　　单位:元

A 方案:	净现金流量	回收额	累计净现金流量
原始投资	−20 000		−20 000
现金流入			
第一年	11 800	11 800	8 200
第二年	13 240	58 200	5 040

回收期 = 1 + (8 200 ÷ 13 240) = 1.62(年)

表 5.11　B 方案现金回收计算表　　　　　　　　　　　　　　单位:元

B 方案:	净现金流量	回收额	累计净现金流量
原始投资	−9 000		−9 000
现金流入			

续表 5.11

B方案:	净现金流量	回收额	累计净现金流量
第一年	1 200	1 200	(7 800)
第二年	6 000	6 000	(1 800)
第三年	6 000	1 800	4 200

回收期 = 2 + (1 800 ÷ 6 000) = 2.30(年)

回收期法计算简便,并且容易为决策人所正确理解。它的缺点在于不仅忽视时间价值,而且没有考虑回收期以后的收益。事实上,有战略意义的长期投资往往早期收益较低,而中后期收益较高。回收期法优先考虑急功近利的项目,可能导致放弃长期成功的方案。它是过去评价投资方案最常用的方法,目前作为辅助方法使用,主要用来测定方案的流动性而非营利性。

(二)会计收益率法

会计收益率法是使用会计收益率作为评价方案优劣的指标。所谓会计收益率,是年平均经营净利与原始投资额的比率,即

$$会计收益率 = \frac{年平均净收益}{原始投资额} \times 100\%$$

根据【例5.2】的资料计算

$$会计收益率(A) = \frac{(1\ 800 + 3\ 240) \div 2}{20\ 000} \times 100\% = 12.6\%$$

$$会计收益率(B) = \frac{(-1\ 800 + 3\ 000 + 3\ 000) \div 3}{9\ 000} \times 100\% = 15.6\%$$

$$会计收益率(C) = \frac{600}{12\ 000} \times 100\% = 5\%$$

计算"年平均净收益"时,如使用不包括"建设期"的"经营期"为年数。其计算结果称为"经营期会计收益率"。这种方法计算简便,应用范围很广。

第四节 项目投资决策的应用

一、单纯固定资产投资项目的现金流量估计举例

【例5.3】 某企业投资 15 500 元购入一台设备,该设备预计残值为 500 元,可使用 3 年,折旧按直线法计算(会计政策与税法一致)。设备投产后每年销售收入增加额分别为 10 000 元、20 000 元、15 000 元,除折旧外的经营成本增加额分别为 4 000 元、12 000 元、5 000 元。企业适用的所得税率为 40%,要求的最低投资报酬率为 10%。试计算该项目的净现值。

(1)计算固定资产投资。
固定资产投资 = 15500(元)
(2)计算经营期每年折旧额。
每年折旧额 = (15500 - 500)/3 = 5000(元)

(3)计算经营期每年经营现金流量。

第一种方法：

经营现金流量＝经营现金收入－付现经营成本－经营所得税

第一年经营所得税＝(10 000－4 000－5 000)×40%＝400(元)

第二年经营所得税＝(20 000－12 000－5 000)40%＝1 200(元)

第三年经营所得税＝(15 000－5 000－5 000)×40%＝2 000(元)

第一年经营现金流量＝10 000－4 000－400＝5 600(元)

第二年经营现金流量＝20 000－12 000－1 200＝6 800(元)

第三年经营现金流量＝15 000－5 000－2 000＝8 000(元)

第二种方法：

经营现金流量＝经营净利＋折旧费、摊销费

第一年经营净利＝(10 000－4 000－5 000)×(1－40%)＝1 000×60%＝600(元)

第二年经营净利＝(20 000－12 000－5 000)×(1－40%)＝3 000×60%＝1 800(元)

第三年经营净利＝(15 000－5 000－5 000)×(1－40%)＝5 000×60%＝3 000(元)

第一年经营现金流量＝600＋5 000＝5 600(元)

第二年经营现金流量＝1 800＋5 000＝6 800(元)

第三年经营现金流量＝3 000＋5 000＝8 000(元)

第三种方法：

经营现金流量＝税后经营现金收入－税后付现经营成本＋折旧、摊销抵税

第一年经营现金流量＝10 000×(1－40%)－4 000×(1－40%)＋5 000×40%
　　　　　　　　　＝6 000×60%＋5 000×40%＝5 600(元)

第二年经营现金流量＝20 000×(1－40%)－12 000×(1－40%)＋5 000×40%
　　　　　　　　　＝8 000×60%＋5 000×40%＝6 800(元)

第三年经营现金流量＝15 000×(1－40%)－5 000×(1－40%)＋5 000×40%
　　　　　　　　　＝10 000×60%＋5 000×40%＝8 000(元)

(4)计算收回的固定资产余值。

收回的固定资产余值＝500(元)

(5)计算净现值。

净现值＝5 600×0.909＋6 800×0.826＋8 500×0.751－15 500＝
　　　5 090.4＋5 616.8＋6 383.5－15 500＝17 090.7－15 500＝1 590.7(元)

【例5.3】中计算现金流量及净现值具体过程及结果见表5.12。

表5.12　净现值计算过程表　　　　　　　　　　　单位：元

现金流量项目	0	1	2	3	合计
固定资产投资	－15 500				－15 500
垫支营运资金		0	0	0	0
经营现金流量		5 600	6 800	8 000	20 400
回收固定资产余值				500	500
收回流动资金		0	0	0	0

续表 5.12

现金流量项目	0	1	2	3	合计
净现金流量	−15 500	5 600	6 800	8 500	5 400
复利现值系数	1.000	0.909	0.826	0.751	
现值	−15 500	5 090.40	5 616.80	6 383.50	1 590.7

二、完整工业资产投资项目的现金流量估计举例

【例 5.4】 某企业投资某项目需要在建设起点一次投入固定资产投资 200 万元,无形资产投资 25 万元。该项目建设期 2 年,经营期 5 年,到期预计净残值(与税法规定净残值一致)8 万元,无形资产自投产年份起分 5 年摊销完毕。投产第一年预计流动资产需用额 60 万元,流动负债需用额 40 万元;投产第二年预计流动资产需用额 90 万元,流动负债需用额 30 万元。该项目投产后,预计每年经营收入 210 万元,每年预计外购原材料、燃料和动力费 50 万元,工资福利费 20 万元,其他付现经营费用 10 万元。企业适用的增值税税率为 17%,城建税税率 7%,教育费附加率 3%。该企业按直线法折旧,所得税税率 25%,设定折现率 10%。试计算该项目的净现值。

(1)计算该项目计算期、营运资本投资总额和原始投资。

项目计算期 = 7(年);

投产第一年初营运资本投资 = 60 − 40 = 20(万元)

投产第二年初营运资本 = 90 − 30 = 60(万元)

投产第二年初营运资本投资 = 60 − 20 = 40(万元)

营运资本投资总额 = 40 + 20 = 60(万元)

原始投资 = 200 + 25 + 60 = 285(万元)

(2)计算投产后各年的付现经营成本。

投产后各年的付现经营成本 = 50 + 20 + 10 = 80(万元)

(3)计算投产后各年经营成本(不包括财务费用的总成本)。

固定资产年折旧 = (200 − 8)/5 = 38.4(万元)

无形资产年摊销额 = 5(万元);

投产后各年经营成本 = 80 + 38.4 + 5 = 123.4(万元)

(4)计算投产后各年的息税前利润及经营所得税。

投产后各年应交增值税 = (每年营业收入 − 每年外购原材料燃料和动力费) × 增值税率 = (210 − 50) × 17% = 27.2(万元);

投产后各年的城建税及附加 = 27.2 × (7% + 3%) = 2.72(万元);

投产后各年的息税前利润 = 210 − 123.4 − 2.72 = 83.88(万元);

投产后各年的经营所得税 = 83.88 × 25% = 20.97(万元)。

(5)计算项目计算期各年现金流量。

NCF_0 = −225(万元);

NCF_1 = 0(万元);

NCF_2 = −20(万元);

NCF3 = 83.88 + 38.4 + 5 - 40 - 20.97 = 66.31(万元);

NCF4 ~ 6 = 83.88 + 38.4 + 5 - 20.97 = 106.31(万元);

终结点回收额 = 8 + 60 = 68(万元);

NCF7 = 83.88 + 38.4 + 5 + 68 - 20.97 = 174.31(万元)。

(6) 计算该项目的净现值。

该项目的净现值 = -225 - 20 × (P/F,10%,2) + 66.31 × (P/F,10%,3) + 106.31 × [(P/A,10%,6) - (P/A,10%,3)] + 174.31 × (P/F,10%,7) = 96.38(万元)

(7) 评价该方案的财务可行性。

该方案净现值大于0,该方案具备财务可行性

(8) 计算年等额净回收额。

该方案年等额净回收额 = 96.38/(P/A,10%,7) = 96.38/4.868 4 = 19.8(万元)

【例5.4】的具体计算现金流量及净现值过程见表5.13。【例5.4】还可以计算现值指数、内含报酬率、回收期、会计收益率指标,学习者可自行完成。

表5.13 净现值计算过程表 单位:万元

现金流量项目	0	1	2	3	4	5	6	7	合计
固定资产投资	-200.00								
无形资产投资	-25.00								
营运资本投资			-20.00	-40.00					
经营现金收入				210.00	210.00	210.00	210.00	210.00	
付现材料动力费				50.00	50.00	50.00	50.00	50.00	
付现工资福利费				20.00	20.00	20.00	20.00	20.00	
付现其他经营费用				10.00	10.00	10.00	10.00	10.00	
付现经营成本				80.00	80.00	80.00	80.00	80.00	
折旧费				38.40	38.40	38.40	38.40	38.40	
摊销费				5.00	5.00	5.00	5.00	5.00	
经营成本				123.40	123.40	123.40	123.40	123.40	
增值税				27.20	27.20	27.20	27.20	27.20	
城建税及附加				2.72	2.72	2.72	2.72	2.72	
息税前利润				83.88	83.88	83.88	83.88	83.88	
经营所得税				20.97	20.97	20.97	20.97	20.97	
经营净利				62.91	62.91	62.91	62.91	62.91	
折旧与摊销				43.40	43.40	43.40	43.40	43.40	
经营现金流量				106.31	106.31	106.31	106.31	106.31	
固定资产残值回收								8	
营运资本回收额								60.00	
净现金流量	-225.00	0.00	-20.00	66.31	106.31	106.31	106.31	174.31	
复利现值系数	1	0.909 1	0.826 4	0.751 3	0.683 0	0.620 9	0.564 5	0.513 2	
现值	-225.00	0.00	-16.53	49.82	72.61	66.01	60.01	89.45	96.37

三、固定资产更新项目举例

(一)不考虑所得税的固定资产更新项目的现金流量与平均年成本计算

【例5.5】 某企业有一旧设备,工程技术人员提出更新要求,有关数据见表5.14。

表5.14 相关数据资料表 单位:元

项目	旧设备	新设备
原值	2 200	2 400
预计使用年限	10	10
已经使用年限	4	0
最终残值	200	300
变现价值	600	2 400
年运行成本	700	400

假设该企业要求的最低报酬率为15%。

(1)不考虑货币的时间价值平均年成本计算。

旧设备平均年成本 $= \dfrac{600 + 700 \times 6 - 200}{6} = \dfrac{4\,600}{6} = 767(元)$

新设备平均年成本 $= \dfrac{2\,400 + 400 \times 10 - 300}{10} = \dfrac{6\,100}{10} = 610(元)$

不考虑货币的时间价值,使用新设备的平均年成本较低,但这种方法不易作为决策依据。

(2)考虑货币的时间价值平均年成本计算。

第一种算法:计算现金流出的总现值,然后分摊给每一年。

旧设备平均年成本 $= \dfrac{600 + 700 \times (P/A,15\%,6) - 200 \times (P/F,15\%,6)}{(P/A,15\%,6)} =$

$\dfrac{600 + 700 \times 3.784 - 200 \times 0.432}{3.784} = 836(元)$

新设备平均年成本 $= \dfrac{2\,400 + 400 \times (P/A,15\%,10) - 300 \times (P/F,15\%,10)}{(P/A,15\%,10)} =$

$\dfrac{2\,400 + 400 \times 5.019 - 300 \times 0.247}{5.019} = 863(元)$

第二种算法:由于各年已经有相等的运行成本,只要将原始投资和残值摊销到每年,然后求和,亦可得到每年平均的现金流出量。

平均年成本 = 投资摊销 + 运行成本 − 残值摊销

旧设备平均年成本 $= \dfrac{600}{(P/A,15\%,6)} + 700 - \dfrac{200}{(F/A,15\%,6)} =$

$\dfrac{600}{3.784} + 700 - \dfrac{200}{8.753} = 836(元)$

新设备平均年成本 $= \dfrac{2\,400}{(P/A,15\%,10)} + 400 - \dfrac{300}{(F/A,15\%,10)} =$

$\dfrac{2\,400}{5.019} + 400 - \dfrac{300}{20.303} = 863(元)$

第三种算法:将残值在原投资中扣除,视同每年承担相应的利息,然后与净投资摊销及年运行成本总计,求出每年的平均成本。

$$旧设备平均年成本 = \frac{600-200}{(P/A,15\%,6)} + 200 \times 15\% + 700 = \frac{400}{3.784} + 30 + 700 = 836(元)$$

$$新设备平均年成本 = \frac{2\,400-300}{(P/A,15\%,10)} + 300 \times 15\% + 400 = \frac{2\,100}{5.019} + 45 + 400 = 863(元)$$

考虑货币的时间价值,使用旧设备的平均年成本较低,不宜进行设备更新。

(二)固定资产平均年成本的计算与固定资产的经济寿命

固定资产的使用初期运行费比较低,以后随着设备逐渐陈旧,性能变差,维护费用、修理费用、能源消耗等运行成本会逐步增加。与此同时,固定资产的价值逐渐减少,资产占用的资金应计利息等持有成本也会逐步减少。随着时间的延续,运行成本和持有成本呈反方向变化,这样必然存在一个最经济的使用年限,即固定资产的经济寿命。固定资产的经济寿命是指能使固定资产平均年成本达到最低的使用年限。固定资产使用期间截止某一年的平均年成本为

$$UAC = \left[C - \frac{S_n}{(1+i)^n} + \sum_{t=1}^{n} \frac{C_t}{(1+i)^t} \right] \div (P/A, i, n)$$

式中,UAC 为固定资产平均年成本;C 为固定资产原值;S_n 为 n 年后固定资产余值;C_t 为第 t 年运行成本;n 为预计使用年限;i 为投资最低报酬率。

【例5.6】 设某资产原值为1 400元,运行成本逐年增加,折余价值逐年下降。有关数据及固定资产平均年成本计算见表5.15。

表5.15 固定资产的经济寿命

更新年限	原值①	余值②	贴现系数③($i=8\%$)	余值现值④=②×③	运行成本⑤	运行成本现值⑥=⑤×③	更新时运行成本现值⑦=∑⑥	现值总成本⑧=①-④+⑦	年金现值系数($i=8\%$)⑨	平均年成本⑩=⑧÷⑨
1	1 400	1 000	0.926	926	200	185	185	659	0.926	711.7
2	1 400	760	0.857	651	220	189	374	1 123	1.783	629.8
3	1 400	600	0.794	476	250	199	573	1 497	2.577	580.9
4	1 400	460	0.735	338	290	213	786	1 848	3.312	558.0
5	1 400	340	0.681	232	340	232	1 018	2 186	3.993	547.5
6	1 400	240	0.630	151	400	252	1 270	2 519	4.623	544.9
7	1 400	160	0.583	93	450	262	1 532	2 839	5.206	545.3
8	1 400	100	0.541	54	500	271	1 803	3 149	5.749	547.8

该项资产如果使用6年后更新,每年的平均成本是544.9元,比其他时间更新的成本低,因此6年是其经济寿命。

(三)考虑所得税的固定资产更新项目的现金流量与平均年成本的计算

【例5.7】 某公司有一台设备,购于3年前,现在考虑是否需要更新。该公司所得税税率为40%,其他有关资料见表5.16。

表 5.16 相关数据资料表   单位:元

项目	旧设备	新设备
原价	60 000	50 000
税法规定残值(10%)	6 000	5 000
税法规定使用年限(年)	6	4
已用年限	3	0
尚可使用年限	4	4
每年操作成本	8 600	5 000
两年末大修支出	28 000	
最终报废残值	7 000	10 000
目前变现价值	10 000	
每年折旧额:	（直线法）	（年数总和法）
第一年	9 000	18 000
第二年	9 000	13 500
第三年	9 000	9 000
第四年	0	4 500

假设两台设备的生产能力相同,并且未来尚可使用年限相同,因此我们可通过比较其现金流出的总现值(见表 5.17),判断方案优劣。更换新设备的现金流出总现值为 39 107.80 元,比继续使用旧设备的现金流出总现值 35 973 元要多出 3 134.80 元。因此,继续使用旧设备较好。如果未来的尚可使用年限不同,则需要将总现值转换成平均年成本,计算年等额净回收额,然后进行比较。

表 5.17 两种方案计算结果对比表   单位:元

项目	现金流量	时间/年次	系数/10%	现值
继续用旧设备:				
旧设备变现价值	(10 000)	0	1	-10 000
旧设备变现损失减税	(10 000 - 33 000) × 0.4 = (9 200)	0	1	-9 200
每年付现操作成本	-8 600 × (1 - 0.4) = (5 160)	1~4	3.170	-16 357.2
每年折旧抵税	9 000 × 0.4 = 3 600	1~3	2.487	8 953.2
两年末大修成本	-28 000 × (1 - 0.4) = (16 800)	2	0.826	-13 876.8
预计残值变现收入	7 000	4	0.683	4 781
残值变现净收入纳税	-(7 000 - 6 000) × 0.4 = (400)	4	0.683	-273.2
合计				-35 973
更换新设备:				
设备投资	(50 000)	0	1	-50 000
每年付现操作成本	-5 000 × (1 - 0.4) = (3 000)	1~4	3.170	-9 510
每年折旧抵税:				
第一年	18 000 × 0.4 = 7 200	1	0.909	6 544.8

续表 5.17

项目	现金流量	时间（年次）	系数（10%）	现值
第二年	13 500 × 0.4 = 5 400	2	0.826	4 460.4
第三年	9 000 × 0.4 = 3 600	3	0.751	2 703.6
第四年	4 500 × 0.4 = 1 800	4	0.683	1 229.4
预计残值变现收入	10 000	4	0.683	6 830
残值变现净收入纳税	−(10 000 − 5 000) × 0.4 = (2 000)	4	0.683	−1 366
合计				−39 107.8

第五节　风险投资决策

在讨论投资决策时曾假定现金流量是确定的，即可以确知现金收支的金额及其发生时间。实际上，由于长期投资涉及的时间比较长，在未来各个时期内不确定的因素比较多，因而就使投资活动在不同程度上存在着"风险"。如果决策面临的风险较小，一般可忽略它们的影响；如果面临的不确定性和风险较大，足以影响方案的选择，那么就应通过一定的方法对可能包含的风险进行估量，并在决策时加以考虑。风险投资决策就是指项目实施后出现的后果为随机变量的投资决策。风险投资决策的分析方法很多，这里只介绍两种常用方法：风险调整贴现率法和肯定当量法。

一、风险调整贴现率法

（一）什么是风险调整贴现率法

风险调整贴现率法是指将企业因承担风险而要求的、与投资项目的风险程度相适应的风险报酬，计入资金成本或企业要求达到的报酬率中，构成按风险调整的贴现率，并据以进行投资决策分析的方法。这种方法是以下述认识为基础的：企业对承担的投资风险要求超过货币时间价值的报酬，并且风险越大，要求的报酬也越高。

（二）风险调整贴现率法的基本思路

对于高风险的项目采用较高的贴现率去计算净现值，低风险的项目用较低的贴现率去计算，然后根据净现值法的规则来选择方案。因此，此种方法的中心是根据风险的大小来调整贴现率。该方法的关键在于根据风险的大小确定风险调整贴现率（即必要回报率）。

按风险调整的贴现率可以通过下式加以确定为

$$k = i + b \cdot Q$$

式中，k 为按风险调整的贴现率；i 为无风险贴现率；b 为风险报酬斜率；Q 为风险程度。

在上述公式中，无风险贴现率 i 是加上通货膨胀因素后的货币时间价值，其实质是无风险报酬率；bQ 是风险报酬率，它与风险大小有关，风险越大要求的报酬率越高；其中 Q 为风险程度，它用变异系数来计量；风险报酬斜率取决于全体投资者的风险回避态度，可以通过统计方法或人为经验加以测定。如果大家都愿意冒风险，风险报酬斜率就小，风险溢价也小；如果大家都不愿意冒风险，风险报酬斜率就大，风险溢价就比较大。b 值也可以参照以往中等风险程度的同类型项目的历史资料加以确定。

（三）风险调整贴现率法的优缺点

对风险较小的项目采用较低的贴现率,简单明了,符合逻辑,不仅为理论家认可,并且使用广泛。但是这种方法把风险报酬与时间价值混合在一起,并据此对现金流量进行贴现,这意味着风险必然随着时间的推延而加大,有时与事实不符。例如某些行业的投资,前几年的现金流量难以预料,越往后反而更有把握,如果园、饭店等。

二、肯定当量法

肯定当量法就是将不确定的期望现金净流量按肯定当量系数折算为约当的肯定现金流量,然后用无风险贴现率来评价风险投资项目的决策分析方法。

肯定当量系数是肯定的现金流量对与之相当的不肯定的期望现金流量的比值,记作 Q。

各年的肯定当量系数,可以由经验丰富的分析人员凭主观判断确定,也可以根据变异系数确定。某些公司将变异系数划分为若干档次,并为每一档规定一个相应的肯定当量系数。变异系数越低,风险越小,规定的肯定当量系数就越大;反之,规定的肯定当量系数就越小,如以下经验关系（见表 5.18）。

表 5.18　变异系数与肯定当量系数的关系

变异系数 Q	肯定当量系数 α
0.00~0.07	1
0.08~0.15	0.9
0.16~0.23	0.8
0.24~0.32	0.7
0.33~0.42	0.6
0.43~0.54	0.5
0.55~0.70	0.4

变异系数 Q 与肯定当量系数之间的数量关系,并没有一致公认的客观标准。因此,变异系数如何分档,各档的肯定当量系数如何确定,均取决于公司管理当局的风险反感程度。

肯定当量法可以反映各年原有的风险程度,使它不因时间的推延而被人为地夸大,从而克服了按风险调整贴现率法的缺点。但肯定当量法不像按风险调整贴现率法那样直观,而且要为每年确定一个肯定当量系数也较费事。

对比两种方法可见,按风险调整贴现率法是用调整净现值公式分母中的贴现率的办法来考虑风险,而肯定当量法则是用调整该公式分子中的期望现金流量的办法来考虑风险,这是两种方法的根本区别。

第六章　证券投资管理

第一节　证券投资概述

企业除了直接将资金投入生产经营活动,进行直接投资外,常常还将资金投放于有价证券,进行证券投资。证券投资相对于项目投资而言,变现能力强,少量资金也能参与投资,便于随时调用和转移资金,这为企业有效利用资金、充分挖掘资金的潜力提供了十分理想的途径,所以证券投资已经成为企业投资的重要组成部分。

一、证券的基本内容

(一)证券的概念

证券是指用以证明或设定权利所做成的书面凭证,它表明证券持有人或第三人有权取得该证券所拥有的特定权益。

(二)证券的特点

证券具有流动性、收益性和风险性三个特点。

(1)流动性又称变现性,是指证券可以随时抛售取得现金。

(2)收益性是指证券持有者凭借证券可以获得相应的报酬。证券收益一般由当前收益和资本利得构成。以股息、红利或利息所表示的收益称为当前收益。由证券价格上升(或下降)而产生的收益(或亏损),称为资本利得或差价收益。

(3)风险性是指证券投资者达不到预期的收益或遭受各种损失的可能性。证券投资既有可能获得收益,更有可能带来损失,具有很强的不确定性。

流动性与收益性往往成反比,而风险性则一般与收益性成正比。

(三)证券的种类

证券投资是指企业为获取投资收益或特定经营目的而买卖有价证券的一种投资行为。证券按不同的分类标准可以分为不同种类:

(1)按照证券发行主体的不同,可分为政府证券、金融证券和公司证券。政府证券是中央政府或地方政府为筹集资金而发行的证券;金融证券是银行或其他金融机构为筹集资金而发行的证券;公司证券是工商企业发行的证券。

(2)按照证券所体现的权益关系,可分为所有权证券和债权证券。所有权证券是指证券持有人便是证券发行单位的所有者的证券,如股票;债权证券是指证券的持有人是证券发行单位的债权人的证券,如债券。

(3)按照证券收益的决定因素,可分为原生证券和衍生证券。原生证券的收益大小主要取决于发行者的财务状况;衍生证券包括期货合约和期权合约两种基本类型,其收益取决于原生证券的价格。

(4)按照证券收益稳定性的不同,可分为固定收益证券和变动收益证券。固定收益证券证券票面规定有固定收益率;变动收益证券的收益情况随企业经营状况而改变。

(5)按照证券到期日的长短,可分为短期证券和长期证券。短期证券是指到期日短于一年的证券;长期证券是到期日长于一年的证券。

(6)按照募集方式的不同,可分为公募证券和私募证券。公募证券又称公开发行证券,是指发行人向不特定的社会公众广泛发售的证券;私募证券,又称内部发行证券,是指面向少数特定投资者发行的证券。

二、证券投资的目的与特征

(一)证券投资的含义与目的

证券投资是指投资者将资金投资于股票、债券、基金及衍生证券等资产,从而获取收益的一种投资行为。企业进行证券投资的目的主要有以下几个方面。

(1)暂时存放闲置资金。证券投资在多数情况下都是出于预防的动机,以替代较大量的非盈利的现金余额。

(2)与筹集长期资金相配合。处于成长期或扩张期的公司一般每隔一段时间就会发行长期证券,所获得的资金往往不会一次用完,企业可将暂时闲置的资金投资于有价证券,以获得一定的收益。

(3)满足未来的财务需求。企业根据未来对资金的需求,可以将现金投资于期限和流动性较为恰当的证券,在满足未来需求的同时获得证券带来的收益。

(4)满足季节性经营对现金的需求。从事季节性经营的公司在资金有剩余的月份可以投资证券,而在资金短缺的季节将证券变现。

(5)获得对相关企业的控制权。通过购买相关企业的股票可实现对该企业的控制。

(二)证券投资的特征

相对于实物投资而言,证券投资具有如下特点。

(1)流动性强。证券资产的流动性明显高于实物资产。

(2)价格不稳定。证券相对于实物资产来说,受人为因素的影响较大,且没有相应的实物作保证,其价值受政治、经济环境等各种因素的影响较大,具有价值不稳定、投资风险较大的特点。

(3)交易成本低。证券交易过程快速、简捷,成本较低。

三、证券投资的对象与种类

金融市场上的证券很多,其中可供企业投资的证券主要有国债、短期融资券、可转让存单、企业股票与债券、投资基金以及期权、期货等衍生证券。具体可以分为以下几类。

(1)债券投资。债券投资是指投资者购买债券以取得资金收益的一种投资活动。相对于股票投资,债券投资一般风险较小,能获得稳定收益,但要注意投资对象的信用等级。

(2)股票投资。股票投资是指投资者将资金投向股票,通过股票的买卖和收取股利以获得收益的投资行为。股票投资风险较大,收益也相对较高。

(3)基金投资。基金投资是指投资者通过购买投资基金股份或受益凭证来获取收益的投资方式。这种方式可使投资者享受专家服务,有利于分散风险,获得较高的、较稳定的投资收益。

(4)期货投资。期货投资是指投资者通过买卖期货合约躲避价格风险或赚取利润的一种投资方式。所谓期货合约,是指在将来一定时期以指定价格买卖一定数量和质量的商品而由商品交易所制定的统一的标准合约,它是确定期货交易关系的一种契约,是期货市场的交易对象。

(5)期权投资。期权投资是指为了实现盈利目的或者规避风险而进行期权买卖的一种投资方式。

(6)证券组合投资。证券组合投资是指企业将资金同时投资于多种证券,这样可分散证券投资风险。证券组合投资是企业等法人单位进行证券投资时常用的投资方式。

四、证券投资风险

证券投资风险是指在证券投资过程中遭到损失或达不到预期收益的可能性。证券投资风险按风险性质分为系统性风险和非系统性风险两大类别。

(一)系统性风险

系统性风险也称之为不可分散风险,是由于外部经济环境因素变化引起整个金融市场不确定性加强,从而对市场上所有证券都产生影响的共同性风险,主要包括利息率风险、再投资风险和购买力风险。利息率风险是指由于利息率的变动而引起证券价格变动,投资人遭受损失的风险。再投资风险是指由于市场利率下降而造成的无法通过再投资而实现预期收益的风险。购买力风险是由于通货膨胀而使证券到期或出售时所获得的货币资金的购买力降低的风险。

(二)非系统风险

非系统风险也称之为可分散风险,是由于特定经营环境或特定事件变化引起的不确定性,从而对个别证券产生影响的特有性风险,主要包括违约风险、流动性风险和破产风险。违约风险是指证券发行人无法按期支付利息和偿还本金的风险。流动性风险是在投资人想出售有价证券获取现金时,证券不能立即出售的风险。破产风险是在证券发行者破产清算时,投资者无法收回应得收益的风险。

第二节 债券投资

一、债券投资的目的及相关概念

(一)债券投资的目的

企业债券投资按不同的标准可进行不同的分类,这里按债券投资的时间将债券投资分为短期债券投资和长期债券投资。其中短期债券投资是指 1 年以内到期或准备在 1 年之内变现的投资;长期债券投资是指 1 年以上才能到期或不准备在 1 年以内变现的投资。

企业进行短期债券投资的目的主要是为了合理利用暂时闲置资金,调节现金余额,获得收益。当企业现金余额太多时,便投资于债券,使现金余额降低;反之,当现金余额太少时,则出售原来投资的债券,收回现金,使现金余额提高。企业进行长期债券投资的目的主要是为了获得稳定的收益。

(二)债券投资的优缺点

1. 债券投资的优点

(1)本金安全性高。与股票相比,债券风险比较小。政府发行的债券有国家作为后盾,其本金的安全性非常高,通常视为无风险债券。企业债券的持有者拥有优先求偿权,即当企业破产时优于企业分得资产,因此,其本金损失的可能性很小。

(2)收入稳定性强。债券票面一般都标有固定利息率,债券的发行人有按时支付利息的法定义务,因此,在正常情况下,投资于债券都能获得比较稳定的收入。

(3)市场流动性好。许多债券都具有较好的流动性。政府和大企业发行的债券一般可以在金融市场上迅速出售,流动性很好。

2. 债券投资的缺点

(1)购买力风险较大。债券的面值和利息率在发行时就已确定,如果投资期间的通货膨胀率较高,则本金和利息的购买力将不同程度地受到侵蚀,在通货膨胀率非常高时,投资者虽然名义上有收益,但实际上却有损失。

(2)没有经营管理权。投资于债券只是获得收益的一种手段,无权对债券发行单位施加影响和控制。

(三)债券的有关概念

(1)债券。债券是发行者为筹集资金,向债权人发行的、在约定时间支付一定比例的利息,并在到期时偿还本金的一种有价证券。

(2)债券面值。债券面值是指设定的票面金额,它代表发行人借入并且承诺于未来某一特定日期偿付给债券持有人的金额。

(3)债券票面利率。债券票面利率是指债券发行者预计一年内向投资者支付的利息占债券面值的比率。票面利率不同于实际利率。实际利率是指按复利计算的一年期的利率。债券的计息和付息方式有多种,可能使用单利或复利计息,利息支付可能半年一次、一年一次或到期日一次总付,这就使得票面利率可能不等于实际利率。

(4)债券的到期日。债券的到期日指偿还本金的日期。债券一般都规定到期日,以便到期时归还本金。

二、债券的价值

债券的价值是发行者按照合同规定从现在至债券到期日所支付的款项的现值。计算现值时使用的折现率,取决于当前的市场利率和现金流量的风险水平。具体说,债券的价值是债券未来的利息和到期日偿还的金额利用市场利率或投资人要求的必要报酬率作为折现率计算的现值。

(一)债券估价的基本模型

典型的债券是固定利率、每年计算并支付利息、到期归还本金。按照这种模式,债券价值计算的基本模型为

$$PV = \frac{I_1}{(1+i)^1} + \frac{I_2}{(1+i)^2} + \cdots + \frac{I_n}{(1+i)^n} + \frac{M}{(1+i)^n}$$

式中,PV 为债券价值;I 为债券每年的利息;M 为债券的到期日偿还的金额;i 为折现率,一般采用当时的市场利率或投资人要求的必要报酬率;n 为债券到期前的年数。

【例6.1】 某公司拟于20×1年2月1日发行面额为1 000元的债券,其票面利率为8%,每年2月1日计算并支付一次利息,并于5年后的1月31日到期。同等风险投资的必要报酬率为10%,则债券的价值为

$$PV = \frac{80}{(1+10\%)^1} + \frac{80}{(1+10\%)^2} + \frac{80}{(1+10\%)^3} + \frac{80}{(1+10\%)^4} + \frac{80+1\,000}{(1+10\%)^5} =$$
$$80 \times (P/A, 10\%, 5) + 1\,000 \times (P/F, 10\%, 5) = 80 \times 3.791 + 1\,000 \times 0.621 =$$
$$303.28 + 621 = 924.28(元)$$

债券价值与折现率有密切的关系。折现率等于债券利率时,债券价值就是其面值。如果折现率高于债券利率,债券的价值就低于面值;如果折现率低于债券利率,债券的价值就高于面值。

如果在【例6.1】中,折现率是8%,则债券价值为
$$PV = 80 \times (P/A, 8\%, 5) + 1\,000 \times (P/F, 8\%, 5) = 80 \times 3.9927 + 1\,000 \times 0.6806 = 1\,000(元)$$

如果在【例6.1】中,折现率是6%,则债券价值为
$$PV = 80 \times (P/A, 6\%, 5) + 1\,000 \times (P/F, 6\%, 5) = 80 \times 4.2124 + 1\,000 \times 0.7473 = 1\,084.29(元)$$

【例6.2】 某两年期债券,每半年付息一次,票面利率8%,面值1 000元。假设折现率是8%,计算其债券价值,即

$$V = PV_{(利息)} + PV_{(本金)} = \frac{40}{1.04} + \frac{40}{1.04^2} + \frac{40}{1.04^3} + \frac{40}{1.04^4} + \frac{1000}{1.04^4} = 1\,000(元)$$

由于【例6.2】的债券每半年付息一次,即一年内复利两次,所以给出的票面利率是名义利率。该债券实际计息是以票面利率的一半计算的,即以8%的一半4%计算利息。由于【例6.2】的债券在一年内复利两次,而且给出的折现率也是一年内复利两次名义折现率,因此本例用名义折现率一半(本例亦为8%的一半即4%)计算债券价值。通常如不作特殊说明,票面利率与要求的折现率是同规则报出的。如果票面利率与要求的折现率是同规则报出的都是名义利率,则用上述方法计算债券价值;如果票面利率与要求的折现率不是同规则报出的,如票面利率是名义利率,而要求的折现率是实际利率,则不能用上述方法计算债券价值。由于【例6.2】票面利率与要求的折现率相同,而且都是名义利率,则该债券的价值等于其面值。

(二)债券价值计算

1.纯贴现债券

纯贴现债券是指承诺在未来某一确定日期作某一单笔支付的债券。这种债券在到期日前购买人不能得到任何现金支付。通常这种债券没有标明利息的计算规则的,一般采用按年计息的复利计算规则。

纯贴现债券的价值为

$$PV = \frac{F}{(1+i)^n}$$

【例6.3】 有一纯贴现债券,面值1 000元,20年期。假设折现率为10%,其价值为

$$PV = \frac{1\,000}{(1+10\%)^{20}} = 148.60(元)$$

【例6.4】 有一5年期国库券,面值1 000元,票面利率12%,单利计息,到期时一次还本付息。假设折现率为10%(复利、按年计息),其价值为

$$PV = \frac{1\,000 + 1\,000 \times 12\% \times 5}{(1+10\%)^5} = \frac{1\,600}{1.610\,5} = 993.48(元)$$

在到期日一次还本付息债券,实际上也是一种纯贴现债券,只不过到期日不是按票面额支付,而是按本利和做单笔支付。

2. 平息债券

平息债券是指在到期时间内平均支付利息的债券。支付的频率可能是一年一次、半年一次或每季度一次等。

平息债券价值的计算公式为

$$PV = \sum_{t=1}^{mn} \frac{I/m}{(1+\frac{i}{m})^t} + \frac{M}{(1+\frac{i}{m})^{m \times n}}$$

式中,I 为年付利息;m 为每年付息次数;n 为到期时间的年数;i 为每年的折现率;M 为面值或到期日支付额。

【例6.5】 有一债券面值为1 000元,票面利率为8%,每半年支付一次利息,5年到期。假设折现率为10%。

按惯例,票面利率为按年计算的名义利率,每半年计息时按年利率的1/2计算,即按4%计息,每次支付40元。折现率是同规则报出的,也按同样方法处理,每半年期的折现率按5%确定。该债券的价值为

$$PV = \frac{80}{2} \times (P/A, 10\% \div 2, 5 \times 2) + 1\,000 \times (P/F, 10\% \div 2, 5 \times 2) = 40 \times 7.721\,7 +$$
$$1\,000 \times 0.613\,9 = 308.87 + 613.90 = 922.77(元)$$

该债券的价值比每年付息一次时的价值(924.28元)降低了。债券付息期越短价值越低的现象,仅出现在折价出售的状态。如果债券溢价出售,则情况正好相反。

【例6.6】 有一面值为1 000元,5年期,票面利率为8%,每半年付息一次的债券。假设折现率为6%,则债券价值为

$$PV = 40 \times (P/A, 3\%, 10) + 1\,000 \times (P/F, 3\%, 10) =$$
$$40 \times 8.530\,2 + 1\,000 \times 0.744\,1 =$$
$$341.21 + 744.10 =$$
$$1\,085.31(元)$$

该债券每年付息一次时的价值为1 084.29元,每半年付息一次使其价值增加到1 085.31元。

3. 永久债券

永久债券是指没有到期日,永不停止定期支付固定利息的债券。优先股实际上也是一

种永久债券,如果公司的股利支付没有问题,将会持续地支付固定的优先股息。

永久债券的价值计算公式为

$$PV = \frac{I}{i}$$

【例6.7】 有一优先股,承诺每年支付优先股息 40 元。假设折现率为 10%,则其价值为

$$PV = \frac{40}{10\%} = 400(元)$$

(三)流通债券的价值

流通债券是指已发行并在二级市场上流通的债券。流通债券不同于新发行债券,流通债券已经在市场上流通了一段时间,在估价时需要考虑现在至下一次利息支付的时间因素。

【例6.8】 有一面值为 1 000 元的债券,票面利率为 8%,每年支付一次利息,2010 年 5 月 1 日发行,2015 年 4 月 30 日到期。现在是 2013 年 4 月 1 日,假设投资的折现率为 10%,问该债券的价值是多少?

流通债券的特点是:(1)到期时间小于债券发行在外的时间;(2)估价的时点不在发行日,可以是任何时点,会产生"非整数计息期"问题。新发行债券到期时间等于发行在外时间,总是估计发行日的现值。

流通债券的估价方法通常有两种:(1)以最近一次付息时间为折算时间点,计算历次现金流量现值,然后将其折算到现在时点;(2)以现在为折算时间点,历年现金流量按非整数计息期折现。无论哪种方法,都需要用计算器计算非整数期的折现系数。

流通债券估价必须注意付息日及利息流入次数。本例中,2 年 1 个月的剩余期限中,含有 3 个付息日,发生 3 次利息流入,要计算 3 次利息。

第一种计算办法:先计算 2013 年 5 月 1 日的价值,然后将其折算为 4 月 1 日的价值,即
2013 年 5 月 1 日价值 $= 80 \times 1.735\ 5 + 80 + 1\ 000 \times 0.826\ 4 = 1\ 045.24(元)$
2013 年 4 月 1 日价值 $= 1\ 045.24/(1 + 10\%)^{1/12} = 1\ 037(元)$

第二种计算办法:分别计算四笔现金流入的现值,然后求和。由于计息期数不是整数,而是 1/12,13/12,25/12,所以需要用计算器计算复利现值系数。

2013 年 5 月 1 日利息的现值为

$$PV_{(1)} = \frac{1\ 000 \times 8\%}{(1 + 10\%)^{\frac{1}{12}}} = \frac{80}{1.007\ 97} = 79.367(元)$$

2014 年 5 月 1 日利息的现值为

$$PV_{(2)} = \frac{1\ 000 \times 8\%}{(1 + 10\%)^{\frac{13}{12}}} = 72.152(元)$$

2015 年 5 月 1 日利息的现值为

$$PV_{(3)} = \frac{1\ 000 \times 8\%}{(1 + 10\%)^{\frac{25}{12}}} = \frac{80}{1.219\ 6} = 65.595(元)$$

2015 年 5 月 1 日本金的现值为

$$PV_{(M)} = \frac{1\,000}{(1+10\%)^{\frac{25}{12}}} = \frac{1\,000}{1.219\,6} = 819.941(元)$$

该债券 2013 年 4 月 1 日的价值为

$$PV = 79.367 + 72.152 + 65.595 + 819.941 = 1\,037.055 \approx 1\,037(元)$$

三、债券的收益率

债券的收益水平通常用到期收益率来衡量。到期收益率是指以特定价格购买债券并持有至到期日所能获得的收益率。它是使未来现金流量(利息和本金)现值等于债券购入价格的折现率。计算到期收益率的方法是求解含有折现率的方程,即

购进价格 = 每年利息 × 年金现值系数 + 面值 × 复利现值系数

$$P = I \cdot (P/A, i, n) + M \cdot (P/F, i, n)$$

式中,V 为债券的价格;I 为每年的利息;M 为面值;n 为到期的年数;i 为折现率(到期收益率)。

【例 6.9】 某公司 20×1 年 2 月 1 日用平价购买一张面额为 1 000 元的债券,其票面利率为 8%,每年 2 月 1 日计算并支付一次利息,并于 5 年后的 1 月 31 日到期。该公司持有该债券至到期日,计算其到期收益率,即

$$1\,000 = 80 \times (P/A, i, 5) + 1\,000 \times (P/F, i, 5)$$

用 $i = 8\%$ 试算为

$$80 \times (P/A, 8\%, 5) + 1\,000 \times (P/F, 8\%, 5) = 80 \times 3.992\,7 + 1\,000 \times 0.680\,6 = 1\,000(元)$$

可见,平价购买的每年付息一次的债券的到期收益率等于票面利率。

如果债券的价格高于面值,则情况将发生变化。例如,买价是 1 105 元,则

$$1\,105 = 80 \times (P/A, i, 5) + 1\,000 \times (P/F, i, 5)$$

通过前面试算已知,$i = 8\%$ 时等式右方为 1 000 元,小于 1 105,可判断收益率低于 8%,应降低折现率进一步试算。用 $i = 6\%$ 试算为

$$80 \times (P/A, 6\%, 5) + 1\,000 \times (P/F, 6\%, 5) = 80 \times 4.212 + 1\,000 \times 0.747$$
$$= 336.96 + 747 = 1\,083.96(元)$$

由于折现结果仍小于 1 105,还应进一步降低折现率。用 $i = 4\%$ 试算为

$$80 \times (P/A, 4\%, 5) + 1\,000 \times (P/F, 4\%, 5) = 80 \times 4.452 + 1\,000 \times 0.822$$
$$= 356.16 + 822 = 1\,178.16(元)$$

折现结果高于 1 105,可以判断,收益率高于 4%。用比例内插法计算到期收益率近似值为

$$i = R = 4\% + \frac{1\,178.16 - 1\,105}{1\,178.16 - 1\,083.96} \times (6\% - 4\%) = 5.55\%$$

从此例可以看出,如果买价和面值不等,则到期收益率和票面利率不同。

第三节 股票投资

一、股票投资的目的及相关概念

(一)股票投资的目的

股票投资主要分为两种:普通股投资和优先股投资。企业投资于普通股,股利收入不稳定,投资于优先股可以获得固定的股利收入。普通股股票价格比优先股股票价格的波动要大,投资普通股比投资优先股的风险要大,但投资普通股,一般能获得较高收益。

企业进行股票投资的目的主要有两种:一是获利,即作为一般的证券投资,获取股利收入及股票买卖差价;二是控股,即通过购买某一企业的大量股票达到控制该企业的目的。

(二)股票投资的优缺点

1. 股票的投资的优点

(1)投资收益高。股票投资是一种最具挑战性的投资,由于股票价格变动频繁,因此,其投资风险较高,但只要选择得当,股票投资的收益也是非常优厚的。

(2)购买力风险低。由于普通股的股利不固定,在通货膨胀比较高时,因物价普遍上涨,股份公司盈利增加,股利的支付也会随着增加,因此,与固定收益证券相比,普通股能有效降低购买力风险。

(3)拥有经营控制权。普通股股东是股份公司的所有者,他们有权控制和监督企业的生产经营情况,因此,收购公司股票是对这家公司实施控制的常用的有效手段。

2. 股票投资的缺点

(1)价格不稳定。普通股的价格受众多因素的影响,如政治因素、经济因素、企业的盈利情况、投资者心理因素等,这使得股票投资具有较高的风险。

(2)收入不稳定。普通股股利的多少,要视企业经营状况和财务状况而定,其股利有无、多寡均无法律上的保证。因此,其收入的风险远大于固定收益证券。

(三)股票价格

股票本身是没有价值的,仅是一种凭证。它之所以有价格,可以买卖,是因为它能给持有人带来预期收益。股票的价格主要由预期股利和当时的市场利率决定,即股利的资本化价值决定了股票价格。此外,股票价格还受整个经济环境变化和投资者心理等复杂因素的影响。股票的价格会随着公司的经营状况和经济形势等因素影响而发生升降变化。

股市上的价格分为开盘价、收盘价、最高价和最低价,投资人在进行股票估价时主要使用收盘价。

(四)股利

股利是公司对股东投资的回报,它是股东所有权在分配上的体现。股利是公司税后利润的一部分。股利通常指优先股股东的股息和普通股股东的现金股利。

二、股票的价值

(一)股票估价的基本模型

股票带给持有者的现金流入包括两部分:股利收入和出售时的售价。股票的价值由预期未来一系列的股利和将来出售股票时售价的现值所构成。

如果股东永远持有股票,他只获得股利,而且股利是一个永续的现金流入。这时预期未来股利的现金流入的现值就是股票的价值,即

$$V = \frac{D_1}{(1+R_S)^1} + \frac{D_2}{(1+R_S)^2} + \cdots + \frac{D_n}{(1+R_S)^n} = \sum_{t=1}^{\infty} \frac{D_t}{(1+R_S)^t}$$

式中,D_t 为 t 年的股利;R_S 为折现率,即必要的收益率;t 为折现期数。

上述公式是股票估价的基本模型。它在实际应用时,面临的主要问题是如何预计未来每年的股利,以及如何确定折现率。

预期未来股利的多少,主要取决于未来每股盈利和股利支付率两个因素。股票评价的基本模型要求无限期地预计未来每年的股利(D_t),实际上不可能做到。因此应用模型都用各种简化办法预期未来股利,如每年股利相同或固定比率增长等。

折现率的主要作用是把所有未来不同时间的现金流入折算为现在的价值。折算率应当是投资者所要求的收益率或市场利率。

(二)零增长股票的价值

假设未来股利固定不变,其支付过程则是一个永续年金,则股票价值(股票理论价格)为

$$P_0 = D \div R_S$$

【例6.10】 每年分配股利2元,必要报酬率为16%,则

$$P_0 = 2 \div 16\% = 12.5(元)$$

这就是说,该股票每年给你带来2元的收益,在市场利率为16%的条件下,它相当于12.5元资本的收益,所以其价值是12.5元。

当然,市场上的股价不一定就是12.5元,可能高于或低于12.5元。

如果当时的市价不等于股票价值,例如市价为12元,每年固定股利2元,则其预期报酬率为

$$R = 2 \div 12 \times 100\% = 16.67\%$$

可见,市价低于股票价值时,预期报酬率高于必要报酬率。

(三)固定增长股票的价值

企业的股利不应当是固定不变的,而应当不断增长。各公司的增长率不同,但就整个平均来说应等于国民生产总值的增长率,或者说是真实的国民生产总值增长率加通货膨胀率。固定增长股票的价值计算是假设公司的股利是逐年增长的,且每年的股利增长幅度一样。

假设某公司上年(通常为上年末今年初)的股利为 D_0,则 t 年(通常为年末)的股利应为

$$D_t = D_0 \cdot (1+g)^t$$

若 $D_0=2, g=10\%$，则第 5 年股利为
$$D_t = D_0 \cdot (1+g)^5 = 2 \times (1+10\%)^5 = 2 \times 1.611 = 3.22(元)$$

固定成长股票的股价计算公式为
$$P = \sum_{t=1}^{\infty} \frac{D_0 \cdot (1+g)^t}{(1+R_S)^t}$$

当 g 为常数，并且 $R_S > g$ 时，上式可简化为
$$P = \frac{D_0 \cdot (1+g)}{R_S - g} = \frac{D_1}{R_S - g}$$

【例 6.11】 某公司报酬率为 16%，年增长率为 12%，$D_0 = 2$ 元，$D_1 = 2 \times (1+12\%) = 2 \times 1.12 = 2.24$ 元，则股票的价值为
$$P = 2.24 \div (0.16 - 0.12) = 56(元)$$

(四)非固定增长股票的价值

在现实生活中有的公司股利是不固定的。例如，在一段时间里高速增长，在另一段时间里正常固定增长或固定不变。在这种情况下，就要分段计算，才能确定股票的价值。

【例 6.12】 一个投资人持有某公司的股票，他的投资必要报酬率为 15%。预计某公司未来 3 年股利将高速增长，增长率为 20%。在此以后转为正常增长，增长率为 12%。公司最近已经支付的股利是 2 元。计算该公司股票的价值。

首先，计算非正常增长期的股利现值，见表 6.1。

表 6.1 非正常增长期的股利现值计算　　　　　　　　　单位：元

年份	股利(D_t)	复利现值系数(15%)	股利现值(PV_{D_t})
1	$2 \times 1.2 = 2.4$	0.870	2.088
2	$2.4 \times 1.2 = 2.88$	0.756	2.177
3	$2.88 \times 1.2 = 3.456$	0.658	2.274
合计(3 年股利的现值)			6.539

其次，计算第三年年底的股票价值为
$$P_3 = \frac{D_4}{R_S - g} = \frac{D_3 \cdot (1+g)}{R_S - g} = \frac{3.456 \times (1+12\%)}{15\% - 12\%} = 129.02(元)$$

计算目前股票的价值为
$$P_0 = 129.02 \times (P/F, 15\%, 3) + 6.539 = 129.02 \times 0.6575 + 6.539 = 84.831 + 6.539 = 91.37(元)$$

三、股票的收益率

前面主要讨论如何估计股票的价值，以判断某种股票被市场高估或低估。现在，假设股票价格是公平的市场价格，证券市场处于均衡状态；在任一时点证券价格都能完全反映有关该公司的任何可获得的公开信息，而且证券价格对新信息能迅速做出反应。在这种假设条件下，股票价格等于股票价值，股票的期望收益率等于其必要的收益率。

根据固定增长股利模型，我们知道

$$P_0 = \frac{D_1}{R-g}$$

如果把公式移项整理,求 R,可以得

$$R = \frac{D_1}{P_0} + g$$

这个公式告诉我们,股票的总收益率可以分为两个部分:第一部分是 $\frac{D_1}{P_0}$,叫做股利收益率,它是根据预期现金股利除以当前股价计算出来的。第二部分是增长率 g,是股利增长率。由于股利的增长速度也就是股价的增长速度,因此 g 可以解释为股价增长率或资本利得收益率。g 的数值可以根据公司的可持续增长率估计。此处 P_0 是当前的股价,是股票市场形成的价格,只要能预计出下一期的股利,就可以估计出股东预期报酬率,在有效市场中它就是与该股票风险相适应的必要报酬率。

【例 6.13】 有一只股票的价格为 20 元,预计下一期的股利是 1 元,该股票的股利将以大约 10% 的速度持续增长。该股票的期望报酬率为

$$R = 1/20 + 10\% = 15\%$$

如果用 15% 作为必要报酬率,则一年后的股价为

$$P_1 = D_1 \times (1+g)/(R-g) = 1 \times (1+10\%)/(15\% - 10\%) = 1.1/5\% = 22(元)$$

如果你现在用 20 元购买该股票,年末你将收到 1 元股利,并且得到 2 元(22 − 20)的资本利得。计算公式为

$$总报酬率 = 股利收益率 + 资本利得收益率 = 1/20 + 2/20 = 5\% + 10\% = 15\%$$

第七章 营运资金管理

第一节 营运资金管理概述

营运资金,从会计的角度看,是指流动资产与流动负债的净额。如果流动资产等于流动负债,则表明占用在流动资产上的资金是由流动负债融资。会计上不强调流动资产与流动负债的关系,而只是用它们的差额来反映一个企业的偿债能力。在这种情况下,不利于财务人员对营运资金的管理和认识。从财务管理角度看营运资金应该是流动资产与流动负债关系的总和,在这里"总和"不是数额的加总,而是关系的反映,这有利于财务人员意识到,对营运资金的管理要注意流动资产与流动负债这两个方面的问题。

流动资产是指可以在一年以内或者超过一年的一个营业周期内实现变现或运用的资产,流动资产具有占用时间短、周转快、易变现等特点。企业拥有较多的流动资产,可在一定程度上降低财务风险。流动资产在资产负债表上主要包括以下项目:货币资金、短期投资、应收票据、应收账款和存货。

流动负债是指需要在一年或者超过一年的一个营业周期内偿还的债务。流动负债又称短期融资,具有成本低、偿还期短的特点,必须认真进行管理,否则,将使企业承受较大的风险。流动负债主要包括以下项目:短期借款、应付票据、应付账款、应付职工薪酬、应交税费及应付利润等。

第二节 现金管理

现金是可以立即投入流动的交换媒介。它的首要特点是普遍的可接受性,即可以有效地立即用来购买商品、货物、劳务或偿还债务。因此,现金是企业中流动性最强的资产。属于现金内容的项目,包括企业的库存现金、各种形式的银行存款和银行本票、银行汇票。有价证券是企业现金的一种转换形式。有价证券变现能力强,可以随时兑换成现金。企业有多余现金时,常将现金兑换成有价证券;现金流出量大于流入量需要补充现金时,再出让有价证券换回现金。在这种情况下,有价证券就成了现金的替代品。获取收益是持有有价证券的原因。这里讨论有价证券是将其视为现金的替代品,是"现金"的一部分。

一、现金管理的目的

现金是企业资产中流动性最强的资产,持有一定数量的现金是企业开展正常生产活动的基础,是保证企业避免支付危机的必要条件;同时,现金又是获利能力最弱的一项资产,过多地持有现金会降低资产的获利能力。在保证企业生产经营所需要现金的同时,节约使用资金,并从暂时闲置的现金中获得最多的利息收入。因此,现金管理应力求做到既能保证公司交易所需要的资金,降低风险,又不使企业过多地闲置现金,即确定最佳现金持有量。

二、企业持有现金的动机

公司持有一定数量的现金,主要基于下列动机。

(一)交易的动机

交易的动机是指公司为了满足生产经营活动中的各种支付需要,而保持的现金。这是企业持有现金的主要动机。公司在生产经营过程中,购买材料、支付工资、缴纳税金、偿还到期债务、派发现金股利等都必须用现金支付。由于企业每天的现金收入与支出在时间和数量上,通常存在一定程度的差异,因此,企业持有一定数量的现金余额以应付频繁支出是十分必要的。一般说来,企业为满足交易动机所持有的现金余额主要取决于销售水平,企业销售扩大,销售额增加,所需现金余额也随之增加。

(二)预防的动机

预防的动机是指企业为应付意外事件而必须保持一定数量现金的需要。企业预计的现金需要量一般是指正常情况下的需要量。不论企业的外部环境,还是企业内部经营条件都带有一定的不确定性,因此,企业从事生产经营活动总会遇到一些意想不到的事件,需要企业额外支付现金。故企业维持比正常交易需要量更大的现金余额以未雨绸缪,这是企业的必然选择。企业应保持多少安全现金存量以具备满足意外现金需求的财务弹性,一般由以下因素决定:

(1)企业对偶发事件的预测能力。对偶发事件的发生概率与造成的影响越有把握,就可保持越少的安全现金存量。

(2)是企业临时融通资金的能力。如果企业无法临时筹措到足够的资金应付突发事件,那么就不得不保持较高的安全现金存量。

(3)企业愿意承担风险的程度。

(4)企业现金收支预测的可靠程度。

(三)投机的动机

投机的动机是指企业持有一定量现金以备满足某种投机行为的现金需要。具体包括以下几类:

(1)企业往往会保留一定数额的现金,等待市场经济变化中可能出现的良好的投资机会。如遇有廉价原材料或其他资产供应的机会,便可用手头持有的现金大量购入。

(2)企业适当时机购入价格有利的有价证券,从事投机活动,并从中获得收益。当预期利率上升、有价证券的价格将要下跌时,投机的动机就会鼓励企业暂时持有现金,直到利率停止上升为止。当预期利率下降,有价证券的价格上升时,企业可能会将现金投资于有价证券,以便从有价证券价格的上升中得到收益。

(3)企业近期的投资项目已经确定,但由于其资金积累尚不充分,还未达到投资规模要求,故将准备用于特定投资目的的资金先以现金资产形式积累起来,等到累积到一定数量时,再实施投资。比如,一家欲收购其竞争对手的企业往往在实施收购前累积起数额庞大的现金资产,以图一举收购成功。

在此有两点值得注意,第一,投机持有现金的动机与利率成反比;第二,投机动机只是企业确定现金余额时所需考虑的次要因素之一,往往与企业在金融市场上的投资机会及企业对待风险的态度有关。

三、最佳现金持有量的确定

基于企业持有现金动机的需要,必须保持一定数量的现金余额。对如何确定企业最佳现金持有量,经济学家们提出了许多模式,常见模式主要有成本分析模式、存货模式、现金周转期模式、因素分析模式和随机模式。

(一)现金周转期模式

现金周转期模式是从现金周转的角度出发,根据现金的周转速度来确定最佳现金持有量。

(1)最佳现金持有量的计算。现金周转期是指从现金投入生产经营开始,到最终转化为现金的过程。这个过程经历三个周转期:第一,存货周转期。将原材料转化成产成品并出售所需要的时间;第二,应收账款周转期。指将应收账款转换为现金所需要的时间,即从产品销售到收回现金的期间;第三,应付账款周转期。从收到尚未付款的材料开始到现金支出之间所用的时间。

现金周转期的计算公式为

现金周转期 = 存货周转期 + 应收账款周转期 − 应付账款周转期

最佳现金持有量计算公式为

最佳现金持有量 = 公司年现金需求总额/360 × 现金周转期

【例7.1】 凯旋股份有限公司预计计划年度存货周转期为120天,应收账款周转期为80天,应付账款周转期为70天,预计全年需要现金1 400万元,求最佳现金持有量是多少?

现金周转期 = 120 + 80 − 70 = 130(天)

最佳现金持有量 = 1 400/360 × 130 ≈ 505.56(万元)

(2)现金周转期模式的假设条件。该方法能够成立,是基于以下几点假设:第一,假设现金流出的时间发生在应付款支付的时间。事实上,原材料的购买发生在生产与销售过程中,因此,这上假设的结果是过高估计最低现金持有量。第二,假设现金流入等于现金流出,即不存在着利润。第三,假设公司的购买 − 生产 − 销售过程在一年中持续稳定地进行。第四,假设公司的现金需求不存在着不确定因素,这种不确定因素将影响公司现金的最低持有量。如果上述假设条件不存在,则求得的最佳现金余额将发生偏差。

(3)现金周转期模式的优点:简单明了,易于计算。

(二)成本分析模式

成本分析模式是根据现金的有关成本,分析预测其总成本最低时现金持有量的一种方法。

(1)公司持有现金的成本。公司持有现金的成本一般包括三种成本,即持有成本、转换成本和短缺成本。

现金的持有成本是指公司因保留一定现金余额而增加的管理费用及丧失的再投资收益。实际上,现金持有成本包括持有现金的机会成本和管理成本两部分。机会成本是公司把一定的资金投放在现金资产上所付的代价,这个代价实际上就是放弃有更高报酬率的投资机会成本。持有现金的机会成本在数量上等于现金置存量乘上现金资产报酬率与企业投资收益率的差额。它通常是指企业不能同时用该现金进行有价证券投资所产生的机会成本,这种成本在数额上等同于资金成本。一般来说,机会成本属于变动成本,它与现金持有量的多少密切相关。即现金持有量越大,机会成本越高,反之就越小。现金管理成本是对企业置存的现金资产进行管理而支付的代价,包括建立、执行、监督、考核现金管理内部控制制度的成本、编制执行现金预算的成本以及相应的安全装置购买、维护成本等。现金管理成本在大多数情况下是一种相对固定的成本,因为它与企业现金置存量无明显关系。

现金的转换成本是指企业用现金购入有价证券以及转让有价证券换取现金时付出的交易费用,即现金同有价证券之间相互转换的成本。如委托买卖佣金、委托手续费、证券过户费、实物交割手续费等。严格地讲,转换成本并不都是固定费用,有的具有变动成本的性质。转换成本与证券变现次数呈线性关系,即

$$转换成本总额 = 证券变现次数 \times 每次的转换成本$$

证券转换成本与现金持有量的关系是:在现金需要量既定的前提下,现金持有量越少,进行证券变现的次数越多,相应的转换成本就越大;反之,现金持有量越多,证券变现的次数就越少,需要的转换成本也就越小。

现金的短缺成本是指企业由于缺乏必要的现金资产,而无法应付各种必要的开支或没有抓住宝贵的投资机会而造成的损失。现金的短缺成本随现金持有量的增加而下降,随现金持有量的减少而上升,即与现金持有量负相关。

(2)运用成本分析模式确定最佳现金持有量应考虑的成本。运用成本分析模式确定最佳现金持有量,只考虑因持有一定量的现金而产生的持有成本及短缺成本,而不予考虑转换成本。

(3)确定最佳现金持有量的图示,如图7.1所示。

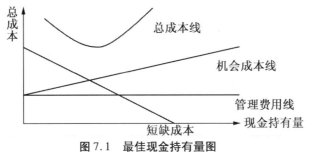

图7.1 最佳现金持有量图

从图7.1中可以看出,由于各项成本同现金持有量的变动关系不同,使得总成本线呈抛线型。抛物线的最低点,即为成本最低点,该点所对应的现金持有量便是最佳现金持有量,此时总成本最低。

【例7.2】 某公司有四种现金持有方案,各方案有关成本资料如表7.1所示。

表7.1 现金持有备选方案 单位:万元

	A	B	C	D
现金持有量	15 000	25 000	35 000	45 000
管理成本	3 000	3 000	3 000	3 000
机会成本率	10%	10%	10%	10%
短缺成本	8 500	4 000	3 500	0

要求:计算该公司的最佳现金持有量。

根据表7.1编制公司最佳现金持有量测算表,见表7.2。

表7.2　公司最佳现金持有量测算　　　　　　　　　　单位:万元

方案	现金持有量	机会成本	管理费用	短缺成本	总成本
A	15 000	15 000×10%=1 500	3 000	8 500	13 000
B	25 000	25 000×10%=2 500	3 000	4 000	9 500
C	35 000	35 000×10%=3 500	3 000	3 500	10 000
D	45 000	45 000×10%=4 500	3 000	0	7 500

通过表7.2分析比较各方案的总成本可知,D方案的总成本最低,因此,企业持有45 000万元的现金时,各方面的总代价最低,45 000万元为最佳现金持有量。

(三)存货模式

从上面的分析中我们已经知道,企业平时持有较多的现金,会降低现金的短缺成本,但也会增加现金占用的机会成本;而平时持有较少的现金,则会增加现金的短缺成本,却能减少现金占用的机会成本。如果企业平时只持有较少的现金,在有现金需要时(如手头的现金用尽),通过出售有价证券换回现金(或从银行借入现金),便能既满足现金的需要,避免短缺成本,又能减少机会成本。因此,适当的现金与有价证券之间的转换,是企业提高资金使用效率的有效途径。但是,如果每次任意量地进行有价证券与现金的转换,还是会加大企业的成本,因此如何确定有价证券与现金的每次转换量,是一个需要研究的问题。这可以应用现金持有量的存货模式解决。

现金持有量的存货模式又称鲍曼模型,是威廉·鲍曼(William Baumol)提出的用以确定目标现金持有量的模型。存货模式的着眼点也是现金有关成本最低。利用存货模式计算时不考虑短缺成本,仅考虑机会成本和转换成本。

企业每次以有价证券转换回现金是要付出代价的(如支付经纪费用),这被称为现金的交易成本。现金的交易成本与现金转换次数、每次的转换量有关。假定现金每次的交易成本是固定的,在企业一定时期现金使用量确定的前提下,每次以有价证券转换回现金的金额越大,企业平时持有的现金量便越高,转换的次数便越少,现金的交易成本就越低;反之,每次转换回现金的金额越低,企业平时持有的现金量便越低,转换的次数会越多,现金的交易成本就越高。可见,现金的交易成本与现金的平时持有量成反比,这与现金短缺成本的性质是一致的。在现金成本构成图上,可以将现金的交易成本与现金的短缺成本合并为同一条曲线,并不再考虑大体为固定不变的管理成本,这样,现金的成本构成可重新表现为图7.2所示。

在图7.2中,现金的机会成本和交易成本是两条随现金持有量呈不同方向发展的曲线,两条曲线交叉点相应的现金持有量即是总成本最低的现金持有量,它可以运用现金持有量存货模式求出。

解决这一问题先要明确三点:

(1)一定期间内的现金需求量,用 T 表示。

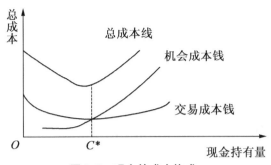

图 7.2 现金的成本构成

（2）每次出售有价证券以补充现金所需的交易成本，用 F 表示；一定时期内出售有价证券的总交易成本为

$$交易成本 = (T/C) \times F$$

（3）持有现金的机会成本率，用 K 表示；一定时期内持有现金的总机会成本表示为

$$机会成本 = (C/2) \times K$$

计算出了各种方案的机会成本和交易成本，将它们相加，就可以得到各种方案的总成本，即

$$总成本 = 机会成本 + 交易成本 = (C/2) \times K + (T/C) \times F$$

从图 7.2 中已知，最佳现金持有量 C^* 是机会成本线与交易成本线交叉点所对应的现金持有量，因此 C^* 应当满足：

机会成本 = 交易成本，即

$$(C/2) \times K = (T/C) \times F$$

整理后，可得出

$$C^* = (2T \times F)/K$$

等式两边分别取平方根，有

$$C^* = \sqrt{\frac{(2T \times F)}{K}} = \sqrt{\frac{2 \times 现金需求量 \times 一次转换成本}{机会成本率}}$$

【例 7.3】本例中，$T = 5\,200\,000$ 元，$F = 1\,000$ 元，$K = 0.1$，利用上述公式即可计算出最佳现金持有量为

$$C^* = \sqrt{(2 \times 5\,200\,000 \times 1\,000) \div 0.1} = 322\,490(元)$$

现金持有量的存货模式是一种简单、直观的确定最佳现金持有量的方法；但它也有缺点，主要是假定现金的流出量稳定不变，实际上这很少有。相比而言，那些适用于现金流量不确定的控制最佳现金持有量的方法，就显得更具普遍应用性。

（四）随机模式

随机模式是在现金需求量难以预知的情况下进行现金持有量控制的方法。对企业来讲，现金需求量往往波动大且难以预知，但企业可以根据历史经验和现实需要，测算出一个现金持有量的控制范围，即制定出现金持有量的上限和下限，将现金量控制在上下限之内。当现金量达到控制上限时，用现金购入有价证券，使现金持有量下降；当现金量降到控制下限时，则抛售有价证券换回现金，使现金持有量回升。若现金量在控制的上下限之内，便不必进行现金与有价证券的转换，保持它们各自的现有存量。这种对现金持有量的控制，见

图7.3。

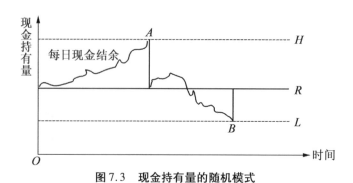

图7.3 现金持有量的随机模式

图7.3中,虚线 H 为现金存量的上限,虚线 L 为现金存量的下限,实线 R 为最优现金返回线。从图中可以看到,企业的现金存量(表现为现金每日余额)是随机波动的,当其达到 A 点时,即达到了现金控制的上限,企业应用现金购买有价证券,使现金持有量回落到现金返回线(R 线)的水平;当现金存量降至 B 点时,即达到了现金控制的下限,企业则应转让有价证券换回现金,使其存量回升至现金返回线的水平。现金存量在上下限之间的波动属控制范围内的变化,是合理的,不予理会。以上关系中的上限 H、现金返回线 R 可按下列公式计算为

$$R = \sqrt[3]{\frac{3b\delta^2}{4i}} + L$$

$$H = 3R - 2L$$

式中,b 为每次有价证券的固定转换成本;i 为有价证券的日利息率;δ 为预期每日现金余额变化的标准差(可根据历史资料测算)。

而下限 L 的确定,则要受到企业每日的最低现金需要、管理人员的风险承受倾向等因素的影响。

【例7.4】 假定某公司有价证券的年利率为9%,每次固定转换成本为50元,公司认为任何时候其银行活期存款及现金余额均不能低于1 000元,又根据以往经验测算出现金余额波动的标准差为800元。最优现金返回线 R、现金控制上限 H 的计算为

有价证券日利率 $= 9\% \div 360 = 0.025\%$

$$R = \sqrt[3]{\frac{3b\delta^2}{4i}} + L = \sqrt[3]{\frac{3 \times 50 \times 800^2}{4 \times 0.025\%}} + 1\,000 = 5\,579(元)$$

$$H = 3R - 2L = 3 \times 5\,579 - 2 \times 1\,000 = 14\,737(元)$$

这样,当公司的现金余额达到14 737元时,即应以9 158元(14 737 − 5 579)的现金去投资于有价证券,使现金持有量回落为5 579元;当公司的现金余额降至1 000元时,则应转让4 579元(5 579 − 1 000)的有价证券,使现金持有量回升为5 579元。

随机模式建立在企业的现金未来需求总量和收支不可预测的前提下,因此计算出来的现金持有量比较保守。

四、现金收支的日常管理

公司提高现金收支日常管理效率的方法主要有三:

(1) 加速现金回收。在分析公司收款方式之余,采用适当方法加速现金回笼。

(2) 严格控制现金的支出。在不影响公司商业信誉的前提下,尽可能地推迟应付款项的支付期。

(3) 力争现金流入与现金流出同步。公司要在合理安排供货和其他现金支出,有效地组织销售和其他现金流入,使现金流入与现金流出的波动基本一致。

第三节 应收账款管理

应收账款是因为企业对外赊销产品、材料、供应劳务等应向对方收取而未收取的款项。影响企业应收账款水平的主要因素有经济状况、产品定价、产品质量和企业的信用政策等。这些影响因素中除最后一项外,其他因素不是财务部门能控制的。所以,财务部门管理应收账款,主要是通过对赊销风险与获利能力之间的权衡而制定适当的信用政策,从而改变应收账款的水平。

一、应收账款管理的目标与内容

(一) 应收账款管理的目标

随着社会主义市场经济体制的建立与完善,企业与企业之间相互提供商业信用已成为一种越来越普遍的现象,因此,企业应收账款的数额越来越多,对应收账款进行管理已经成为企业流动资产管理的重要组成部分。

企业提供商业信用,采取赊销方式,会使企业应收账款的数额大量增加,现金的回收时间延长,甚至会使企业遭受不能收回应收账款的损失。但赊销又可以扩大销售,增加企业的市场占有率和盈利。因此,应收账款管理的目标是充分发挥应收账款功能,权衡应收账款投资所产生的收益、成本和风险,做出有利于企业的应收账款决策。

(二) 应收账款管理的内容

为了充分发挥应收账款的作用,必须加强应收账款的管理,其核心是制定适当的信用政策。制定信用政策时,一方面要考虑到有利于扩大销售;另一方面要考虑到有利于降低应收账款占用的资金,缩短应收账款的回收期,防止发生坏账损失。具体来说,应收账款管理的内容主要包括:

(1) 制定合理的应收账款信用政策。信用政策的制定必须符合企业目前的发展状况和企业所处的市场环境状况。

(2) 进行应收账款的投资决策。主要是在已经制定的应收账款信用政策的基础上,对具体的应收账款投资行为(如向某一特定客户是否提供商业信用)进行决策。

(3) 做好应收账款的日常管理工作,防止坏账的发生。

二、应收账款的功能与成本

(一) 应收账款的功能

应收账款的功能是指它在生产经营中的作用,主要有以下两个方面:

1. 促进销售的功能

企业销售产品时可以采取两种基本的方式,即现销和赊销。显然,现销对本企业有利,赊销对客户有利。在竞争激烈的市场经济条件下,促销已经成为企业的一项重要工作内容。企业促销的手段虽然多种多样,但在银根紧缩、市场疲软、资金匮乏的情况下,赊销的促销作用是十分明显的,特别是在企业销售新产品、开拓新市场时,赊销就更加具有重要的意义。

2. 减少存货的功能

由于赊销具有促销功能,可以加速产品的销售,从而可降低存货中产成品的数额,这有利于缩短产成品的库存时间,降低产成品存货的管理费用、仓储费用和保险费用等各方面的支出。因此,无论是季节性生产企业还是非季节性生产企业,当产成品较多时,一般应采用较优惠的信用条件进行赊销,把存货转化为应收账款,减少产成品存货,节约各种支出。

(二) 应收账款的成本

企业持有应收账款,也要付出一定的代价,增加相关成本,应收账款的成本有:

1. 机会成本

应收账款的机会成本是指将资金投资于应收账款而不能进行其他投资所丧失的投资收益。这一成本的大小通常与企业维持赊销业务所需要的资金数量、资金成本有关。其计算公式为

$$应收账款的机会成本 = 维持赊销业务所需要的资金 \times 资金成本$$

其中,资金成本一般可按有价证券收益率计算。维持赊销业务所需的资金可按下列步骤计算。

(1) 计算应收账款周转率:

$$应收账款周转率 = 日历天数(360) \div 应收账款周转期$$

(2) 计算应收账款平均余额:

$$应收账款平均余额 = 赊销收入净额 \div 应收账款周转率$$

(3) 计算维持赊销业务所需要的资金:

$$维持赊销业务所需要的资金 = 应收账款平均余额 \times 变动成本率 = 赊销收入净额 \times 变动成本率 \div 应收账款周转率$$

可见,随着赊销业务的扩大,赊销收入增加,维持赊销业务所需的资金就越多;而应收账款的周转率越高,维持赊销业务所需的资金就越小。所以,提高应收账款的周转率是减少应收账款机会成本的有效方法。

【例7.5】 若某企业预测的年度赊销收入净额为 1 000 000 元,应收账款周转期为 45 天,变动成本率为 80%,资金成本为 10%。试计算其应收账款的机会成本为

$$应收账款周转率 = 360 \div 45 = 8(次)$$
$$应收账款平均余额 = 1\ 000\ 000 \div 8 = 125\ 000(元)$$
$$维持赊销业务所需要的资金 = 125\ 000 \times 80\% = 100\ 000(元)$$
$$应收账款机会成本 = 100\ 000 \times 10\% = 10\ 000(元)$$

2. 管理成本

应收账款的管理成本是指企业对应收账款进行管理而耗费的开支,是应收账款成本的

重要组成部分。主要包括：对顾客信用情况调查的费用、收集信息的费用、催收账款的费用、账簿的记录费用等。

3. 坏账成本

坏账成本是指由于某种原因导致应收账款不能收回而给企业造成的损失。这一成本一般与应收账款数量成正比，所以，为了减少坏账给企业生产经营活动的稳定性带来不利影响，企业按规定应以应收账款余额的一定比例提取坏账准备。

此外，企业也可能发生现金折扣成本。现金折扣成本是指企业由于想要尽快收回货款而给予付款方的折扣。若付款人在折扣期内付款，企业便不能全额收回货款。从财务角度分析，它也是一种损失，意味着成本增加。当然，也可把它当成收入的一个扣减项目，而不列做成本支出。

三、信用政策的制定

信用政策又称为应收账款政策，是企业财务政策的重要组成部分。制定合理的信用政策是加强应收账款管理，提高应收账款投资效益的重要前提。信用政策一般由信用标准、信用条件和收账政策三部分组成。

（一）信用标准

信用标准是企业同意向客户提供商业信用而要求对方必须具备的最低条件，一般以坏账损失率表示。企业信用标准越高，企业的坏账损失就越少，同时，应收账款的机会成本和管理成本也就越少。但是，过高的信用标准不利于企业扩大销售，这样就有可能影响企业产品的市场竞争能力；反之，如果企业的信用标准过低，虽然有利于企业扩大销售，提高产品的市场竞争力和占有率，但会相应增加坏账损失和应收账款的机会成本与管理成本。

1. 信用标准的定性分析

企业在制定信用标准时，首先应进行定性分析。在分析中主要考虑以下三个方面的因素：

其一，同行业竞争对手的情况。如果竞争对手实力很强，企业就应考虑是否可以采取较低的信用标准，增强对客户的吸引力；反之，则可以考虑制定较严格的信用标准。

其二，企业承担违约风险的能力。当企业具有较强的违约风险承担能力时，就可以考虑采用较低的信用标准，以提高企业产品的竞争能力；反之，如果企业承担违约风险的能力较弱时，则应制定较严格的信用标准，谨防坏账的发生。

其三，客户的资信程度。企业应在对客户的资信程度进行调查、分析的基础上，判断客户的信用状况，并决定是否给该客户提供商业信用。客户的信用状况通常可以从以下五个方面来评价，简称"5C"评价法。这五个方面是：

（1）品质（character）。指客户履约或违约的可能性。客户是否愿意按期支付货款，与该客户在以往的交易过程中所表现出来的品质有很大的关系，因此，品质是信用评价体系中的首要因素。

（2）能力（capacity）。指客户支付货款的能力。客户支付货款的能力取决于其资产特别是流动资产的数量、质量、流动比率以及现金的持有水平等因素。一般来说，企业的流动资产数量越多，质量越好，流动比率越高，持有现金越多，其支付货款的能力就越强；反之，就越弱。

(3)资本(capital)。资本是指客户的经济实力和财务状况。该指标主要是根据有关的财务比率来测定客户净资产的大小及其获利的可能性。

(4)抵押品(collateral)。指客户拒付或无力支付款项时能被用做抵押的资产。当对客户的信用状况有怀疑时,如果客户能够提供足够的抵押品,就可以向其提供商业信用。这不仅对顺利收回货款比较有利,而且一旦客户违约,也可以变卖抵押品,挽回经济损失。

(5)条件(conditions)。指可能影响客户付款能力的经济环境,包括一般经济发展趋势和某些地区的特殊发展情况。当发现客户的经济状况向不利的方向发展时,给其提供商业信用就应十分谨慎。

上述各种信息资料主要通过下列渠道取得:(1)商业代理机构或资信调查机构所提供的客户信息资料及信用等级标准资料;(2)委托往来银行信用部门向与客户有关联业务的银行索取信用资料;(3)与同一客户有信用关系的其他企业相互交换该客户的信用资料;(4)客户的财务报告资料;(5)企业自己总结的经验与其他可取得的资料等。

2.信用标准的定量分析

信用标准的定量分析主要是解决两个问题:一是制定信用标准,即确定坏账损失率,以作为给予或拒绝向客户提供商业信用的依据;二是具体确定客户的信用等级。

信用标准的制定主要通过比较不同方案之间的销售收入和相关成本,最后比较不同方案之间的净收益来进行。但是,在具体实行信用标准时,首先必须对具体的客户的信用等级进行评定,同时确定对其提供商业信用时可能导致的坏账损失率。确定客户信用等级的具体步骤是:

(1)设定信用等级的评价标准。即根据对客户信用资料的调查分析,选取一组具有代表性的、能够说明付款能力和财务状况的若干比率,作为信用风险评价指标,并给出不同信用状况的指标标准值及其对应的拒付风险系数。通常可以选用的评价指标有:流动比率、速动比率、现金比率、产权比率、已获利息倍数、应收账款周转率、存货周转率、总资产报酬率、赊销付款履约情况等。

(2)根据特定客户的财务数据,计算出以上选定指标的指标值,并与本企业制定的标准值相比较,然后确定各指标相对应的拒付风险系数(或称坏账损失率),最后计算总的拒付风险系数。总的拒付风险系数可以反映向客户提供商业信用时可能发生的坏账损失率。

(3)根据上面计算出的该客户的拒付风险系数,确定其信用等级,并将其与制定的信用标准(坏账损失率)进行比较,以确定是否给该客户提供商业信用。

【例7.6】 某企业按照其以往的经验确定信用等级评价标准,如表7.3所示。

表7.3 信用等级评价标准表

指标	比率范围	拒付风险系数/%
流动比率	≥2.1	0
	1.5~2.1	5
	≤1.5	10

续表 7.3

指标	比率范围	拒付风险系数/%
速动比率	≥1.1	0
	0.8~1.1	5
	≤0.8	10
现金比率	≥0.4	0
	0.2~0.4	5
	≤0.2	10
产权比率	≥1.8	0
	1.8~4	5
	≤4	10
已获利息倍数	≥3	0
	1.5~3	2.5
	≤1.5	5
应收账款周转率	≥14	0
	9~14	2.5
	≤9	5
存货周转率	≥6	0
	4~6	2.5
	≤4	5
总资产报酬率(10%)	≥25	0
	10~25	2.5
	≤10	5
赊销付款履约情况	及时	0
	拖欠	40

该企业将客户按拒付风险系数分成三个等级:A 级、B 级、C 级。其中:A 级拒付风险系数小于等于 5%;B 级拒付风险系数介于 5% 与 10% 之间;C 级拒付风险导数大于 10%。

如果某客户的各项指标值及累计风险系数如表 7.4 所示。

表 7.4 客户信用状况评价

指标	比率	拒付风险系数/%
流动比率	2.2	0
速动比率	1.1	0
现金比率	0.3	5
产权比率	1.6	0
已获利息倍数	4	0
应收账款周转率	12	2.5
存货周转率	8	0

续表7.4

指标	比率	拒付风险系数/%
总资产周转率	30	0
赊销付款履约情况	及时	0
累计拒付风险系数		7.5

当给该客户提供商业信用可能发生坏账损失的可能性为 7.5% 时,其信用等级为 B 级。若本企业的信用标准为坏账损失率不超过 10%,则可以给该客户提供商业信用;若本企业的信用标准为坏账损失率不超过 7%,则不应该给该客户提供商业信用。

对信用标准进行定量分析,有利于企业提高应收账款投资决策的效果。但由于实际工作中的具体情况十分复杂,不同企业的同一指标往往存在着很大的差异,难以按照统一的标准进行衡量。因此,企业的财务管理者必须在更加深刻地考察各指标内在质量的基础上,结合以往的经验,对各项指标进行具体的分析、判断,不能机械照搬。

(二)信用条件

1. 信用条件的构成

信用条件是指企业向对方提供商业信用时要求其支付赊销款项的条件,具体内容由信用期限、折扣期限和现金折扣三部分构成。信用条件的一般形式如"2/10, n/30",表示若客户在 10 天内付款,可以享受 2% 的现金折扣;即使客户不享受现金折扣,也必须在 30 天内付款。这就是说上述信用条件的信用期限为 30 天,折扣期限为 10 天,现金折扣率为 2%,信用条件是否优惠对企业的产品销售具有很大的影响。

信用期限是企业允许客户从购货到付清货款的最长时间。一般来说,信用期限越长,对客户的吸引力就会越大,因而可以在一定程度上能够扩大产品的销售量。但是应该注意到,过长的信用期限可能会给企业带来以下问题:一是会使应收账款的平均收账期限延长,占用在应收账款上的资金也就会增加,进而使企业应收账款资金占用的机会成本增加。二是会增加企业的坏账损失和收账费用,因为赊销的时间越长,发生坏账的可能性就越大,收回账款的费用也会相应增加。因此,企业在信用期限决策时,应该视延长信用期限增加的边际收入是否大于增加的边际成本而定。

为了缩短客户的实际付款时间,加速资金的周转,同时减少坏账损失,企业常常给客户提供一个折扣期限。客户若在折扣期限内付款,则企业可以按销售收入的一定比率给予其现金折扣。现金折扣实际上是产品售价的扣减,企业提供一个什么样的折扣期限和现金折扣,应该看提供现金折扣后所得的收益是否大于现金折扣的成本。

除上述信用条件外,企业还可以采取阶段性的现金折扣期与不同的现金折扣率。例如:"2/10,1/20, n/30",意思是:在 10 天内付款,给予 2% 的现金折扣;在 10~20 天内付款,给予 1% 的现金折扣;30 天内必须付款,不给予现金折扣。

2. 信用条件的选择

信用条件的选择与信用标准的选择相似,即比较不同的信用条件的销售收入及相关成本,最后计算出各自的净收益,并选择净收益最大的信用条件。

【例 7.7】 某企业采用赊销方式销售甲产品,该产品的单位售价为 20 元,单位产品的变动成本为 15 元,固定成本总额为 400 000 元。当该企业没有对客户提供现金折扣时,该产品的年销售量为 100 000 万件,应收账款的平均回收期为 45 天,坏账损失率为 2%。为了增加销售,同时加速应收账款的回收,企业考虑给客户提供"2/10,n/60"的信用条件。估计采用这一新的信用条件后,销售量将增加 20%,有 70% 的客户将在折扣期内付款,坏账损失率将降为 1%。另外,应收账款的机会成本率为 20%,该企业的生产能力有剩余。试选择对企业最有利的信用条件。

采用旧的信用条件时:
边际收益 = 100 000 × 20 − 100 000 × 15 = 500 000(元)
应收账款的机会成本 = 2 000 000 × 45 ÷ 360 × 75% × 20% = 37 500(元)
应收账款的坏账成本 = 2 000 000 × 2% = 40 000(元)
信用成本后收益 = 500 000 − 37 500 − 40 000 = 4 225 500(元)
采用新的信用条件时:
销售收入 = 2 400 000(元)
现金折扣成本 = 2 400 000 × 70% × 2% = 33 600(元)
信用成本前边际收益 = 2 400 000 − 33 600 − 100 000 × (1 + 20%) × 15 = 566 400
应收账款的机会成本 = 2 400 000 × (10 × 70% + 60 × 30%)/360 × 75% × 20% = 25 000(元)
应收账款的坏账成本 = 2 400 000 × 1% = 24 000(元)
信用成本后收益:566 400 − 25 000 − 24 000 = 517 400(元)

通过计算可知,新的信用条件比原信用条件信用成本后收益增加 94 900 元,所以应采用新的信用条件。

(三)收账政策

收账政策是指客户超过信用期限而仍未付款时企业采取的收账策略。企业如果采取积极的收账政策,就会减少应收账款的坏账损失,但会增加收账成本;反之,如果收账不力,虽然可以减少收账费用,却会增加坏账损失。

市场经济是法治经济,履约付款是每个企业义不容辞的法定责任和义务,作为债权方企业也有要求债务方企业偿付账款的法定权益。但是,这并不意味着一旦发生拖欠或拒付账款的情况就去付诸法律,这是因为:一是每个客户拖欠或拒付的原因是不同的,如有的企业只是一时资金周转不灵所致,这时如果通过法律途径追讨账款,即使收回了账款,也会失去一个较好的合作伙伴,得不偿失。二是通过法律途径往往需要花费相当高的诉讼费,而且诉讼的时间可能会很长,会耗掉大量的精力,最终的结果也难以预料。三是如果对方严重资不抵债并且已经破产,也无法采取法律手段。

因此,当企业账款被拖欠或拒付时,首先应该分析其原因。如果是由于企业的信用标准及信用审批制度存在问题,则应立即加以改进,防止此类情况的再次发生;如果是信息收集有误或对方的最近信息收集不全而导致对对方的信用等级评定有问题,则应重新收集有关最新信息并重新评定其信用等级;对于偶然的拖欠,可以先通过信函、电话、电传或派员前往等方式进行催收,力争能使问题得到妥善的解决。当然,有时也需要做出必要的让步,如果双方经过多次协商仍然无法达成协议,最后可以考虑通过法律途径解决问题。

无论采取何种方式催收账款,都需要付出一定的代价,即收账费用。一般而言,收账费用支出越多,坏账损失越少,但它们之间并不一定存在线性关系。在制定收账政策时,应权衡增加收账费用与减少应收账款机会成本和坏账损失之间的得失。

【例 7.8】 某企业不同收账政策条件下的有关资料如表 7.5 所示。

表 7.5 收账政策

项目	现行收账政策	建议收账政策
年收账费用/元	20 000	25 000
应收账款平均收现期/日	45	30
坏账损失率	4%	3%

该企业当年销售额为 2 400 000 元(全部赊销),不计收账政策对销售收入的影响。该企业应收账款的机会成本率为 10%,根据以上资料可列表计算,如表 7.6 所示。

表 7.6 不同收账政策下的收账费用

项目	现行收账政策	建议收账政策
年销售收入	2 400 000	2 400 000
应收账款周转次数	8	12
应收账款平均占用额	300 000	200 000
应收账款的机会成本	30 000	20 000
应收账款的坏账损失	96 000	72 000
收账费用	20 000	25 000
费用与成本合计	146 000	117 000

可见,建议的收账政策的成本与费用合计低于当前的收账政策的成本与费用合计,所以,应采用建议的收账政策。

四、应收账款的日常管理

对于大多数企业来说,存在应收账款是十分正常的事,有些企业应收账款的总额还比较大。应收账款是企业对外提供商业信用的结果,其中往往蕴藏着巨大的风险。因此,对企业应收账款必须加强日常管理,采取有力的措施进行分析、控制,及时发现问题,解决问题。这些措施主要包括应收账款的追踪分析、账龄分析、收现率分析,以及根据有关会计法规建立应收账款坏账准备金制度。

(一) 应收账款追踪分析

一般来说,企业的客户赊销了产品,能否按期偿还货款,主要取决于以下三个因素:其一,客户的信用品质;其二,客户的财务状况;其三,客户是否可以实现该产品的价值转换或增值。其中,客户信用品质和财务状况是企业在赊销之前就必须注意分析的问题,但是在赊销之后,仍然应进行追踪分析,因为这两个因素是有可能随时发生变化的。当发现客户的这两个因素有发生变化的可能性时,企业应采取果断的措施,尽快地收回应收账款,哪怕是暂时收回部分应收账款,并且应该对客户的信用记录进行相应的调整。第三个因素对客户能否及时支付应收账款也具有重大的影响。如果客户可以实现该产品的价值转换,尤其是可以实现该产品的价值增值,那么客户就会愿意及时付款。原因是,一方面他此时有付款的能力;另一方面是由于他希望建立良好的信誉,为以后的交易打下基础。从这个意义上说,应收账款问题并不仅仅是交易双方的问题,常常会涉及第三方。在商品的流通过程中,有一个环节出了问题,将可能会导致一系列的信用危机。所以,应收账款的追踪分析还应时刻关注客户及其交易伙伴以上三个因素的变化,以便及时做出决策。当然,企业不可能也没有必要对全部的应收账款都进行追踪分析。企业应该将主要精力集中在那些交易金额大、交易次数频繁或信用品质有疑问的客户身上。

(二)应收账款账龄分析

一般来说,应收账款被拖欠的时间越长,催收的难度就越大,成为坏账的可能性也就越高。所以,将应收账款按账龄分类,尤其是按被拖欠的时间分类,密切关注应收账款的回收情况,是加强应收账款日常管理的重要环节。

应收账款账龄分析,即应收账款账龄结构分析。所谓应收账款的账龄结构,是指各类不同账龄的应收账款余额占应收账款总体余额的百分比。在应收账款的账龄结构中,可以清楚地看出企业应收账款的分布和被拖欠情况,便于企业加强对应收账款的管理。

【例7.9】 某企业应收账款账龄结构如表7.7所示。

表7.7 应收账款账龄结构表

应收账款账龄	金额/万元	比重/%
信用期内	600	60
逾期半年内	200	20
逾期半年至一年	100	10
逾期一年至两年	50	5
逾期两年至三年	40	4
逾期三年以上	10	1
应收账款总计	1000	100

表7.7表明,该企业应收账款总计为1 000万元,其中在信用期内的600万元,占60%,逾期半年内的200万元,占20%;逾期半年至一年的100万元,占10%;逾期一年至两年的50万元,占5%;逾期两年至三年的40万元,占4%;逾期三年以上的10万元,占1%。从总体上看,该企业逾期的应收账款为400万元,占40%,比重较大,所以应引起财务管理人员的高度重视。

企业应收账款的账龄结构确定以后,如果发现逾期的应收账款比重较大,首先,应分析产生这种情况的原因,如果属于企业信用政策的问题,应立即进行信用政策的调整;其次,应具体分析拖欠客户的情况,搞清这些客户发生拖欠的原因是什么,拖欠的时间有多长,拖欠的金额有多少;最后,针对不同的情况采取不同的收账方法,制定出经济可行的收账方案。同时,对尚未过期的应收账款也不应放松管理和账龄分析,防止发生新的逾期拖欠。

(三)应收账款收现保证率分析

应收账款收现保证率是指在一定会计期间内必须收现的应收账款占全部应收账款(R)的比重。所谓的必须收现的应收账款是指在一定会计期间内,为了保证企业正常的现金流转,特别是满足具有刚性约束的纳税及偿付不能展期的到期债务的需要,而必须通过应收账款收现来补充的现金,其数值等于当期必要现金支付总额(CB)与当期其他稳定可靠的现金流入总额(CW)之间的差额,即

$$必须收现的应收账款 = CB - CW$$

$$应收账款收现保证率 = (CB - CW) \div R$$

其中,当期其他稳定可靠的现金流入总额是指从应收账款收现以外可以取得的其他稳定可靠的现金流入数额,主要包括短期有价证券变现净额、可随时取得的银行贷款额等。

企业当期现金支付需要量与当期应收账款之间存在着密切的关系,企业的应收账款的回收是企业现金的主要来源,但是应收账款的收现期却往往不稳定,与现金的需要时间也往往不一致。所以,必须确定一个应收账款收现的最低标准,以保证企业的现金需要。应收账款收现保证率的设置正是这种需要的产物。

(四) 应收账款坏账准备金制度

只要有应收账款就有发生坏账的可能性。按照权责发生制和谨慎性原则的要求,必须对坏账发生的可能性预先进行估计,并计提相应的坏账准备金。坏账准备金的计提比例与应收账款的账龄存在着密切的关系。应收账款坏账准备金的具体计提比例可以由企业根据自己的实际情况和以往的经验加以确定。不过,我国现行的会计制度对股份有限公司计提坏账准备金做了一些详细的规定,例如,当公司计提的比例高于40%或低于5%时,应该在会计报表附注中说明计提的比例及理由。同时,对已经确认为坏账的应收账款,并不意味着企业已经放弃了对它的追索权,一旦情况发生变化,债务人具有偿债能力,企业就应该积极追偿。

第四节　存货管理

一、存货管理的目标

存货是指企业在生产经营过程中为销售或者耗用而储备的物资,包括材料、燃料、低值易耗品、在产品、半成品、产成品、协作件、商品等。

如果工业企业能在生产投料时随时购入所需的原材料,或者商业企业能在销售时随时购入该项商品,就不需要存货。但实际上,企业总有储存存货的需要,并因此占用或多或少的资金。这种存货的需要出自以下原因:

(1) 保证生产或销售的经营需要。实际上,企业很少能做到随时购入生产或销售所需的各种物资,即使是市场供应量充足的物资也如此。这不仅因为不时会出现某种材料的市场断档,还因为企业距供货点较远而需要必要的途中运输及可能出现运输故障。一旦生产或销售所需物资短缺,生产经营将被迫停顿,造成损失。为了避免或减少出现停工待料、停业待货等事故,企业需要储存存货。

(2) 出自价格的考虑。零购物资的价格往往较高,而整批购买在价格上常有优惠。但是,过多的存货要占用较多的资金,并且会增加包括仓储费、保险费、维护费、管理人员工资在内的各项开支。存货占用资金是有成本的,占用过多会使利息支出增加并导致利润的损失;各项开支的增加更直接使成本上升。

进行存货管理,就要尽力在各种存货成本与存货效益之间做出权衡,达到两者的最佳结合。这也就是存货管理的目标。

二、储备存货的有关成本

(一)取得成本

取得成本指为取得某种存货而支出的成本,通常用 TC_a 来表示。其又分为订货成本和购置成本。

1. 订货成本

订货成本指取得订单的成本,如办公费、差旅费、邮资、电报电话费等支出。订货成本中有一部分与订货次数无关,如常设采购机构的基本开支等,称为订货的固定成本,用 F_1 表示;另一部分与订货次数有关,如差旅费、邮资等,称为订货的变动成本。每次订货的变动成本用 K 表示;订货次数等于存货年需要量 D 与每次进货量 Q 之商。订货成本的计算公式为

$$订货成本 = F_1 + \frac{D}{Q}K$$

2. 购置成本

购置成本指存货本身的价值,经常用数量与单价的乘积来确定。年需要量用 D 表示,单价用 U 表示,于是购置成本为 DU。

订货成本加上购置成本,就等于存货的取得成本。其公式可表达为

取得成本 = 订货成本 + 购置成本 = 订货固定成本 + 订货变动成本 + 购置成本

$$TC_a = F_1 + \frac{D}{Q}K + DU$$

(二)储存成本

储存成本指为保持存货而发生的成本,包括存货占用资金所应计的利息(若企业用现有现金购买存货,便失去了现金存放银行或投资于证券本应取得的利息,是为"放弃利息";若企业借款购买存货,便要支付利息费用,是为"付出利息")、仓库费用、保险费用、存货破损和变质损失等,通常用 TC_c 来表示。

储存成本也分为固定成本和变动成本。固定成本与存货数量的多少无关,如仓库折旧、仓库职工的固定月工资等,常用 F_2 表示。变动成本与存货的数量有关,如存货资金的应计利息、存货的破损和变质损失、存货的保险费用等,单位成本用 K_c 来表示。用公式表达的储存成本为

储存成本 = 储存固定成本 + 储存变动成本

$$TC_c = F_2 + K_c \frac{Q}{2}$$

(三)缺货成本

缺货成本指由于存货供应中断而造成的损失,包括材料供应中断造成的停工损失、产成品库存缺货造成的拖欠发货损失和丧失销售机会的损失(还应包括需要主观估计的商誉损失);如果生产企业以紧急采购代用材料解决库存材料中断之急,那么缺货成本表现为紧急额外购入成本(紧急额外购入的开支会大于正常采购的开支)。缺货成本用 TC_s 表示。

如果以 TC 来表示储备存货的总成本,它的计算公式为

$$TC = TC_a + TC_c + TC_s = F_1 + \frac{D}{Q}K + DU + F_2 + K_c\frac{Q}{2} + TC_s$$

企业存货的最优化,即是使上式 TC 值最小。

三、存货决策

存货的决策涉及四项内容:决定进货项目、选择供应单位、决定进货时间和决定进货批量。决定进货项目和选择供应单位是销售部门、采购部门和生产部门的职责。财务部门要做的是决定进货时间和决定进货批量(分别用 T 和 Q 表示)。按照存货管理的目的,需要通过合理的进货批量和进货时间,使存货的总成本最低,这个批量叫做经济订货量或经济批量。有了经济订货量,可以很容易地找出最适宜的进货时间。

与存货总成本有关的变量(即影响总成本的因素)很多,为了解决比较复杂的问题,有必要简化或舍弃一些变量,先研究解决简单的问题,然后再扩展到复杂的问题。这需要设立一些假设,在此基础上建立经济订货量的基本模型。

(一)经济订货量基本模型

经济订货量基本模型需要设立的假设条件是:

(1)企业能够及时补充存货,即需要订货时便可立即取得存货。

(2)能集中到货,而不是陆续入库。

(3)不允许缺货,既无缺货成本,TC_s 为零,这是因为良好的存货管理本来就不应该出现缺货成本。

(4)需求量稳定,并且能预测,即 D 为已知常量。

(5)存货单价不变,即 U 为已知常量。

(6)企业现金充足,不会因现金短缺而影响进货。

(7)所需存货市场供应充足,不会因买不到需要的存货而影响其他。

设立了上述假设后,存货总成本的公式可以简化为

$$TC = F_1 + \frac{D}{Q}K + DU + F_2 + K_c\frac{Q}{2}$$

当 F_1, K, D, U, F_2, K_c 为常数量时,TC 的大小取决于 Q。为了求出 TC 的极小值,对其进行求导演算,可得出经济订货量,即

$$Q^* = \sqrt{\frac{2KD}{K_c}}$$

这一公式称为经济订货量基本模型,求出的每次订货批量,是可使存货总成本 TC 达到最小值的采购批量。

这个基本模型还可以演变出其他形式的计算:

每年最佳订货次数公式为

$$N^* = \frac{D}{Q^*} = \frac{D}{\sqrt{\frac{2KD}{K_c}}} = \sqrt{\frac{DK_c}{2K}}$$

与批量有关的存货总成本公式为

$$TC_{(Q^*)} = \frac{KD}{\sqrt{\frac{2KD}{K_c}}} + \frac{\sqrt{\frac{2KD}{K_c}}}{2} \cdot K_c = \sqrt{2KDK_c}$$

最佳订货周期公式为

$$t^* = \frac{1}{N^*} = \frac{1}{\sqrt{\frac{DK_c}{2K}}}$$

经济订货量占用资金为

$$I^* = \frac{Q^*}{2} \cdot U = \frac{\sqrt{\frac{2KD}{K_c}}}{2} \cdot U = \sqrt{\frac{KD}{2K_c}} \cdot U$$

【例7.10】 某企业每年耗用某种材料3 600千克,单位存储成本为2元,一次订货成本25元,单价10元。则

$$Q^* = \sqrt{\frac{2KD}{K_c}} = \sqrt{\frac{2 \times 3\,600 \times 25}{2}} = 300(千克)$$

$$N^* = \frac{D}{Q^*} = \frac{3\,600}{300} = 12(次)$$

$$TC_{(Q^*)} = \sqrt{2KDK_c} = \sqrt{2 \times 25 \times 3\,600 \times 2} = 600(元)$$

$$t^* = \frac{1}{N^*} = \frac{1}{12}(年) = 1(个月)$$

$$I^* = \frac{Q^*}{2} \cdot U = \frac{300}{2} \times 10 = 1\,500(元)$$

(二)基本模型的扩展

经济订货量的基本模型是在前述各假设条件下建立的,但现实生活中能够满足这些假设条件的情况十分罕见。为使模型更接近于实际情况,具有较高的可用性,需逐一放宽假设,同时改进模型。

1. 订货提前期

一般情况下,企业的存货不能做到随用随时补充,因此不能等存货用光再去订货,而需要在没有用完时提前订货。在提前订货的情况下,企业再次发出订货单时,尚有存货的库存量,称为再订货点,用 R 来表示。再订货点的数量等于交货时间(L)和每日平均需用量(d)的乘积:$R = L \times d$。

续【例7.10】,企业订货日至到货期的时间为10天,每日存货需要量为10千克,那么,$R = L \times d = 10 \times 10 = 100(千克)$。

即企业在尚存100千克存货时,就应当再次订货,等到下批订货到达时(再次发出订货单10天后),原有库存刚好用完。此时,有关存货的每次订货批量、订货次数、订货间隔时间等并无变化,与瞬时补充时相同。订货提前期的情形见图7.3。这就是说,订货提前期对经济订货量并无影响,可仍以原来瞬时补充情况下的300千克为订货批量,只不过在达到再订货点(库存100千克)时即发出订货单罢了。

2. 存货陆续供应和使用

在建立基本模型时,是假设存货一次全部入库,故存货增加时存量变化为一条垂直的直线。事实上,各批存货可能陆续入库,使存量陆续增加。尤其是产成品入库和在产品转移,几乎总是陆续供应和陆续耗用的。在这种情况下,需要对图7.4基本模型做一些修改。

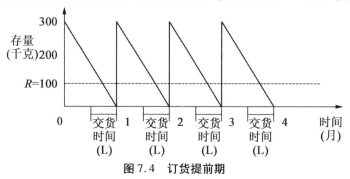

图7.4 订货提前期

【例7.11】 某零件年需用量(D)为3 600件,每日送货量(P)为30件,每日耗用量(d)为10件,单价(U)为10元,一次订货成本(生产准备成本)(K)为25元,单位储存变动成本(K_c)为2元。存货数量的变动见图7.5。

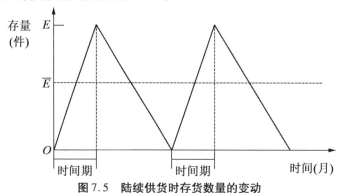

图7.5 陆续供货时存货数量的变动

设每批订货批量为Q。由于每日送货量为P,故该批货全部送达所需日数为Q/P,称之为送货期。

因零件每日耗用量为d,故送货期内的全部耗用量为:$\frac{Q}{P} \times d$

由于零件边送边用,所以每批送完时,最高库存量为:$Q - \frac{Q}{P} \times d$

平均存量则为:$\frac{1}{2}(Q - \frac{Q}{P} \times d)$

图7.5中的E表示最高库存量,$\overline{E}$表示平均库存量。这样,与批量有关的总成本为

$$TC(Q) = \frac{D}{Q} \times K + \frac{1}{2}(Q - \frac{Q}{P} \times d) \times K_c = \frac{D}{Q} \times K + \frac{Q}{2}(1 - \frac{d}{P}) \times K_c$$

在订货变动成本与储存变动成本相等时,$TC(Q)$有最小值,故存货陆续供应和使用的经济订货量公式为

$$\frac{D}{Q} \times K = \frac{Q}{2}(1 - \frac{d}{P}) \times K_c$$

$$Q^* = \sqrt{\frac{2KD}{K_c} \cdot \frac{P}{P-d}}$$

将这一公式代入上述 $TC(Q)$ 公式,可得出存货陆续供应和使用的经济订货量总成本公式为

$$TC_{(Q^*)} = \sqrt{2KDK_c \cdot (1-\frac{d}{P})}$$

将上述【例7.10】数据代入,则

$$Q^* = \sqrt{\frac{2 \times 25 \times 3\ 600}{2} \times \frac{30}{30-10}} = 367(件)$$

$$TC_{(Q^*)} = \sqrt{2 \times 25 \times 3\ 600 \times 2 \times (1-\frac{10}{30})} = 490(元)$$

3. 保险储备

以前讨论是假定存货的供需稳定且确知,即每日需求量不变,交货时间也固定不变。实际上,每日需求量可能变化,交货时间也可能变化。按照某一订货批量(如经济订货批量)和再订货点发出订单后,如果需求增大或送货延迟,就会发生缺货或供货中断。为防止由此造成的损失,就需要多储备一些存货以备应急之需,称为保险储备(安全存量)。这些存货在正常情况下不动用,只有当存货过量使用或送货延迟时才动用。保险储备如图7.6所示。

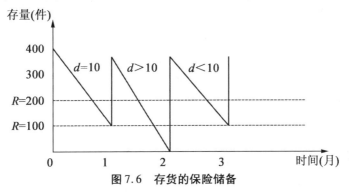

图7.6 存货的保险储备

在【例7.10】中,年需用量(D)为3 600件,已计算出经济订货量为300件,每年订货12次。又知全年平均日需求量(d)为10件,平均每次交货时间(L)为10天。为防止需求变化引起缺货损失,设保险储备量(B)为100件,再订货点 R 由此而相应提高为

R = 交货时间 × 平均日需求 + 保险储备 = $L \cdot d + B$ = $10 \times 10 + 100 = 200$(件)

在第一个订货周期里,$d=10$,不需要动用保险储备;在第二个订货周期内,$d>10$,需求量大于供货量,需要动用保险储备;在第三个订货周期内,$d<10$,不仅不需动用保险储备,正常储备亦未用完,下次存货即已送到。

建立保险储备,固然可以使企业避免缺货或供应中断造成的损失,但存货平均储备量加大却会使储备成本升高。研究保险储备的目的,就是要找出合理的保险储备量,使缺货或供应中断损失和储备成本之和最小。方法上可先计算出各不同保险储备量的总成本,然后再对总成本进行比较,选定其中最低的。

如果设与此有关的总成本为 $TC(S,B)$,缺货成本为 C_S,保险储备成本为 C_B,则

$$TC(S,B) = C_S + C_B$$

设单位缺货成本为 K_U,一次订货缺货量为 S,年订货次数为 N,保险储备量为 B,单位存货成本为 K_C,则

$$C_S = K_U \cdot S \cdot N$$
$$C_B = B \cdot K_C$$
$$TC(S,B) = K_u \cdot S \cdot N + B \cdot K_C$$

现实中,缺货量 S 具有概率性,其概率可根据历史经验估计得出;保险储备量 B 可选择而定。

【例 7.12】 假定某存货的年需要量 $D = 3\,600$ 件,单位储存变动成本 $K_c = 2$ 元,单位缺货成本 $K_U = 4$ 元,交货时间 $L = 10$ 天;已经计算出经济订货量 $Q = 300$ 件,每年订货次数 $N = 12$ 次。交货期内的存货需要量及其概率分布见表 7.8。

表 7.8 存货需要量及其概率分布表

需要量($10 \times d$)	70	80	90	100	110	120	130
概率(P_1)	0.01	0.04	0.20	0.50	0.20	0.04	0.01

先计算不同保险储备的总成本:

(1)不设置保险储备量,即令 $B = 0$,且以 100 件为再订货点。此种情况下,当需求量为 100 件或其以下时,不会发生缺货,其概率为 0.75(0.01 + 0.04 + 0.20 + 0.50);当需求量为 110 件时,缺货 10 件(110 − 100),其概率为 0.20;当需求量为 120 件时,缺货 20 件(120 − 100),其概率为 0.04;当需求量为 130 件时,缺货 30 件(130 − 100),其概率为 0.01。因此, $B = 0$ 时缺货的期望值 S_0、总成本 $TC(S,B)$ 可计算如下:

$$S_0 = (110 - 100) \times 0.2 + (120 - 100) \times 0.04 + (130 - 100) \times 0.01 = 3.1(件)$$
$$TC(S,B) = K_U \cdot S \cdot N + B \cdot K_C = 4 \times 3.1 \times 12 + 0 \times 2 = 148.8(元)$$

(2)保险储备量为 10 件,即 $B = 10$ 件,以 110 件为再订货点。此种情况下,当需求量为 110 件或其以下时,不会发生缺货,其概率为 0.95(0.01 + 0.04 + 0.20 + 0.50 + 0.20);当需求量为 120 件时,缺货 10 件(120 − 110),其概率为 0.04;当需求量为 130 件时,缺货 20 件(130 − 110),其概率为 0.01。因此,$B = 10$ 件时缺货的期望值 S_{10}、总成本 $TC(S,B)$ 可计算如下:

$$S_{10} = (120 - 110) \times 0.04 + (130 - 110) \times 0.01 = 0.6(件)$$
$$TC(S,B) = K_U \cdot S \cdot N + B \cdot K_C = 4 \times 0.6 \times 12 + 10 \times 2 = 48.8(元)$$

(3)保险储备量为 20 件。同样运用以上方法,可计算 S_{20}、$TC(S,B)$ 为

$$S_{20} = (130 - 120) \times 0.01 = 0.1(件)$$
$$TC(S,B) = 4 \times 0.1 \times 12 + 20 \times 2 = 44.8(元)$$

(4)保险储备量为 30 件,即 $B = 30$ 件,以 130 件为再订货点。此种情况下可满足最大

需求,不会发生缺货,因此:$S_{30}=0$;$TC(S,B)=4\times0\times12+30\times2=60(元)$

然后,比较上述不同保险储备量的总成本,以其低者为最佳。

当$B=20$件时,总成本为44.8元,是各总成本中最低的。故应确定保险储备量为20件,或者说应确定以120件为再订货点。

以上举例解决了由于需求量变化引起的缺货问题。至于由于延迟交货引起的缺货,也可以通过建立保险储备量的方法来解决。确定其保险储备量时,可将延迟的天数折算为增加的需求量,其余计算过程与前述方法相同。如前例,若企业延迟到货3天的概率为0.01,则可认为缺货30件(3×10)或者交货期内需求量为130件($10\times10+30$)的概率为0.01。这样就把交货延迟问题转换成了需求过量问题。

四、存货日常管理与控制

企业在存货日常管理中,要建立和健全存货的收入、发出和保管的各项规章制度,定期清查存货,做到账实相符并应防止存货发生霉烂变质、损坏短缺等事故,但是企业存货品种繁多、情况千差万别。有的存货品种数量很少,但金额巨大,若管理不善,将给企业造成极大的损失。相反,有的存货虽然品种数量繁多,但金额很小,即使管理当中出现一些问题,也不至于对企业产生较大影响。因此,企业对存货的日常管理若不分巨细,必将事倍功半。正是基于这一考虑,意大利经济学家巴雷特于19世纪首先提出了ABC分类管理法,目的在于使企业分清主次,突出重点,以提高存货资金管理的整体效果。

(一)ABC分类管理方法的基本原理

所谓ABC分类管理就是按照一定的标准,将企业的存货划分为A,B,C三类,分别实行分品种重点管理、分类别一般控制和按总额灵活掌握的存货管理方法。ABC分类管理方法的基本原理是,先将存货分为A,B,C三类,其分类的标准主要有两个:一是金额标准;二是品种数量标准。其中金额标准是最基本的,品种数量标准仅作为参考。

A类存货的特点是金额巨大,但品种数量较少;B类存货金额一般,品种数量相对较多,C类存货品种数量繁多,但价值金额却很少。一般而言,三类存货的金额比重大致为A:B:C=0.7:0.2:0.1,而品种数量比重大致为A:B:C=0.1:0.2:0.7。A,B,C三类存货的具体划分过程可以分三个步骤。

(1)列示企业全部存货的明细表,并计算出每种存货的价值总额及占全部存货金额的百分比。

(2)按照金额标志由大到小进行排序并累加金额百分比。

(3)当金额百分比累加到70%左右时,以上存货视为A类存货;百分比介于70%~90%之间的存货做B类存货,其余则为C类存货。

【例7.13】 某公司共有20种材料,总金额为600 000元,按金额多少的顺序排列并按上述原则将其划分成A,B,C三类,如表7.9所示。

表7.9　材料A,B,C分类表

材料品种（用编号代替）	金额/元	类别	各类存货数量和比重	各类存货金额和比重
1	240 000	A	2 10%	420 000 70%
2	180 000			
3	45 000	B	4 20%	120 000 20%
4	36 000			
5	24 000			
6	15 000			
7	9 000	C	14 70%	60 000 10%
8	6 500			
9	6 200			
10	6 100			
11	6 000			
12	5 400			
13	4 050			
14	3 900			
15	3 150			
16	2 100			
17	1 800			
18	1 650			
19	1 350			
20	1 200			
合计	600 000		20 100%	600 000 100%

(二)A,B,C三类存货的特点与控制要求

(1)A类存货的特点与控制要求。A类存货品种、数量少,但占用资金多。企业应集中主要力量进行周密的规划和严格的管理,应列为控制的重点。其控制措施有:一是计算确定其经济订货批量、最佳保险储备和再订货点,严格控制存货数量;二是采用永续盘存制,对存货的收发结存进行严密监视,当存货数量达到再订货点时,应及时通知采购部门组织进货。

(2)B类存货的特点与控制要求。B类存货品种、数量、占用资金均属中间状态,不必像A类存货控制那样严格,但也不能过于宽松。其控制要求是:确定每种存货的经济订货批量、最佳保险储备量和再订货点,并采用永续盘存制对存货的收发结存情况进行反映和监督。

(3)C类存货的特点和控制要求。C类存货品种多,数量大,但资金占用量很小。企业对此类存货不必花费太多的精力,可以采用总金额控制法,根据历史资料分析后,按经验适当增大订货批量,减少订货次数。

第五节　短期筹资与营运资本政策

营运资金管理包括流动资产管理和流动负债管理。营运资本管理与营业现金流有密切关系。由于营业现金流的时间和数量具有不确定性,以及现金流入和流出在时间上不匹配,使得公司经常会出现现金流的缺口。公司配置较多的净营运资本(流动资产与流动负债的差额),有利于减少现金流的缺口,但会增加资本成本;如果公司配置较少的净营运资本,有利于节约资本成本,但会增加不能及时偿债的风险。因此,营运资金管理的目标是:公司需要根据具体情况权衡风险和报酬,制定适当的营运资本政策。

一、短期负债筹资

(一)短期负债筹资的特点

短期负债筹资所筹资金可使用的时间较短,一般不超过1年。短期负债筹资具有如下特点:

1. 筹资速度快,容易取得

长期负债的债权人为了保护自身利益,往往要对债务人进行全面的财务调查,因而筹资所需时间一般较长且不易取得。短期负债在较短时间内即可归还,故债权人顾虑较少,容易取得。

2. 筹资富有弹性

举借长期负债,债权人或有关方面经常会向债务人提出很多限定性条件或管理规定;而短期负债的限制则相对宽松些,使筹资企业的资金使用较为灵活、富有弹性。

3. 筹资成本较低

一般来讲,短期负债的利率低于长期负债,短期负债筹资的成本也就较低。

4. 筹资风险高

短期负债须在短期内偿还,因而要求筹资企业在短期内拿出足够的资金偿还债务,若企业届时资金安排不当,就会陷入财务危机。此外,短期负债利率的波动比较大,一时高于长期负债的水平也是可能的。

(二)短期负债筹资的主要形式

短期负债筹资最主要的形式是商业信用和短期借款。

1. 商业信用

商业信用是指在商品交易中由于延期付款或预收货款所形成的企业间的借贷关系。商业信用产生于商品交换之中,是所谓的"自发性筹资"。它运用广泛,在短期负债筹资中占有相当大的比重。商业信用的具体形式有应付账款、应付票据、预收账款等。

(1)应付账款。应付账款是企业购买货物暂未付款而欠对方的账项,即卖方允许买方在购货后一定时期内支付货款的一种形式。卖方利用这种方式促销,而对买方来说延期付款则等于向卖方借用资金购进商品,可以满足短期的资金需要。

与应收账款相对应,应付账款也有付款期、折扣等信用条件。应付账款可以分为:免费信用,即买方企业在规定的折扣期内享受折扣而获得的信用;有代价信用,即买方企业放弃折扣付出代价而获得的信用;展期信用,即买方企业超过规定的信用期推迟付款而强制获得的信用。

①应付账款的成本。倘若买方企业购买货物后在卖方规定的折扣期内付款,便可以享受免费信用,这种情况下企业没有因为享受信用而付出代价。

【例7.14】 某企业按2/10,n/30的条件购入货物10万元。如果该企业在10天内付款,便享受了10天的免费信用期,并获得折扣0.2万元($10 \times 2\%$),免费信用额为9.8万元($10-0.2$)。

倘若买方企业放弃折扣,在10天后(不超过30天)付款,该企业便要承受因放弃折扣而造成的隐含利息成本。一般而言,放弃现金折扣的成本可由下式求得

$$放弃现金折扣成本 = \frac{折扣百分比}{1-折扣百分比} \times \frac{360}{信用期-折扣期}$$

运用上式,该企业放弃折扣所负担的成本为

$$\frac{2\%}{1-2\%} \times \frac{360}{30-10} = 36.7\%$$

公式表明,放弃现金折扣的成本与折扣百分比的大小、折扣期的长短同方向变化,与信用期的长短反方向变化。可见,如果买方企业放弃折扣而获得信用,其代价是较高的。然而,企业在放弃折扣的情况下,推迟付款的时间越长,其成本便会越小。比如,如果企业延至50天付款,其成本则为

$$\frac{2\%}{1-2\%} \times \frac{360}{50-10} = 18.4\%$$

②利用现金折扣的决策。在附有信用条件的情况下,因为获得不同信用要负担不同的代价,买方企业便要在利用哪种信用之间做出决策。一般说来:

如果能以低于放弃折扣的隐含利息成本(实质是一种机会成本)的利率借入资金,便应在现金折扣期内用借入的资金支付货款,享受现金折扣。比如,与【例7.14】同期的银行短期借款年利率为12%,则买方企业应利用更便宜的银行借款在折扣期内偿还应付账款;反之,企业应放弃折扣。

如果在折扣期内将应付账款用于短期投资,所得的投资收益率高于放弃折扣的隐含利息成本,则应放弃折扣而去追求更高的收益。当然,假使企业放弃折扣优惠,也应将付款日推迟至信用期内的最后一天(如【例7.14】中的第30天),以降低放弃折扣的成本。

如果企业因缺乏资金而欲展延付款期(如【例7.14】中将付款日推迟到第50天),则需在降低了的放弃折扣成本与展延付款带来的损失之间做出选择。展延付款带来的损失主要是指因企业信誉恶化而丧失供应商乃至其他贷款人的信用,或日后招致苛刻的信用条件。

如果面对两家以上提供不同信用条件的卖方,应通过衡量放弃折扣成本的大小,选择信用成本最小(或所获利益最大)的一家。比如,【例7.14】中,另有一家供应商提出1/20、n/30的信用条件,其放弃折扣的成本为

$$\frac{1\%}{1-1\%} \times \frac{360}{30-20} = 36.4\%$$

与【例7.14】中2/10、n/30信用条件的情况相比,后者的成本较低。

(2)应付票据。应付票据是企业进行延期付款商品交易时开具的反映债权债务关系的票据。根据承兑人的不同,应付票据分为商业承兑汇票和银行承兑汇票两种,支付期最长不超过6个月。应付票据可以带息,也可以不带息。应付票据的利率一般比银行的借款利率低,且不用保持相应的补偿余额和支付协议费,所以应付票据的筹资成本低于银行借款成本。但是应付票据到期必须归还,如若延期便要交付罚金,因而风险较大。

(3)预收账款。预收账款是卖方企业在交付货物之前向买方预先收取部分或全部货款的信用形式。对于卖方来讲,预收账款相当于向买方借用资金后用货物抵偿。预收账款一般用于生产周期长、资金需要量大的货物销售。

此外,企业往往还存在一些在非商品交易中产生,但亦为自发性筹资的应付费用,如应付职工薪酬、应交税费、其他应付款等。应付费用使企业受益在前、费用支付在后,相当于享用了受款方的借款,一定程度上缓解了企业的资金需要。应付费用的期限具有强制性,不能由企业自由斟酌使用,但通常不需花费代价。

(4)商业信用筹资的特点。商业信用筹资最大的优越性在于容易取得。首先,对于多数企业来说,商业信用是一种持续性的信用形式,且无须正式办理筹资手续。其次,如果没有现金折扣或使用不带息票据,商业信用筹资不负担成本。其缺陷在于期限较短,在放弃现金折扣时所付出的成本较高。

2. 短期借款

短期借款指企业向银行和其他非银行金融机构借入的期限在1年以内的借款。

(1)短期借款的种类。我国目前的短期借款按照目的和用途分为若干种,主要有生产周转借款、临时借款、结算借款等。按照国际通行做法,短期借款还可依偿还方式的不同,分为一次性偿还借款和分期偿还借款;依利息支付方法的不同,分为收款法借款、贴现法借款和加息法借款;依有无担保,分为抵押借款和信用借款。

企业在申请借款时,应根据各种借款的条件和需要加以选择。

(2)借款的取得。企业举借短期借款,首先必须提出申请,经审查同意后借贷双方签订借款合同,注明借款的用途、金额、利率、期限、还款方式、违约责任等;然后企业根据借款合同办理借款手续;借款手续完毕,企业便可取得借款。

(3)借款的信用条件。按照国际通行做法,银行发放短期借款往往带有一些信用条件,主要有:

①信贷限额。信贷限额是银行对借款人规定的无担保贷款的最高额。信贷限额的有效期限通常为1年,但根据情况也可延期1年。一般来讲,企业在批准的信贷限额内,可随

时使用银行借款。但是,银行并不承担必须提供全部信贷限额的义务。如果企业信誉恶化,即使银行曾同意过按信贷限额提供贷款,企业也可能得不到借款。这时,银行不会承担法律责任。

②周转信贷协定。周转信贷协定是银行具有法律义务地承诺提供不超过某一最高限额的贷款协定。在协定的有效期内,只要企业的借款总额未超过最高限额,银行必须满足企业任何时候提出的借款要求。企业享用周转信贷协定,通常要就贷款限额的未使用部分付给银行一笔承诺费。

例如,某周转信贷额为1 000万元,承诺费率为0.5%,借款企业年度内使用了600万元,余额400万元,借款企业该年度就要向银行支付承诺费2万元(400×0.5%)。这是银行向企业提供此项贷款的一种附加条件。

周转信贷协定的有效期通常超过1年,但实际上贷款每几个月发放一次,所以这种信贷具有短期和长期借款的双重特点。

③补偿性余额。补偿性余额是银行要求借款企业在银行中保持按贷款限额或实际借用额一定百分比(一般为10%~20%)的最低存款余额。从银行的角度讲,补偿性余额可降低贷款风险,补偿遭受的贷款损失。对于借款企业来讲,补偿性余额则提高了借款的实际利率。

例如,某企业按年利率8%向银行借款10万元,银行要求维持贷款限额15%的补偿性余额,那么企业实际可用的借款只有8.5万元,该项借款的实际利率则为

$$\frac{10 \times 8\%}{8.5} \times 100\% = 9.4\%$$

④借款抵押。银行向财务风险较大的企业或对其信誉不甚有把握的企业发放贷款,有时需要有抵押品担保,以减少自己蒙受损失的风险。短期借款的抵押品经常是借款企业的应收账款、存货、股票、债券等。银行接受抵押品后,将根据抵押品的面值决定贷款金额,一般为抵押品面值的30%~90%。这一比例的高低,取决于抵押品的变现能力和银行的风险偏好。抵押借款的成本通常高于非抵押借款,这是因为银行主要向信誉好的客户提供非抵押贷款,而将抵押贷款看成是一种风险投资,故而收取较高的利率;同时银行管理抵押贷款要比管理非抵押贷款困难,为此往往另外收取手续费。

企业向贷款人提供抵押品,会限制其财产的使用和将来的借款能力。

⑤偿还条件。贷款的偿还有到期一次偿还和在贷款期内定期(每月、季)等额偿还两种方式。一般来讲,企业不希望采用后一种偿还方式,因为这会提高借款的实际利率;而银行不希望采用前一种偿还方式,是因为这会加重企业的财务负担,增加企业的拒付风险,同时会降低实际贷款利率。

⑥其他承诺。银行有时还要求企业为取得贷款而做出其他承诺,如及时提供财务报表、保持适当的财务水平(如特定的流动比率)等。如企业违背所做出的承诺,银行可要求企业立即偿还全部贷款。

(4)短期借款利率及其支付方法。短期借款的利率多种多样,利息支付方法亦不一,银

行将根据借款企业的情况选用。

①借款利率。包括优惠利率、浮动优惠利率和非优惠利率。优惠利率是银行向财力雄厚、经营状况好的企业贷款时收取的名义利率,为贷款利率的最低限。非优惠利率与优惠利率之间差距的大小,由借款企业的信誉、与银行的往来关系及当时的信贷状况所决定。

②借款利息的支付方法。一般来讲,借款企业可以用三种方法支付银行贷款利息。

收款法。收款法是在借款到期时向银行支付利息的方法。银行向工商企业发放的贷款大都采用这种方法收息。

贴现法。贴现法是银行向企业发放贷款时,先从本金中扣除利息部分,而到期时借款企业则要偿还贷款全部本金的一种计息方法。采用这种方法,企业可利用的贷款额只有本金减去利息部分后的差额,因此贷款的实际利率高于名义利率。

例如,某企业从银行取得借款 10 000 元,期限 1 年,年利率(即名义利率)为 8%,利息额 800 元(10 000 ×8%);按照贴现法付息,企业实际可利用的贷款为 9 200 元(10 000 – 800),该项贷款的实际利率为

$$\frac{800}{10\ 000-800}\times 100\% = 8.7\%$$

加息法。加息法是银行发放分期等额偿还贷款时采用的利息收取方法。在分期等额偿还贷款的情况下,银行要将根据名义利率计算的利息加到贷款本金上,计算出贷款的本息和,要求企业在贷款期内分期偿还本息之和的金额。由于贷款分期均衡偿还,借款企业实际上只平均使用了贷款本金的半数,却支付全额利息。这样,企业所负担的实际利率便高于名义利率大约 1 倍。

例如,某企业借入(名义)年利率为 12% 的贷款 20 000 元,分 12 个月等额偿还本息。该项借款的实际利率为

$$\frac{20\ 000\times 12\%}{20\ 000\div 2}\times 100\% = 24\%$$

(5)企业对银行的选择。随着金融信贷业的发展,可向企业提供贷款的银行和非银行金融机构增多,企业有可能在各贷款机构之间做出选择,以图对己最为有利。

选择银行时,重要的是要选用适宜的借款种类、借款成本和借款条件,此外还应考虑下列有关因素:

①银行对贷款风险的政策。通常银行对其贷款风险有着不同的政策,有的倾向于保守,只愿承担较小的贷款风险;有的富于开拓,敢于承担较大的贷款风险。

②银行对企业的态度。不同银行对企业的态度各不一样。有的银行肯于积极地为企业提供建议,帮助分析企业潜在的财务问题,有着良好的服务,乐于为具有发展潜力的企业发放大量贷款,在企业遇到困难时帮助其渡过难关;也有的银行很少提供咨询服务,在企业遇到困难时一味地为清偿贷款而施加压力。

③贷款的专业化程度。一些大银行设有不同的专业部门,分别处理不同类型、行业的贷款。企业与这些拥有丰富专业化贷款经验的银行合作,会更多地受益。

④银行的稳定性。稳定的银行可以保证企业的借款不致中途发生变故。银行的稳定性取决于它的资本规模、存款水平波动程度和存款结构。一般来讲,资本雄厚、存款水平波动小、定期存款比重大的银行稳定性好;反之则稳定性差。

(6)短期借款筹资的特点。在短期负债筹资中,短期借款的重要性仅次于商业信用。短期借款可以随企业的需要安排,便于灵活使用,且取得亦较简便。但其突出的缺点是短期内要归还,特别是在带有诸多附加条件的情况下更是风险加剧。

二、营运资本政策

营运资本政策包括营运资本持有政策和营运资本筹集政策,它们分别研究如何确定营运资本持有量和如何筹集营运资本两个方面的问题。

(一)营运资本持有政策

营运资本概念包括流动资产和流动负债两部分,是企业日常财务管理的重要内容。流动资产随企业业务量的变化而变化,业务量越大,其所需的流动资产越多。但它们之间并非线性的关系。由于规模经济、使用效率等原因的作用,流动资产以递减的比率随业务量增长。这就产生了如何把握流动资产投资量的问题。

营运资本持有量的高低,影响着企业的收益和风险。较高的营运资本持有量,使企业有较大把握按时支付到期债务,及时供应生产用材料和准时向客户提供产品,从而保证经营活动平稳地进行,风险性较小。但是,由于流动资产的收益性一般低于固定资产,较高的营运资本持有量会降低企业的收益性;而较低的营运资本持有量带来的后果正好相反,企业的收益率较高,但较少的现金、有价证券量和较低的存货保险储备量却会降低偿债能力和采购的支付能力,造成信用损失、材料供应中断和生产阻塞,会加大企业的风险。

通过以上分析可以看到,营运资本持有量的确定就是在收益和风险之间进行权衡。我们将持有较高的营运资本称为宽松的营运资本政策;而将持有较低的营运资本称为紧缩的营运资本政策。前者的收益、风险均较低;后者的收益、风险均较高。介于两者之间的,是适中的营运资本政策。在适中的营运资本政策下,营运资本的持有量不过高也不过低,恰好现金足够支付之需,存货足够满足生产和销售所用,除非利息高于资本成本(这种情况不大可能发生),一般企业不保留有价证券。也就是说,适中的营运资本政策对于投资者财富最大化来讲理论上是最佳的。然而,我们却难以量化地描述适中政策的营运资本持有量。这是因为这一营运资本水平是多种因素共同作用的结果,包括销售水平、存货和应收账款的周转速度等。所以,各企业应当根据自身的具体情况和环境条件,按照适中营运资本政策的原则,确定适当的营运资本持有量。

(二)营运资本筹集政策

营运资本筹集政策,是营运资本政策的研究重点。研究营运资本的筹资政策,需要先对构成营运资本的两要素——流动资产和流动负债作进一步的分析,然后再考虑两者间的匹配。

1. 流动资产和流动负债分析

一般来说,我们经常按照周转时间的长短对企业的资金进行分类,即周转时间在一年以下的,为流动资产,包括货币资金、短期投资、应收账款、应收票据、存货等;周转时间在一年以上的为长期资产,包括长期投资、固定资产、无形资产等。对于流动资产,如果按照用途再作区分,则可以分为临时性流动资产和永久性流动资产。临时性流动资产指那些受季节性、周期性影响的流动资产,如季节性存货、销售和经营旺季(如零售业的销售旺季在春节期间等)的应收账款;永久性流动资产则指那些即使企业处于经营低谷也仍然需要保留的、用于满足企业长期稳定需要的流动资产。

企业的负债则按照债务时间的长短,以 1 年为界限,分为短期负债和长期负债。短期负债包括短期借款、应付账款、应付票据等;长期负债包括长期借款、长期债券等。短期负债的特点在本章前面部分已作过论述,主要是成本低、风险大。与流动资产按照用途划分的方法相对应,流动负债也可以分为临时性负债和自发性负债。临时性负债指为了满足临时性流动资金需要所发生的负债,如商业零售企业春节前为满足节日销售需要,超量购入货物而举借的债务;食品制造企业为赶制季节性食品,大量购入某种原料而发生的借款等。自发性负债指直接产生于企业持续经营中的负债,如商业信用筹资和日常运营中产生的其他应付款,以及应付职工薪酬、应付利息、应交税费等。

2. 流动资产和流动负债的配合

营运资本筹集政策,主要是就如何安排临时性流动资产和永久性流动资产的资金来源而言的,一般可以区分为三种,即配合型筹资政策、激进型筹资政策和稳健型筹资政策。

(1) 配合型筹资政策。配合型筹资政策的特点是:对于临时性流动资产,运用临时性负债筹集资金满足其资金需要;对于永久性流动资产和固定资产(统称为永久性资产,下同),运用长期负债、自发性负债和权益资本筹集资金满足其资金需要。

配合型筹资政策要求企业临时负债筹资计划严密,实现现金流动与预期安排相一致。在季节性低谷时,企业应当除了自发性负债外没有其他流动负债;只有在临时性流动资产的需求高峰期,企业才举借各种临时性债务。

例如,某企业在生产经营的淡季,需占用 300 万元的流动资产和 500 万元的固定资产;在生产经营的高峰期,会额外增加 200 万元的季节性存货需求。配合型筹资政策的做法是:企业只在生产经营的高峰期才借入 200 万元的短期借款;不论何时,800 万元永久性资产(即 300 万元永久性流动资产和 500 万元固定资产之和)均由长期负债、自发性负债和权益资本解决其资金需要。

这种筹资政策的基本思想是将资产与负债的期间相配合,以降低企业不能偿还到期债务的风险和尽可能降低债务的资本成本。但是,事实上由于资产使用寿命的不确定性,往往达不到资产与负债的完全配合。如上例,一旦企业生产经营高峰期内的销售不理想,未能取得销售现金收入,便会发生偿还临时性负债的困难。因此,配合型筹资政策是一种理想的、对企业有着较高资金使用要求的营运资本筹集政策。

(2)激进型筹资政策。激进型筹资政策的特点是：临时性负债不但融通临时性流动资产的资金需要，还解决部分永久性资产的资金需要。

激进型筹资政策下临时性负债在企业全部资金来源中所占比重大于配合型筹资政策。沿用上例，企业生产经营淡季占用300万元的流动资产和500万元的固定资产，在生产经营的高峰期，额外增加200万元的季节性存货需求。如果企业的权益资本、长期负债和自发性负债的筹资额低于800万元（即低于正常经营期的流动资产占用与固定资产占用之和），比如只有700万元甚至更少，那么就会有100万元或者更多的永久性资产和200万元的临时性流动资产（在经营高峰期内）由临时性负债筹资解决。这种情况，表明企业实行的是激进型筹资政策。由于临时性负债（如短期银行借款）的资本成本一般低于长期负债和权益资本的资本成本（关于资本成本的计算，已在第四章中详细讲述），而激进型筹资政策下临时性负债所占比重较大，所以该政策下企业的资本成本较低。但是另一方面，为了满足永久性资产的长期资金需要，企业必然要在临时性负债到期后重新举债或申请债务展期，这样企业便会更为经常地举债和还债，从而加大筹资困难和风险，还可能面临由于短期负债利率的变动而增加企业资本成本的风险。所以，激进型筹资政策是一种收益性和风险性均较高的营运资本筹资政策。

(3)稳健型筹资政策。稳健型筹资政策的特点是：临时性负债只融通部分临时性流动资产的资金需要，另一部分临时性流动资产和永久性资产，则由长期负债、自发性负债和权益资本作为资金来源。

与配合型筹资政策相比，稳健型筹资政策下临时性负债占企业全部资金来源的比例较小。沿用上例，如果企业只是在生产经营的旺季借入资金低于200万元，比如100万元的短期借款，而无论何时的长期负债、自发性负债和权益资本之和总是高于800万元，比如达到900万元，那么旺季季节性存货的资金需要只有一部分（100万元）靠当时的短期借款解决，其余部分的季节性存货和全部永久性资金需要则由长期负债、自发性负债和权益资本提供。而在生产经营的淡季，企业则可将闲置的资金（100万元）投资于短期有价证券。这种做法下由于临时性负债所占比重较小，所以企业无法偿还到期债务的风险较低，同时蒙受短期利率变动损失的风险也较低。然而，另一方面，却会因长期负债资本成本高于临时性负债的资本成本，以及经营淡季时仍需负担长期负债利息，从而降低企业的收益。所以，稳健型筹资政策是一种风险性和收益性均较低的营运资本筹集政策。

一般来说，如果企业能够驾驭资金的使用，采用收益和风险配合得较为适中的配合型筹资政策是有利的。

第八章 利润分配

第一节 利润分配概述

企业利润分配不同于股利分配,要熟练掌握企业利润分配的内容,必须正确理解企业利润概念及构成,弄清利润分配项目和分配顺序。

一、企业利润的构成

企业的利润总额由营业利润、投资净收益、补贴收入和营业外收支净额组成。在企业利润表上,企业利润按照营业利润、利润总额和净利润等分类分项列示。可用公式为

$$\text{利润总额} = \text{营业利润} + \text{投资净收入} + \text{补贴收入} + \text{营业外收支}$$

(1)营业利润。营业利润是企业从事经营业务活动所取得的财务成果。它包括主营业务利润和其他业务利润。其计算公式为

$$\text{营业利润} = \text{营业收入} - \text{营业成本} - \text{管理费用} - \text{销售费用} - \text{营业税金及附加}$$

(2)投资净收益。投资净收益是指企业对外投资所取得的收益,减去发生的投资损失和计提的投资减值准备后的净额。

(3)补贴收入。补贴收入是指企业按规定实际收到退还的增值税或按销量或工作量等依据国家规定的补助定额计算并按期给予的定额补贴,以及属于国家财政扶持的领域而给予的其他形式的补贴。

(4)营业外收支。是营业外收入与营业外支出相抵后的净额。营业外收入是指企业发生的与其生产经营活动无直接关系的各项收入,主要包括处置固定资产净收益、处置无形资产净收益、罚款净收入等。营业外支出是指企业发生的与其生产经营活动无直接关系的各项支出,主要包括处置固定资产净损失、处置无形资产净损失、债务重组损失、计提的无形资产减值准备、计提的固定资产减值准备、计提的在建工程减值准备、罚款支出、捐赠支出、非常损失等。

二、企业利润的分配项目和顺序

企业利润分配主要是确定企业的净利润如何在分发给投资者和用于再投资这两个方面进行分配。企业利润分配是一项重要的工作,它不仅影响企业的筹资和投资决策,而且涉及相关者的利益关系,涉及企业长远利益和近期利益、整体利益与局部利益等关系的处理与协调。

(一)企业利润分配应遵循的原则

(1)依法分配原则。正确处理企业与有关各方利益关系的关键在于利润分配依法进

行。为规范企业的利润分配行为,国家制定和颁布了若干法规,主要包括企业制度方面的和财务制度方面的法规等。企业应当认真执行,不得违反。

(2)兼顾相关者利益原则。利润分配是利用价值形式对社会产品的分配,直接关系到有关各方的切身利益。因此,要坚持全局观念,兼顾各方面利益。不能仅仅考虑投资者的利益,国家、企业企业、职工等相关利益者的利益也应当考虑。比如,企业处于特定社区,必须注意社会的发展和建设,对于社区的环境保护和文化建设应当考虑一定的投入,在利润分配时,不能忽略这一点。

(3)长远利益与短期利益结合原则。企业处于激烈市场竞争之中,企业的发展是企业的长远利益,而眼前的生存则是短期利益。因此,在进行企业利益分配时,应当坚持分配与积累并重,坚持短期利益与长远利益的兼顾。只有将二者利益紧紧结合起来,企业才能发展有后劲,眼前有动力。所以企业在利润分配时,应当分多少,应当留多少,不能不统筹规划。既要注重眼前的利益驱动,又要着眼于未来发展的力量积蓄。将一部分利益积累起来,以丰补歉,平抑利益分配数额波动幅度,稳定投资报酬率的效果。

(4)投资与收益对称原则。利润分配应当体现"谁投资谁收益"、受益大小与投资比例相适应,即投资与受益对等原则,这是正确处理投资利益关系的关键。

(二)利润分配的项目

支付股利是一项税后净利润的分配,但不是利润分配的全部。按照我国《公司法》的规定,公司利润分配的项目包括以下部分:

第一,法定公积金。法定公积金从净利润中提取形成,用于弥补公司亏损、扩大公司生产经营或者转为增加公司资本。公司分配当年税后利润时应当按照10%的比例提取法定公积金;当公积金累计额达到公司注册资本的50%时,可不再继续提取。任意公积金的提取由股东会根据需要决定。

第二,股利(向投资者分配的利润)。公司向股东支付股利,要在提取公积金之后。股利的分配应以各股东持有股份的数额为依据,每一股东取得的股利与其持有的股份数成正比。股份有限公司原则上应从累计盈利中分派股利,无盈利不得支付股利,即所谓"无利不分"的原则。但若公司用公积金抵补亏损以后,为维护其股票信誉,经股东大会特别决议,也可用公积金支付股利。

(三)利润分配的顺序

公司向股东分派股利,应按一定的顺序进行。按照我国《公司法》的有关规定,利润分配应按下列顺序进行:

第一,计算可供分配的利润。将本年净利润(或亏损)与年初未分配利润(或亏损)合并,计算出可供分配的利润。如果可供分配的利润为负数(即亏损),则不能进行后续分配;如果可供分配利润为正数(即本年累计盈利),则进行后续分配。

第二,计提法定公积金。按抵减年初累计亏损后的本年净利润计提法定公积金。提取公积金的基数,不一定是可供分配的利润,也不一定是本年的税后利润。只有不存在年初累计亏损时,才能按本年税后利润计算应提取数。这种"补亏"是按账面数字进行的,与所得税法的亏损后转无关,关键在于不能用资本发放股利,也不能在没有累计盈余的情况下提取公积金。

第三,计提任意公积金。
第四,向股东(投资者)支付股利(分配利润)。

公司股东会或董事会违反上述利润分配顺序,在抵补亏损和提取法定公积金之前向股东分配利润的,必须将违反规定发放的利润退还公司。

第二节 股利政策的选择

一、股利分配政策的概念

利润分配政策是企业对利润分配有关事项所做出的方针和政策。由于税法规定的强制性、严肃性和固定性,任何企业对纳税政策都是无方案可以抉择的。因此,利润分配政策从根本上说就是税后利润分配政策,就股份制企业而言,就是股利政策。

股份企业在支付完优先股股利后,其剩余利润就既可以留存,也可以用于投资分红。在企业税后利润总额一定的情况下,税后利润分配的财务决策问题,最后是集中在企业任意公积金的提取比率和股利分配水平问题上。

二、股利分配政策选择应考虑的因素

企业的利润分配政策虽然是由企业管理者制定的,但是实际上它的决定范围是有一定限度的。在客观上、主观上有许多制约因素,使决策人只能遵循当时的经济环境与法律环境做出有限的选择。制约企业利润分配政策的因素主要有以下几个方面:

(一)法律约束因素

法律约束是指为保护债权人和股东的利益,国家法律对企业的投资分红进行的硬性限制。这些限制主要体现在以下几方面:

(1)资本保全的约束。资本保全约束是企业财务管理应遵循的一项重要原则,它要求企业所发放的股利或投资分红不得来源于原投资额(或股本),而只能来源于企业的各种留存收益或当期利润。这一法律约束的目的,在于保证企业有完整的产权基础,由此保护债权人的利益。

(2)资本积累的约束。它要求企业在投资并取得收益时,必须按一定的比例和基数提取各种公积金。另外,它要求在具体的分配政策上,贯彻"无利不分"的原则,即当企业出现年度亏损时,一般不得分配股利,即使出于维护企业形象的考虑,动用以前年度的留存收益分派股利,其条件也必须是在先弥补完亏损后再进行,而且仍要保留一定数额的留存收益。

(3)超额累积利润的约束。由于投资者接受股利收入所缴纳的个人所得税要高于进行股票交易所获取的资本利得所缴纳的税金,因此对于股份制企业而言,它可以通过积累利润使股价上涨的方式来帮助股东避税。西方各国税法都注意到了这一点,从而在法律上明确规定企业不得超额累积利润。一旦企业保留的盈余超过法律认可的水平,将被加征不合理留利税,以防止少数股东利用操纵股利分配达到其逃避个人所得税的目的。我国目前对此尚未作出规定。

(二)企业自身因素

企业出于长期发展与短期经营考虑,需要综合考虑以下因素,并最终制定出切实可行

的分配政策。这些因素主要有：

(1)债务考虑。企业对外负债时，债权人为保护自身债权的安全性和收益性，要求在企业发放股利或投资分红时有所限制。这些限制主要包括：规定每股股利的最高限额；规定企业只有在达到一定的财务比率(如流动比率、利息保障倍数等)才可发放股利；规定企业必须建立偿债基金后，方可支付股利等。企业出于未来负债筹资的方便考虑，一般均自觉恪守与债权人事先签订的有关协议或合同的限制性条款，以协调企业与债权人的关系。

(2)未来投资机会。利润分配政策要受到企业未来投资机会的影响。主要表现在：当企业预期未来有良好的投资机会时，企业需要强大的资金支持，因而往往少发股利，将大部分盈余用于投资；缺乏良好的投资机会时，保留大量的现金会造成资金的闲置，于是倾向于支付较高的股利。正因为如此，处于成长中的企业多采取低股利政策；陷于经营收缩的企业多采取高股利政策。

(3)筹资成本。一般而言，与发行新股相比，用保留盈余再投资，不需花费筹资费用，有利于降低筹资的外在成本。因此，从资金成本考虑，很多企业在运筹投资分红时，首先将企业的净利润作为筹资的第一选择渠道，特别是在负债资金较多、资金结构欠佳的时期。

(4)资产的流动性。在股利决策中，流动性是应该考虑的一个主要方面。由于股利代表现金流出，企业的现金状况与整体流动性越好，其支付股利的能力就越强。成长中的、盈利性的企业可能缺乏流动性，因为它的大部分资金投资在固定资产和永久性营运资金上了。这类企业的管理者通常希望保持一定的流动性，以作为其财务灵活性的缓冲，并避免不确定性，所以，他们不愿意支付大额股利而危及企业的安全。

(5)企业的其他考虑。如企业有意识地多发股利使股价上涨，使已发行的可转换债券尽快地实现转换，从而达到调整资本结构的目的；还比如，通过支付较高股利，刺激企业股价上扬，从而达到反兼并、反收购的目的等。

(三)投资者因素

(1)控制权的稀释。所有者权益由资本金、资本公积金和留存收益等组成。如果分利较多，留存收益将相应减少，企业将来依靠发行股票等方式筹资的可能性加大，而发行新股(主要指普通股)意味着企业控制权有旁落他人或其他企业的可能。因此，如果原投资者拿不出更多的资金投入企业或购买企业新股，他们宁愿企业不分配利润也要反对追加投资、募集新股。

(2)投资目的。企业投资者的投资目的一般有两种：一是收益；二是稳定购销关系。作为接受投资的企业，在进行投资分红时，必须事先了解投资者的投资目的，结合投资动机，选择其分配方案。如果属于收益性目的，在分配时就必须考虑投资者的收益预期；如果属于通过投资稳定购销关系，加强分工协作，那么投资分红就处于次要地位，从而分配政策就应侧重于留存而不是分红。

(3)避税。政府对企业利润在征收所得税以后，还要对自然人股东征收个人所得税。许多国家的个人所得税采用累进税率，且边际税率很高。属于高收入阶层的股东为了避税往往反对企业发放较多的股利，属于低收入阶层的股东因个人税负较轻，反而欢迎企业多多分红。需要说明的是我国对股息收入采用20%的比例税率征收个人所得税，因而股票价格上涨比股利更具吸引力。

三、股利政策选择及评价

由于股利政策受多种因素影响,企业在实际财务管理过程中,要综合考虑不同企业、不同时期的特点及各因素的影响程度,确定适合自身的股利政策。股利政策主要有以下几种:

(一)剩余股利政策

所谓剩余股利政策是将股利的分配与企业的资金结构有机的联系起来,即在企业有着良好的投资机会时,首先要根据企业的最佳资金结构(目标资金结构)测算出企业投资所需的权益资本,先从企业的未分配利润中扣除所需增加的权益资本,然后将剩余的未分配利润作为股利予以分配。

剩余股利政策确定股利支付率的程序是:

(1)确定企业目标资金结构,即确定权益资金与债务性资金的比率。

(2)确定目标资金结构下所需的权益性资金数额。

(3)最大限度地使用累积在企业的未分配利润来满足投资方案所需的权益性资金的数额。

(4)投资方案所需要的权益性资金数额已经满足后,如果企业的未分配利润还有剩余,再将其作为股利发放给股东。

【例8.1】 某企业2009年提取了公积金后可供投资者分配的利润为2 500 000元。该企业最佳资金结构为权益资金占70%。负债资金占30%。2000年该企业拟扩大投资,其资本支出额有三种不同水平:2 200 000元、3 200 000元和4 200 000元。企业拟采用剩余股利政策,试计算各种资本支出水平下的权益资金需用额和可发放股利额。

(1)当资本支出为2 200 000元时:

需要权益资金 = 2 200 000 × 70% = 1 540 000(元)

可发放股利额 = 2 500 000 - 1 540 000 = 960 000(元)

股利支付率 = 960 000 ÷ 2 500 000 = 38.4%

(2)当资本支出为3 200 000元时:

需用权益资金 = 3 200 000 × 70% = 2 240 000(元)

可发放股利额 = 2 500 000 - 2 240 000 = 260 000(元)

股利支付率 = 260 000 ÷ 2 500 000 = 10.4%

(3)当资本支出为4 200 000元时:

需用权益资金 = 4 200 000 × 70% = 2 940 000(元)

可发放股利额 = 2 500 000 - 2 940 000 = -440 000(元)

应发行新普通股弥补。股利不能发放,股利支付率为零。

由此可见,剩余股利政策意味着股利发放额每年随投资机会和盈利水平波动。盈利水平一定的情况下,投资机会越多,股利越少;而投资机会越少,股利发放越多。投资机会一定时,盈利越多,股利越多;盈利越少,股利越少。

采用剩余股利政策的理论基础是股利与企业的价值无关论。这一理论认为,只要保持企业的最佳资金结构,使加权平均资金成本最低,就会使企业的价值达到最大,从而使企业的投资报酬率高于股票市场的必要报酬率。一般适用于公司初创期。

(二)固定或持续增长的股利政策

这种政策是指企业股利的发放不受企业经营状况、当期盈利多少的影响,一直维持固定的投资分红额或股利,除非企业预期收益将会有显著的、不可逆转的增长,否则不会提高股利发放额。

采用这种股利政策的优点是:一是稳定的股利向市场传递着企业正常发展的信息,有利于树立企业的良好形象,增强投资者对企业的信心,稳定股票的价格。二是稳定的股利额有利于投资者安排收入和支出,特别是对那些对股利有着很高依赖性的股东更是如此。三是稳定的的股利政策不符合剩余股利理论,但考虑到股票市场会受到多种因素的影响,其中包括股东的心理状态和其他要求,因此为了使股利维持在稳定的水平上,即使推迟某些投资方案或者暂时偏离目标资金结构,也可能要比降低股利或降低股利增长率更为有利。实践证明,一个有固定的股利发放记录,并且稳步发展的企业,必然会受到银行、退休养老金、保险企业等各类投资者的青睐。

这种政策的主要缺点在于固定不变的股利可能会成为企业的一项财务负担,因为股利支付与盈余相脱节。当盈利较低时仍要支付较高的红利,从而易引起企业资金短缺,财务状况恶化;同时,不能像剩余股利政策那样保持较低的资金成本。一般适用于盈余稳定的公司。

(三)固定股利支付率政策

固定股利支付率政策是指企业每年按固定的股利支付率从企业的税后利润中支付股利。由于企业的盈利能力在年度间是经常变动的,因此,每年的股利也应随着企业收益的变动而"水涨船高",保持股利与利润间的一定比率关系,体现风险投资与风险收益的对等关系。

推行这一股利政策的优点是:(1)可避免企业在盈利大幅度降低的年份,因支付较多的固定股利而陷入财务困境;(2)可使股利与企业的盈余紧密地结合,以体现多盈多分、少盈少分、不盈不分的原则;(3)对于实行内部职工持股比例较高的企业,如果采用这种股利政策,可将职工个人的利益与企业的利益紧密地结合起来,充分调动广大职工的积极性和创造性,增强企业活力,提高企业经济效益。这一方面会使企业职工股东的财富稳步增加;另一方面会使企业股价上扬,达到股东财富最大化的目的。

固定股利支付率政策的缺点是:(1)由于每年的股利支付额不稳定,容易使投资者产生企业经营不稳定的感觉,对稳定股票价格也很不利;(2)固定股利支付率政策不像剩余股利政策那样能够保持相对较低的资金成本。该政策往往适用于公司经营稳定的时期。

(四)低正常股利加额外股利政策

这是对上述两种股利政策的一种折中,即企业在一般情况下,每年只支付固定的、数额较低的股利;在盈利较高的年份,再根据企业的盈利状况和实际需要,向股东额外加发一定金额的股利。但额外股利额并不固定化,不意味着企业永久地提高了规定的股利率。

这种股利政策的优点是:(1)具有较大的灵活性,企业在支付股利方面有充分的弹性。当企业盈余较少或投资需用较多资金时,可维持设定的较低但正常的股利,股东不会有股利跌落感;而当盈余有较大幅度增加时,则可适度增发股利,把经济繁荣的部分利益分配给股东,使他们增强对企业的信心,这有利于稳定股票的价格。(2)这种股利政策可使那些依靠股利度日的股东每年至少可以得到虽然较低,但比较稳定的股利收入,从而吸引住这部分股东。因此,在企业的净利润与现金流量不够稳定时,采用这种股利政策对企业和股东都是有利的。现在美国许多大公司都采取这种股利政策。

这一股利政策的不足之处表现在:如果企业经营状况良好,并持续地支付额外股利,很容易提高股东对股利派发的期望水平,从而将额外股利视为正常股利,一旦企业因盈利下降而减少额外股利,便会招致股东不满。

第三节 股利的支付

一、股利的形式

企业在决定发放股利后,便要做出以何种形式发放股利的决策。企业分配股利的形式一般有以下几种。

(一)现金股利形式

它是指用货币资金的形式支付股利。由于投资者一般都希望得到现金股利,而且企业发放股利的多少,直接影响企业股票的市场价格,间接影响企业的筹资能力,因此现金股利是企业最常用的,也是最主要的股利发放方式。但这种形式加大了企业资金流出量,增加企业的支付压力,在特殊情况下,有悖于留存现金用于企业投资与发展的初衷。因此,采用现金股利形式时,企业必须具备两个基本条件:一是企业要有足够的未指明用途的留存收益(未分配利润);二是企业要有足够的现金。

(二)股票股利形式

它是指企业以增发的股票作为股利的支付方式。一般都按现有股东持有股份的比例来分派,对于不满一股的股利,则仍采用现金来分派。具体有增发股票,即可以是在企业注册资本尚未足额时,以其未认购的股票作为股利支付;也可以是发行新股支付股利。在操作上,有的企业增资发行新股时,预先扣除当年应分配股利,减价配售给股东;也有企业发行新股时进行无偿增资配股,即股东不缴纳任何现金和实物,即可取得企业发行的股票。

企业发放的股票股利是一种比较特殊的股利,它既不引起企业资产的流出和负债的增加,也不影响股东权益总额,仅仅是直接将企业的盈利转化为普通股股票股利,即盈利的资本化,是一种增资行为,因而它影响的只是所有者权益各项目的结构发生变化,以及由于普通股股数增加而引起的每股盈余和每股市价的下降,但由于股东所持股份的比例不变,每位股东所持股票的市场价值总额仍保持不变。严格地说,股票股利不能直接称作分红,因为它既没有改变企业所有者权益数量,股东也未收到现金,所以是不应征收个人所得税的。

【例8.2】 红光企业宣布发放10%的股票股利,并规定现有股东每10股可得1股新发放股票,股票面额1元,市价20元。发放股票股利前,企业资产负债表上的股东权益情况如表8.1所示。试列出股票股利发放后资产负债表中股东权益的变化。

表 8.1　红光企业发放股票股利前的股东权益　　　　　　　　　　　单位:元

项目	金额
普通股(面额1元,已发行100 000股)	100 000
资本公积	200 000
未分配利润	1 000 000
股东权益合计	1 300 000

增发10%的股票股利,即增发普通股,股数为

100 000 × 10% = 10 000(股)

随着股票股利的发放,需从"未分配利润"项目中划转出的资金为

10 000 × 20 = 200 000(元)

由于股票面额为1元,增发10 000股,普通股只应增加"普通股"项目10 000元,其余190 000元,应作为股票溢价转至"资本公积"项目。相应的,未分配利润账户要减少200 000元,所以股东权益总额保持不变,股票股利发放后的资产负债表中股东权益各项目如表8.2所示。

表 8.2　红光企业发放股票股利后的股东权益　　　　　　　　　　　单位:元

项目	金额
普通股(面额1元,已发行100 000股)	110 000
资本公积	390 000
未分配利润	800 000
股东权益合计	1 300 000

可见,发放股票股利,不会对企业股东权益总额产生影响,但会发生资金的各股东权益项目之间的再分配。

发放股票股利后,如果盈利总额不变,会由于普通股股数增加而引起每股收益和每股市价的下降;但又由于股东所持股份的比例不变,每位股东所持股票的市场价值总额仍保持不变。这可从下例中得到说明。

【例8.3】　假定上述红光企业本年盈余为220 000元,甲股东持有该企业10 000股普通股,发放股票股利对该股东的影响如表8.3所示。

发放股票股利对每股盈余和每股市价的影响,可以通过以下公式计算为

$$\text{发放股票股利后的每股盈余} = E_0/(1 + D_S)$$

式中,E_0 为发放股票股利前的每股盈余;D_S 为股票股利发放率。

$$\text{发放股票股利后的每股市价} = M/(1 + D_S)$$

式中,M 为股利分配权转移日的每股市价。

表 8.3　发放股票股利对甲股东的影响　　　　　　　　　　　单位:元

项目	发放前	发放后
每股收益(EPS)	220 000 ÷ 100 000 = 2.2	220 000 ÷ 110 000 = 2
每股市价	20	20 ÷ (1 + 10%) = 18.18
持股比例	10 000 ÷ 100 000 = 10%	11 000 ÷ 110 000 = 10%
所持股票总价值	20 × 10 000 = 200 000	18.18 × 11 000 = 200 000

尽管股票股利不直接增加股东的财富,也不增加企业的价值,但对股东和企业都有特殊的意义。

股票股利对股东的意义在于:

(1)如果企业在发放股票股利后同时又发放现金股利,股东会因所持股数的增加而得到更多的现金。

(2)事实上,有时企业发放股票股利后其股价并不成比例下降,一般在发放少量股票股利(如2%~3%)后,大体不会引起股价的立即变化。这可使股东得到股票价值相对上升的好处。

(3)发放股票股利通常由成长中的企业所为,因此投资者往往认为发放股票股利预示着企业将会有较大发展,利润将大幅度增长,足以抵消增发股票带来的消极影响。这种心理会稳定股价甚至使股价略有上升。

(4)在股东需要现金时,可以将分得的股票股利出售,有些国家税法规定出售股票所需交纳的资本利得税率比收到现金股利所需交纳的所得税率低,这使得股东可以从中获得纳税方面的好处。

股票股利对企业的意义在于:

(1)发放股票股利可使股东分享企业的盈余而无须分配现金,这使企业留存了大量现金,便于进行再投资,有利于企业长期发展。

(2)在盈余和现金股利不变的情况下,发放股票股利可以降低每股价值,从而吸引更多的投资者。

(3)发放股票股利往往向社会传递企业将会继续发展的信息,从而提高投资者对企业的信心,在一定程度上稳定股票价格。但在某些情况下,发放股票股利也会被认为是企业资金周转不灵的征兆,从而降低投资者对企业的信心,加剧股价的下跌。

(4)发放股票股利的费用比发放现金股利的费用大,会增加企业负担。

股票股利相比于现金股利,其作用在于:

(1)在企业现金短缺又难以从外部筹措现金时,股票股利可以达到既节约现金支出,又使股东分享利润,从而对企业感到满意的目的。

(2)股票股利有助于企业把股票市价控制在希望的范围内,避免股价过高,而使一些投资者失去购买股票的能力,促进其股票在市场上的交易更为活跃。

(3)股票股利可以使企业保持较高的股利支付比率,又可保留现金,可对投资者的心理产生良好的影响,即传播给投资者企业利润将增加的信号。

(4)对股东来说,虽然企业盈余不增加,股票股利不增加其实际财富,但如果在发放股票股利之后,维持现金股利的发放,则股东可以多得现金收入;或者股权增加,但股价并不成比例下降,股东财富会有所增长。

(三)财产股利

财产股利是以现金以外的资产支付的股利,主要是以公司所拥有的其他企业的有价证券,如债券、股票,作为股利支付给股东。

(四)负债股利

负债股利是公司以负债支付的股利,通常以公司的应付票据支付给股东,不得已情况下也有发行公司债券抵付股利的。

财产股利和负债股利实际上是现金股利的替代。这两种股利方式目前连我国公司实务中很少使用,但并非法律所禁止。

除以上四种股利支付方式以外,还有两种财务政策对股东的收益产生较大的影响,它们是股票分割和股票购回。

第一种,股票分割。

股票分割是指将面额较高的股票交换成面额较低的股票的行为。例如,将原来的一股股票交换成两股股票。股票分割不属于某种股利方式,但其所产生的效果与发放股票股利近似。

股票分割时,发行在外的股数增加,使得每股面额降低,每股盈余下降;但企业价值不变,股东权益总额,权益各项目的金额及其相互间的比例也不会改变。这与发放股票股利时的情况既有相同之处,又有不同之处。

【例8.4】 东风企业在股票分割以前的股东权益如表8.4所示,假定企业管理当局决定实施两股换一股的股票分割方案,股票分割之后的股东权益将如何变化?

表8.4 东风企业股票分割前的股东权益　　　　　　单位:元

普通股(400 000股流通在外,每股面额2元)	800 000
资本公积	4 000 000
未分配利润	4 000 000
股东权益合计	8 800 000

实行股票分割后,普通股每股面额从2元变为1元,股数从400 000股变为800 000股,普通股总值仍为800 000元不变。资本公积、未分配利润均不受影响,股东权益合计也不变。

假定东风企业本年净利润800 000元,那么股票分割前的每股收益为2元(800 000÷400 000);如股票分割后企业净利润不变,分割后的每股收益为1元,每股市价也会因此而下降。

由此可见,除了会计处理不同以外,股票分割与股票股利可以说基本相同。从实务上讲,两者之间的差别很小,一般根据证券管理部门的规定来加以区别。例如,美国纽约证券交易所规定,发行25%以上的股票股利都被认为是股票分割。

股票分割可以降低股票市价,提高投资者兴趣,有利于股票流通,常为新股发行和公司兼并或合并作准备。有的企业认为自己的股票价格过低,还可以通过反分割方式即股票合并提高股票价格。例如,某企业股票市价5元,企业为提高股票市价,决定采用4股换1股新股的反分割行动,结果将使股价由每股5元提高为每股20元。

第二种,股票购回。

股票购回是现金股利的一种替代方式,即企业通过购回股东所持股份的方式将现金分配给股东。股票购回使发行在外的流通股减少,因而能够促使股价上涨。对不少企业而言,与其确定没有把握长期维持的高股利政策,不如把暂时过剩而无适当投资机会的现金以回购的方式分配给股东。但采取回购行动前必须把购回股票的方案公告股东,购回的价格要合理,否则,股票购回后股价下降,会使因故未出售股票的股东发生损失。

【例8.5】 某企业有盈利5 000 000元,流通在外的普通股1 000 000股。企业管理当局计划将其中的2 000 000元盈利分配给股东,拟以每股32元的价格购回62 500股流通在外的股票。目前股票市价为每股30元,预期每股股利2元。如果股票购回前后市盈率保持不变,企业盈利保持不变,那么股票购回将对剩余的股东产生什么影响?

具体分析,如表8.5所示。

表8.5 股票购回对剩余股东的影响分析

	股票购回前	股票购回后
(1)盈余总额	5 000 000元	5 000 000元
(2)流通在外股数	1 000 000股	937 500股
(3)每股盈余[(1)/(2)]	5元	5.33元
(4)市盈率	6	6
(5)每股市价[(3)×(4)]	30元	32元
(6)预期每股股利	2元	0元

从表8.5可以看出,如果企业选择发放现金股利,则股票每股可得32元(30元市价十2元股利),而在股票购回的情况下,股东每股市价也是32元。所差别的是,前者所得的2元股利,在后者是资本利得。如果资本利得税率低于股利收入所得税率,则股票购回可使股东得到更多的实惠。当然,市盈率有可能随股票购回而发生变动,剩余的股东是盈是亏,将取决于市盈率的高低走向。另外,股东对于现金股利和资本利得的偏好也不一致,企业在做股利决策时也要考虑。

在西方国家,企业购回的股票一般作为库藏股票处理。我国法律则规定,除非企业因减少其注册资本的目的或者谋求与持有本企业股票的企业合并,不得购回发行在外的股份,因而购回股票必须注销。

二、股利的支付

股份企业在决定分派股利以后,应由董事会将分派股利的事项向股东宣告。但由于股票可以自由买卖,因此企业的股东也在经常变动。究竟由谁领取股利,必须确定一些必要的时间界限。通常董事会要公布股利宣告日、股权登记日及发放日。

(1)股利宣告日,即董事会宣布发放股利的日期。股份企业董事会一般根据股东大会关于发放股利的决议,确定股利发放的具体政策及有关事宜。在股利宣告日,企业将决定支付的股利总额作为负债确认,同时通知股东办理必要手续,届时领取股利。例如,某公司在2012年2月15日就曾发表声明:"本企业董事会于2012年2月15日开会,并宣布发放每股0.9元的正常股利,另加每股0.75元的额外股利。企业将于2012年3月15日将上述股利支付给那些已在2012年3月10日登记为企业股东的人士。"

(2)股权登记日,即指股份企业规定的能获得此次股利分派的最后日期界限。如前面提到的3月10日,这是决定股东能否取得此项股利的期限。凡在这一天前列于企业股东名册上的股东,都将有权获得此次分派的股利。证券交易所的中央清算系统为股权登记提供了很大的方便,一般在营业结束的当天即可打印出股东名册。

（3）股利发放日,即将股利正式发放给股东的日期,也称为付息日。企业应从付息日开始,以各种手段(如邮寄支票、汇款等)将股利付给股东,同时冲销其负债记录。前文中的企业只有在 2012 年 3 月 15 日才会将股利支票邮寄给名字已列入"股权登记日股东名册"中的股东手中,这就是支付日。

第九章 财务报表分析

第一节 财务报表分析概述

一、财务分析的目的

财务分析是一个判断的过程,其基本功能之一就是识别企业的营运能力、偿付能力、获利能力等在趋势、数量金额及其关系等方面的主要变化(异变性)及其原因所在。异变性的产生,往往预示着企业成功或失败可能出现重大转折的前期警报。在竞争日趋激烈,供求关系瞬息万变的市场环境下,企业欲立于不败之地,必须不断地进行自我剖析,即通过对已往以及当前经营状况与财务状况的分析与评价,了解和掌握企业整体战略发展结构、阶段性管理目标的运行状态,洞察并估测当前及未来发展过程中出现的问题、偏差或潜伏的危险,以采取相应对策,及时调整市场定位策略,严格管理政策与行为规范,确保企业战略发展结构、管理目标的良性协调推进。不仅如此,基于竞争的客观强制,要求企业在确立市场定位,拟定投资方案,规划投资方向、规模、结构以及时间安排时,不仅要知悉自身的竞争地位与资源的支持能力,还必须了解目标市场的结构状况与未来变动趋势,特别是对同业竞争对手以及其他利害相关者的情况要有一个清晰的认识,做到知己知彼。

二、财务分析的主体与内容

企业是不同利益相关者的有机统一体。不同的利益相关者及其利益判断取向的差别性,决定了彼此在对企业财务状况进行分析、评价时,必然有着不同的侧重点。

(一)股东

作为出资人,股东必然高度关心其股权资本的保值与增值状况,即对股权资本的投资回报率产生强烈要求。企业一般性的中小股东,通常更倾向于短期投资操作,尽管他们在投资收益、风险、流动性三要素中,对后两者也非常重视,但更主要地还是期望企业提高股息、红利的发放率,以期推动股价迅速上涨,从而获取资本利得;而对于那些拥有企业控制权的大股东,考虑更多的是如何增强企业竞争实力,扩大市场占有率,降低财务风险与纳税支出,追求投资利益的长期、持续、稳定增长。

(二)债权人

债务偿付期限与利息水平的事先约定性,是借贷契约的基本特征。站在债权人角度,无论是签约前还是签约后,所关注的最大风险因素是:债务人——企业能否依约支付本金与利息。因此,债权人必须将企业的偿付能力,特别是现金流量状况与资产变现质量作为对企业财务分析的着眼点。债权人尽管也会分析企业的营运能力与获利能力,但其目的主要在于通过上述两方面的分析,对企业的偿付能力加以支持、佐证。同时基于实现收益与风险对称关系的原则,债权人显然会对契约有效期间企业风险的变异性予以高度的关注。对于存在商业信用关系的供应商,同样也会将企业的资信程度、特别是现金流量状况作为其评价债务人——企业财务状况首先要考虑的问题。

（三）政府

对于国有企业,政府除了关注投入资本所产生的社会效益外,肯定也要对投资的经济效益予以考虑,即在谋求投入资本保全的前提下,期望企业能够同时为政府带来稳定增长的财政收入。作为股权投资者之一,政府在对企业财务状况进行分析时,与其他股权投资者存在着诸多共性。然而作为社会经济管理机构,又有别于其他的投资者,亦即政府更多地将从社会整体利益最大化角度而对企业的财务状况做出评价。因此,政府分析、考察企业财务状况的目的,不仅在于了解企业资金的使用效率,预测财政收入的增长情况,而且还要借助财务分析,检查企业是否存在违法乱纪、浪费社会资源等问题。

（四）企业决策管理者

作为独立的法人主体,企业经营理财的宗旨在于企业价值与股东财富最大化目标的实现。然而,要达成这一目的,作为企业的决策管理者,不能只是站在股东单方面立场,而必须同时协调处理好与其他各方面利益相关者(债权人、政府、顾客、雇员、供应商)的权责利关系。否则,一旦损害了其他利益相关者的权益,必然会对企业未来的运行产生巨大的阻碍,致使企业价值与股东财富目标无法得以顺利实现。这就要求企业的决策管理者必须站在企业全局角度,对财务运行的各个方面加以关注,亦即必须对企业的营运能力、偿债能力、获利能力以及未来发展能力进行全面考察,以便发现问题,采取对策,规划和调整管理定位,消除企业运行中的不利影响因素,进一步发掘潜力,优化财务资源配置,为企业持续、稳定增长奠定良好的基础。

三、财务分析的方法

对于财务分析人员来说,最重要最有意义的并不是报表资料中的各项具体数据,而是各项数据的联系及变动趋势。揭示财务报表中各项数据的联系及变动趋势的方法即财务分析的方法,主要有以下三种。

（一）比较分析法

比较分析法是指将某项财务指标与性质相同的指标标准进行对比,揭示企业财务状况和经营成果的一种分析方法。选择相关指标的评价标准,是比较分析的重要条件。在比较分析中通常采用的指标评价标准有:

1. 绝对标准

绝对标准是被普遍接受和公认的标准,无论哪个企业、在什么时间或分析的目的是什么,它都是适用的。典型的绝对标准是 2:1 的流动比率和 1:1 的速动比率。这些标准应用得很普遍,因为利用这些标准能揭示企业财务活动与财务风险的一般状况。

2. 行业标准

行业标准就是以企业所在行业的特定指标数值作为财务分析对比的标准,它可以是绝对数,也可以是相对数。在实际工作中的具体做法有多种:(1)本企业的财务指标与同行业公认的标准指标对比;(2)与同行业的先进水平指标对比;(3)与同行业的平均水平指标对比。通过行业标准指标比较，有利于揭示本企业与同行业的差距。

3. 目标标准

目标标准即财务管理的目标，它是在分析影响财务指标的主、客观因素的基础上制定的。如果企业的实际财务指标达不到目标而产生差异，应进一步查明原因，以便改进财务管理工作。

4. 历史标准

历史标准可以是绝对数，也可以是相对数。在财务分析工作中，历史标准的具体运用方式有三种：

(1)期末与期初对比，即本期期末的财务指标的实际数与上期末(本期初)相同指标的实际数进行比较。

(2)与历史同期对比，即本期财务指标的实际数与历史上相同时期的指标进行比较。

(3)与历史最高水平对比，即本期财务指标与该指标历史上曾达到过的最高水平进行比较。财务分析中采用历史标准有利于揭示企业财务状况和经营成果的变化趋势及存在的差距。

采用比较分析法进行财务分析，应注意以下几个问题：

(1)实际财务指标与标准指标的计算口径必须保持一致。所谓计算口径一致，是指实际财务指标所包含的内容、范围要与标准指标保持一致；否则，二者没有可比性。

(2)实际财务指标与标准指标的时间宽容度必须保持一致。所谓时间宽容度一致，是指实际财务指标的计算期限要与标准指标保持一致，如果实际指标是年度指标，那么，标准指标也应是年度指标；否则，二者不可比。

(3)实际财务指标与标准指标的计算方法必须保持一致。这里说的计算方法不仅是指计算指标的程序，而且还包括影响指标的各项因素；否则，二者不可比。

(4)绝对数指标比较与相对数指标比较必须同时进行。因为绝对数指标与企业生产经营规模的大小有直接关系，采用绝对数指标对比虽然能反映出财务指标的表面差异，但不能深入揭示财务现象的内部矛盾，而采用相对数指标对比则能做到这一点。

(二)比率分析法

比率分析法是指利用财务报表中两项相关数值的比率揭示企业财务状况和经营成果的一种分析方法。在财务分析中，比率分析法应用得比较广泛，因为只采用有关数值的绝对值对比不能深入揭示事物的内在矛盾，而采用相对值对比则能做到这一点。例如，甲乙两个企业，年营业利润均为100万元。甲企业的营业收入为1 000万元，乙企业的营业收入为5 000万元。如从营业利润的绝对值来说，两个企业的经营成果相同，但如从营业利润的相对指标来看，实际上则甲企业的营业收入利润率为10%，乙企业的营业收入利润只有2%。可见，比率分析法能恰当地评价企业的财务状况和经营成果，它在财务分析中占有重要的地位。

财务比率有相关比率、结构比率和动态比率。

相关比率是指同一时期财务报表中两项相关数值的比率。这一类比率包括：(1)反映偿债能力的比率，如资产负债率等；(2)反映营运能力的比率，如存货周转率等；(3)反映盈利能力的比率，如资本金利润率等。

结构比率是指财务报表中个别项目数值与全部项目总和的比率。这类比率揭示了部分与整体的关系,通过不同时期结构比率的比较还可以揭示其变化趋势。如存货与流动资产的比率、流动资产与全部资产的比率就属于这一类比率。

动态比率是指财务报表中某个项目不同时期的两项数值的比率。这类比率又分为定基比率和环比比率,分别以不同时期的数值为基础揭示某项财务指标的变化趋势和发展速度。

在财务分析中,比率分析法往往要与下面将要讲到的趋势分析法结合起来,这样才能更加全面、深入地揭示企业的财务状况经营成果及其变动趋势。

(三)趋势分析法

趋势分析法是指利用财务报表提供的数据资料,将各期实际指标与历史指标进行定基对比和环比对比,揭示企业财务状况和经营成果变化趋势的一种分析方法。

采用趋势分析法通常要编制比较财务报表,即将连续数期的同一财务报表并列在一起比较。具体做法有以下两种。

(1)编制绝对数比较财务报表。这种财务报表是按绝对金额编制的,即将一般财务报表的"金额栏"划分成若干期并填列若干期的金额进行比较分析。

(2)编制相对数比较财务报表。这种财务报表是按相对数编制的,即将财务报表上的某一关键项目的金额当作100%,再计算出其他项目对关键项目的百分比,以显示各项目的相对地位。然后把连续若干期按相对数编制的财务报表合并为一张财务报表,以反映各项目结构上的变化。

四、财务分析的局限性

财务分析对于了解企业的财务状况和经营成绩,评价企业的偿债能力和经营能力,帮助制定经济决策,有着显著的作用。但由于种种因素的影响,财务分析也存在着一定的局限性。在分析中,应注意这些局限性的影响,以保证分析结果的正确性。

(一)资料来源的局限性

1. 报表数据的时效性问题

财务报表中的数据,均是企业过去经济活动的结果和总结,用于预测未来发展趋势,只有参考价值,并非绝对合理。

2. 报表数据的真实性问题

在企业形成其财务报表之前,信息提供者往往对信息使用者所关注的财务状况以及对信息的偏好进行仔细分析与研究,并尽力满足信息使用者对企业财务状况和经营成果信息的期望。其结果极有可能使信息使用者所看到的报表信息与企业实际状况相距甚远,从而误导信息使用者的决策。

3. 报表数据的可比性问题

根据会计准则的规定,不同的企业或同一个企业的不同时期都可以根据情况采用不同的会计政策和会计处理方法,使得报表上的数据在企业不同时期和不同企业之间的对比在很多时候失去意义。

4. 报表数据的完整性问题

由于报表本身的原因,其提供的数据是有限的。对报表使用者来说,可能不少需要的信息在报表或附注中根本找不到。

5. 报表数据的可靠性问题

财务报表虽然是按照会计准则编制的,但不一定能准确地反映企业的客观实际。例如:报表数据未按通货膨胀进行调整;某些资产以成本计价,并不代表其现在真实价值;许多支出在记账时存在灵活性,既可以作为当期费用,也可以作为资本项目在以后年度摊销;很多资产以估计值入账,但未必正确;偶然事件可能歪曲本期的损益,不能反映盈利的正常水平。

外部的分析人员虽然不能认定是否存在虚假陈述,但是可以发现一些"危险信号"。对于存有危险信号的报表,分析人员要进行更细致的考察或获取有关的其他信息,对报表的可靠性做出判断。

常见的危险信号包括:

(1)财务报告的形式不规范。不规范的报告其可靠性也应受到怀疑。要注意财务报告是否有遗漏,遗漏违背充分披露原则很可能是不想讲真话引起的;要注意是否及时提供财务报告,不能及时提供报告暗示公司当局与注册会计师存在分歧。

(2)要注意分析数据的反常现象。如无合理的反常原因,则要考虑数据的真实性和一贯性是否有问题。例如,原因不明的会计调整,可能是利用会计政策的灵活性"修饰"报表;与销售相比应收账款异常增加,可能存在提前确认收收入问题;报告收益与经营现金流量的缺口增加,报告收益与应税收益之间的缺口增加,可能存在盈余管理;大额的资产冲销和第4季度的大额调整,可能是中期报告有问题,年底时受到外部审计师的压力被迫在年底调整。

(3)要注意大额的关联方交易。这些交易的价格缺乏客观性,会计估计有较大主观性,可能存在转移利润的动机。

(4)要注意大额资本利得。在经营业绩不佳时,公司可能通过出售长期资产、债转股等交易实现资本利得。

(5)要注意异常的审计报告。无正当理由更换注册会计师,或审计报告附有保留意见,暗示公司的财务报告可能粉饰过度。

(二)财务分析指标的局限性

1. 财务指标体系不严密

每一个财务指标只能反映企业的财务状况或经营状况的某一方面,每一类指标都过分强调本身所反映的方面,导致整个指标体系不严密。

2. 财务指标所反映的情况具有相对性

在判断某个具体财务指标是好还是坏,或根据一系列指标形成对企业的综合判断时,必须注意财务指标本身所反映情况的相对性。因此,在利用财务指标进行分析时,必须掌握好对财务指标的"信任度"。

3. 财务指标的评价标准不统一

比如,对流动比率,人们一般认为指标值为2比较合理,速动比率则认为1比较合适,但许多成功企业的流动比率都低于2，不同行业的速动比率也有很大差别，如采用大量现金销售的企业，几乎没有应收账款，速动比率大大低于1是很正常的。相反，一些应收账款较多的企业，速动比率可能要大于1。因此，在不同企业之间用财务指标进行评价时没有一个统一标准，不便于不同行业间的对比。

4. 财务指标的计算口径不一致

有些财务比率的分子和分母，一个是资产负债表的存量数据，另一个是利润表或现金流量表的流量数据。其中，资产负债表的数据的使用有三种选择：一是直接使用期末数，好处是简单，缺点是一个时点数据缺乏代表性；二是使用年末和年初的平均数，两个时点数据平均后代表性增强，但也增加了工作量；三是使用各月的平均数，好处是代表性明显增强，缺点是工作量更大并且外部分析不一定能得到各月的数据。

为了简便，本章后面遇到类似情况，举例时将使用资产负债表的期末数，它不如平均数更合理。

第二节 基本财务指标分类

为了能从整体上了解企业的财务状况，本节把企业基本财务指标通过列表形式反映在表9.1中，为进行企业财务分析提供基础理论知识。

表9.1 企业财务指标明细表

类型	指标	计算公司
偿债能力	资产负债率	负债总额÷资产总额
	产权比率	负债总额÷所有者权益总额
	已获利息倍数	息税前利润÷利息
	流动比率	流动资产÷流动负债
	速动比率	速动资产÷流动负债=（速动资产-存货）÷流动负债
	现金比率	现金÷流动负债=（速动资产-应收账款）÷流动负债
营运能力	营业周期	存货周转天数+应收账款周转天数-应付账款周转天数
	存货周转天数	存货周转率（次数）=营业成本÷平均存货
		存货周转天数=360天÷存货周转率（次数）
	应收账款周转天数	应收账款周转率（次数）=营业收入÷平均应收账款
		应收账款周转天数=360天÷应收账款周转率（次数）
	资产周转率	营业收入÷平均资产总额
	流动资产周转率	营业收入÷平均流动资产
	固定资产周转率	营业收入÷平均固定资产
盈利能力	净资产收益率（所有者权益报酬率）（股东权益净利率）	净利润÷所有者权益总额
	资产净利率（投资利润率）	净利润÷资产总额
	销售净利率	净利润÷营业收入
	销售毛利率	销售毛利÷营业收入=（营业收入-营业成本）÷营业收入

续表9.1

类型	指标	计算公司
上市公司特有指标	每股收益(每股盈余)	净利润÷普通股股数
	每股股利	现金股利总额÷普通股股数
	股利支付率	每股股利÷每股收益
	每股净资产	所有者权益总额÷普通股股数
	市盈率	每股市价÷每股收益
	市净利	每股市价÷每股净资产
综合分析	杜邦综合分析法	
	沃尔比重评分法	

第三节 基本财务比率分析

财务报表中有大量的数据,可以组成许多有意义的财务比率。这些比率涉及企业经营管理的各个方面。这些财务比率大体上可以分为三类:偿债能力比率、资产管理比率和盈利能力比率。

一、财务分析基础数据

为了便于说明财务比率的计算和分析方法,本章将使用ABC股份有限公司(以下简称"ABC公司")的财务报表数据作为举例。该公司的资产负债表、利润表、现金流量表和股东权益变动表如表9.2、表9.3、表9.4和表9.5所示。为计算简便,这些数据是假设的。

表9.2 资产负债表

编制单位:ABC公司　　　　　2011年12月31日　　　　　　　　单位:万元

资产	年末余额	年初余额	负债及股东权益	年末余额	年初余额
流动资产:			流动负债:		
货币资金	50	25	短期借款	60	45
交易性金融资产	6	12	交易性金融负债		
应收票据	8	11	应付票据	5	4
应收账款	398	199	应付账款	100	109
预付账款	22	4	预收账款	10	4
应收股利	0	0	应付职工薪酬	2	
应收利息	0	0	应交税费	5	4
其他应收款	12	22	应付利息	12	16
存货	119	326	应付股利	28	10
待摊费用	32	7	其他应付款	14	13
一年内到期的非流动资产	45	4	预提费用	9	5
其他流动资产	8	0	预计负债	2	4
流动资产合计	700	610	一年内到期的非流动负债	50	0

续表9.2

资　产	年末余额	年初余额	负债及股东权益	年末余额	年初余额
			其他流动负债	3	5
			流动负债合计	300	220
			非流动负债:		
非流动资产:			长期借款	450	245
可供出售金融资产	0	45	应付债券	240	260
持有至到期投资			长期应付款	50	60
长期股权投资	30	0	专项应付款	0	0
长期应收款			递延所得税负债	0	0
固定资产	1 238	955	其他非流动负债	0	15
在建工程	18	35	非流动负债合计	750	580
固定资产清理		12	负债合计	1 040	800
无形资产	6	8	股东权益:		
开发支出			股本	100	100
商誉			资本公积	10	10
长期待摊费用	5	15	盈余公积	100	40
递延所得税资产	0	0	未分配利润	750	730
其他非流动资产	3	0	减:库存股	0	0
非流动资产合计	1 300	1 070	股东权益合计	960	880
资产总计	2 000	1 680	负债及股东权益总计	2 000	1 680

表9.3　利润表

编制单位:ABC公司　　　　　　　　　2011年度　　　　　　　　　单位:万元

项　目	本年金额	上年金额
一、营业收入	3 000	2 850
减:营业成本	2 644	2 503
营业税金及附加	28	28
销售费用	22	20
管理费用	46	40
财务费用	110	96
资产减值损失	0	0
加:公允价值变动收益	0	0
投资收益	6	0
二、营业利润	156	163
加:营业外收入	45	72
减:营业外支出	1	0
三、利润总额	200	235
减:所得税费用	64	75
四、净利润	136	100

表9.4　现金流量表

编制单位：ABC公司　　　　　　　　2011年度　　　　　　　　单位：万元

项　目	金额
一、经营活动产生的现金流量：	
销售商品、提供劳务收到的现金	2 810
收到的税费返还	
收到其他与经营活动有关的现金	10
经营活动现金流入小计	2 820
购买商品、接受劳务支付的现金	2 363
支付给职工以及为职工支付的现金	29
支付的各项税费	91
支付其他与经营活动有关的现金支出	14
经营活动现金流出小计	2 497
经营活动产生的现金流量净额	323
二、投资活动产生的现金流量：	
收回投资收到的现金	4
取得投资收益收到的现金	6
处置固定资产、无形资产和其他长期资产收回现金净额	12
处置子公司及其他营业单位收到的现金净额	
收到其他与投资活动有关的现金	
投资活动现金流入小计	22
购置固定资产、无形资产和其他长期资产支付的现金	369
投资支付的现金	30
支付其他与投资活动有关的现金	
投资活动现金流出小计	399
投资活动产生的现金流量净额	-377
三、筹资活动产生的现金流量：	
吸收投资收到的现金	
取得借款收到的现金	270
收到其他与筹资活动收到的现金	
筹资活动现金流入小计	270
偿还债务支付的现金	20
分配股利、利润或偿付利息支付的现金	152
支付其他与筹资活动有关的现金	25
筹资活动现金流出小计	197
筹资活动产生的现金流量净额	73
四、汇率变动对现金及现金等价物的影响	
五、现金及现金等价物净增加额	19
加：期初现金及现金等价物余额	37
六、期末现金及现金等价物余额	56
补充资料	
1.将净利润调节为经营活动现金流量：	
净利润	136
加：资产减值准备	

续表9.4

项目	金额
固定资产折旧、油气资产折耗、生产性生物资产折旧	100
无形资产摊销	2
长期待摊费用摊销	-11
处置固定资产、无形资产和其他长期资产的损失(收益以"-"号填列)	
固定资产报废损失(收益以"-"号填列)	
公允价值变动损失(收益以"-"号填列)	
财务费用(收益以"-"号填列)	110
投资损失(收益以"-"号填列)	-6
递延所得税资产减少(增加以"-"号填列)	
递延所得税负债增加(减少以"-"号填列)	
存货的减少(增加以"-"号填列)	207
经营性应收项目的减少(增加以"-"号填列)	-212
经营性应付项目的增加(减少以"-"号填列)	-3
其他	
1.经营活动产生的现金流量净额	323
2.不涉及现金收支的投资和筹资活动:	
债务转为资本	
一年内到期的可转换公司债券	
融资租入固定资产	
3.现金及现金等价物净增加情况:	
现金的期末余额	56
减:现金的期初余额	37
加:现金等价物的期末余额	
减:现金等价物的期初余额	
现金及现金等价物净增加额	19

表9.5　股东权益变动表

编制单位:ABC公司　　　　　　2011年度　　　　　　单位:万元

项　目	本年金额						上年金额
	股本	资本公积	减:库存	盈余公积	未分配利润	股东权益合计	(略)
一、上年年末余额	100	10		40	730	880	
加:会计政策变更							
前期差错更正							
二、本年年初余额	100	10		40	730	880	
三、本年增减变动金额							
(一)净利润					136	136	
(二)直接计入股东权益的利得和损失							
1.可供出售金融资产公允价值变动净额							
2.权益法下被投资单位其他股东权益变动的影响							
3.与计入股东权益项目相关的所得税影响							

续表9.5

项目	股本	资本公积	减：库存	盈余公积	未分配利润	股东权益合计	上年金额（略）
	本年金额						上年金额
4.其他							
上述(一)和(二)小计					136	136	
(三)所有者投入和减少资本							
1.所有者投入资本							
2.股份支付计入股东权益的金额							
3.其他							
(四)利润分配							
1.提取盈余公积				60	-60	0	
2.对股东的分配					-56	-56	
3.其他							
(五)股东权益的内部结转							
1.资本公积转增股本							
2.盈余公积转增股本							
3.盈余公积弥补亏损							
4.其他							
四、本年年末余额	100	10	0	100	750	900	

二、偿债能力分析

企业偿债能力是指企业对各种到期债务偿付的能力。偿债能力如何,是衡量一个企业财务状况好坏的重要标志。企业财务管理人员、投资者、债权人都非常重视企业偿债能力,因此,财务分析首先要对企业偿债能力进行分析。偿债能力分析包括短期偿债能力分析和长期偿债能力分析。

偿债能力的衡量方法有两种:一种是比较债务与可供偿债资产的存量,资产存量超过债务存量较多,则认为偿债能力强;另一种是比较偿债所需现金和经营活动产生的现金流量,如果产生的现金超过需要的现金较多,则认为偿债能力强。

（一）短期偿债能力比率

1.短期债务与可偿债资产的存量比较

企业短期债务的存量,是资产负债表中列示的各项流动负债年末余额。可以用来偿还这些债务的资产,是资产负债表中列示的流动资产年末余额。流动负债需要在一年内用现金偿还,流动资产将在一年内变成现金,因此两者的比较可以反映短期偿债能力。

（1）流动比率。流动比率是全部流动资产与流动负债的比值。其计算公式为

$$流动比率 = 流动资产/流动负债$$

根据ABC公司的财务报表数据：

$$本年流动比率 = 700/300 = 2.33$$
$$上年流动比率 = 610/220 = 2.77$$

流动比率假设全部流动资产都可以用于偿还短期债务,表明每1元流动负债有多少流

动资产作为偿债的保障。ABC公司的流动比率降低了0.44(2.77-2.33),即为每1元流动负债提供的流动资产保障减少了0.44元。

流动比率是相对数,排除了企业规模不同的影响,更适合同业比较以及本企业不同历史时期的比较。流动比率的计算简单,得到广泛应用。

不存在统一的、标准的流动比率数值。不同行业的流动比率,通常有明显差别。营业周期越短的行业,合理的流动比率越低。过去很长时期,人们认为生产型企业合理的最低流动比率是2。这是因为流动资产中变现能力最差的存货金额约占流动资产总额的一半,剩下的流动性较好的流动资产至少要等于流动负债,才能保证企业最低的短期偿债能力。这种认识一直未能从理论上证明。最近几十年,企业的经营方式和金融环境发生很大变化,流动比率有降低的趋势,许多成功企业的流动比率都低于2。

流动比率有某些局限性,在使用时应注意:流动比率假设全部流动资产都可以变为现金并用于偿债,全部流动负债都需要还清。实际上,有些流动资产的账面金额与变现金额有较大差异,如产成品等;经营性流动资产是企业持续经营所必需的,不能全部用于偿债;经营性应付项目可以滚动存续,无需动用现金全部结清。因此,流动比率是对短期偿债能力的粗略估计。

(2)速动比率。构成流动资产的各个项目的流动性有很大差别。其中的货币资金、交易性金融资产和各种应收、预付款项等,可以在较短时间内变现,称之为速动资产。另外的流动资产,包括存货、待摊费用、一年内到期的非流动资产及其他流动资产等,称为非速动资产。

非速动资产的变现时间和数量具有较大的不确定性:①存货的变现速度比应收款项要慢得多;部分存货可能已损失报废还没做处理,或者已抵押给某债权人,不能用于偿债;存货估价有多种方法,可能与变现金额相差悬殊。②待摊费用不能出售变现。③一年内到期的非流动资产和其他流动资产的数额有偶然性,不代表正常的变现能力。因此,将可偿债资产定义为速动资产,计算出来的短期债务存量比率更令人可信。

速动资产与流动负债的比值,称为速动比率,其计算公式为
$$速动比率 = 速动资产/流动负债$$
根据ABC公司的财务报表数据:

本年速动比率 = (50+6+8+398+22+12)/300 = 1.65

上年速动比率 = (25+12+11+199+4+22)/220 = 1.24

速动比率假设速动资产是可以用于偿债的资产,表明每1元流动负债有多少速动资产作为偿还保障。ABC公司的速动比率比上年提高了0.41,说明为每1元流动负债提供的速动资产保障增加了0.41元。

如同流动比率一样,不同行业的速动比率有很大差别。例如,采用大量现金销售的商店,几乎没有应收账款,速动比率大大低于1是很正常的。相反,一些应收账款较多的企业,速动比率可能要大于1。

影响速动比率可信性的重要因素是应收账款的变现能力。账面上的应收账款不一定都能变成现金,实际坏账可能比计提的准备要多;季节性的变化,可能使报表上的应收账款数额不能反映平均水平。这些情况,外部分析人不易了解,而内部人员却有可能做出估计。

(3)现金比率。速动资产中,流动性最强、可直接用于偿债的资产称为现金资产。现金

资产包括货币资金、交易性金融资产等。它们与其他速动资产有区别,其本身就是可以直接偿债的资产,而非速动资产需要等待不确定的时间,才能转换为不确定数额的现金。

现金资产与流动负债的比值称为现金比率,其计算公式为

$$现金比率 = (货币资金 + 交易性金融资产) / 流动负债$$

根据ABC公司的财务报表数据:

$$本年现金比率 = (50 + 6) / 300 = 0.19$$
$$上年现金比率 = (25 + 12) / 220 = 0.17$$

现金比率假设现金资产是可偿债资产,表明1元流动负债有多少现金资产作为偿还保障。ABC公司的现金比率比上年增加0.02,说明企业为每1元流动负债提供的现金资产保障增加了0.02元。

2. 短期债务与现金流量的比较

短期债务的数额是偿债需要的现金流量,经营活动产生的现金流量是可以偿债的现金流量,两者相除称为现金流量比率。其计算公式为:

现金流量比率 = 经营现金流量/流动负债

根据ABC公司的财务报表数据:

现金流量比率(平均负债) = $323 / [(300 + 220) / 2] = 1.24$

现金流量比率(期末负债) = $323 / 300 = 1.08$

公式中的"经营现金流量",通常使用现金流量表中的"经营活动产生的现金流量净额"。它代表了企业产生现金的能力,已经扣除了经营活动自身所需的现金流出,是可以用来偿债的现金流量。

公式中的"流动负债",通常使用资产负债表中的"流动负债"的年初与年末的平均数。为了简便,也可以使用期末数。

现金流量比率表明每1元流动负债的经营现金流量保障程度。该比率越高,偿债越有保障。

3. 影响短期偿债能力的其他因素

上述短期偿债能力比率,都是根据财务报表中资料计算的。还有一些表外因素也会影响企业的短期偿债能力,甚至影响相当大。财务报表的使用人应尽可能了解这方面的信息,有利于做出正确的判断。

第一,增强短期偿债能力的因素。

增强短期偿债能力的表外因素主要有:

(1)可动用的银行贷款指标:银行已同意、企业未办理贷款手续的银行贷款限额,可以随时增加企业的现金,提高支付能力。这一数据不反映在财务报表中,但会在董事会决议中披露。

(2)准备很快变现的非流动资产:企业可能有一些长期资产可以随时出售变现,而不出现在"一年内到期的非流动资产"项目中。例如,储备的土地、未开采的采矿权、目前出租的房产等,在企业发生周转困难时,将其出售并不影响企业的持续经营。

(3)偿债能力的声誉:如果企业的信用很好,在短期偿债方面出现暂时困难比较容易筹集到短缺的现金。

第二,降低短期偿债能力的因素。

降低短期偿债能力的表外因素有：

(1)与担保有关的或有负债，如果它的数额较大并且可能发生，就应在评价偿债能力时给予关注。

(2)经营租赁合同中承诺的付款，很可能是需要偿付的义务。

(3)建造合同、长期资产购置合同中的分阶段付款，也是一种承诺，应视同需要偿还的债务。

(二)长期偿债能力比率

1. 总债务存量比率

从长期来看，所有的债务都要偿还。因此，反映长期偿债能力的存量比率是总债务、总资产和股东权益之间比例关系。常用比率包括：资产负债率、产权比率、权益乘数和长期资本负债率。

(1)资产负债率。资产负债率是负债总额占资产总额的百分比，其计算公式为

$$资产负债率 = (负债/资产) \times 100\%$$

根据 ABC 公司的财务报表数据：

$$本年资产负债率 = (1\,040/2\,000) \times 100\% = 52\%$$
$$上年资产负债率 = (800/1\,680) \times 100\% = 48\%$$

资产负债率反映总资产中有多大比例是通过负债取得的。它可以衡量企业在清算时保护债权人利益的程度。资产负债率越低，企业偿债越有保证，贷款越安全。资产负债率还代表企业的举债能力。一个企业的资产负债率越低，举债越容易。如果资产负债率高到一定程度，没有人愿意提供贷款了，则表明企业的举债能力已经用尽。

通常，资产在破产拍卖时的售价不到账面价值的50%，因此资产负债率高于50%则债权人的利益就缺乏保障。各类资产变现能力有显著区别，房地产变现的价值损失小，专用设备则难以变现。不同企业的资产负债率不同，与其持有的资产类别有关。

(2)产权比率和权益乘数。产权比率和权益乘数是资产负债率的另外两种表现形式，它和资产负债率的性质一样。其计算公式为

$$产权比率 = 负债总额/股东权益$$
$$权益乘数 = 总资产/股东权益 = 1 + 产权比率 = 1/(1 - 资产负债率)$$

产权比率表明1元股东权益借入的债务数额。权益乘数表明1元股东权益拥有的总资产。它们是两种常用的财务杠杆计量，可以反映特定情况下资产利润率和权益利润率之间的倍数关系。财务杠杆表明债务的多少，与偿债能力有关，并且可以表明权益净利率的风险，也与盈利能力有关。

(3)长期资本负债率。长期资本负债率是指非流动负债占长期资本的百分比，其计算公式为

$$长期资本负债率 = [非流动负债/(非流动负债 + 股东权益)] \times 100\%$$

根据 ABC 公司的财务报表数据：

$$本年长期资本负债率 = [740/(740 + 960)] \times 100\% = 44\%$$
$$上年长期资本负债率 = [580/(580 + 880)] \times 100\% = 40\%$$

长期资本负债率反映企业长期资本的结构。由于流动负债的数额经常变化，资本结构

管理大多使用长期资本结构。

2. 总债务流量比率

(1) 利息保障倍数。利息保障倍数是指息税前利润为利息费用的倍数。其计算公式为

利息保障倍数 = 息税前利润/利息费用 = (净利润 + 利息费用 + 所得税费用)/利息费用

根据 ABC 公司的财务报表数据：

$$本年利息保障倍数 = (136 + 110 + 64)/110 = 2.82$$
$$上年利息保障倍数 = (160 + 96 + 75)/96 = 3.45$$

通常，可以用财务费用的数额作为利息费用，也可以根据报表附注资料确定更准确的利息费用数额。

长期债务不需要每年还本，却需要每年付息。利息保障倍数表明1元债务利息有多少倍的息税前收益作保障，它可以反映债务政策的风险大小。如果企业一直保持按时付息的信誉，则长期负债可以延续，举借新债也比较容易。利息保障倍数越大，利息支付越有保障。如果利息支付尚且缺乏保障，归还本金就很难指望。因此，利息保障倍数可以反映长期偿债能力。

如果利息保障倍数小于1，表明自身产生的经营收益不能支持现有的债务规模。利息保障倍数等于1也是很危险的，因为息税前利润受经营风险的影响，是不稳定的，而利息的支付却是固定数额。利息保障倍数越大，公司拥有的偿还利息的缓冲资金越多。

(2) 现金流量利息保障倍数。现金流量基础的利息保障倍数，是指经营现金流量为利息费用的倍数。其计算公式为

现金流量利息保障倍数 = 经营现金流量/利息费用

根据 ABC 公司的财务报表数据：

$$本年现金流量利息保障倍数 = 323/110 = 2.94$$

现金基础的利息保障倍数表明，1元的利息费用有多少倍的经营现金流量作保障。它比收益基础的利息保障倍数更可靠，因为实际用以支付利息的是现金，而不是收益。

(3) 现金流量债务比。现金流量与债务比，是指经营活动所产生的现金净流量与债务总额的比率。其计算公式为

经营现金流量与债务比 = (经营现金流量/债务总额) × 100%

根据 ABC 公司的财务报表数据：

$$本年经营现金流量与期末债务比 = (323/1\ 040) \times 100\% = 31\%$$

公式中的"债务总额"，一般情况下使用年末和年初的加权平均数，为了简便，也可以使用期末数。

该比率表明企业用经营现金流量偿付全部债务的能力。比率越高，承担债务总额的能力越强。

3. 影响长期偿债能力的其他因素

上述衡量长期偿债能力的财务比率是根据财务报表数据计算的，还有一些表外因素影响企业的长期偿债能力，必须引起足够的重视。

(1) 长期租赁。当企业急需某种设备或厂房而又缺乏足够的资金时，可以通过租赁的方式解决。财产租赁的形式包括融资租赁和经营租赁。融资租赁形成的负债大多会反映于资产负债表，而经营租赁则没有反映于资产负债表。当企业的经营租赁量比较大、期限

比较长或具有经常性时,就形成了一种长期性筹资,这种长期性筹资,到期时必须支付租金,会对企业的偿债能力产生影响。因此,如果企业经常发生经营租赁业务,应考虑租赁费用对偿债能力的影响。

(2)债务担保。担保项目的时间长短不一,有的涉及企业的长期负债,有的涉及企业的流动负债。在分析企业长期偿债能力时,应根据有关资料判断担保责任带来的潜在长期负债问题。

(3)未决诉讼。未决诉讼一旦判决败诉,便会影响企业的偿债能力,因此在评价企业长期偿债能力时要考虑其潜在影响。

三、资产管理比率

资产管理比率又叫营运能力比率,是衡量公司资产管理效率的财务比率。常用的有:应收账款周转率、存货周转率、流动资产周转率、非流动资产周转率、总资产周转率和营运资本周转率等。

(一)应收账款周转率

应收账款周转率是应收账款与销售收入的比率。它有三种表示形式:应收账款周转次数、应收账款周转天数和应收账款与收入比。其计算公式为

$$应收账款周转次数 = 销售收入/应收账款$$

$$应收账款周转天数 = 365/(销售收入/应收账款)$$

$$应收账款与收入比 = 应收账款/销售收入$$

根据 ABC 公司的财务报表数据:

$$本年应收账款周转天数 = 365/(3\,000/398) = 48.4(天)$$

$$上年应收账款周转天数 = 365/(2\,850/199) = 25.5(天)$$

应收账款周转次数,表明应收账款一年中周转的次数,或者说明1元应收账款投资支持的销售收入。应收账款周转天数,也称为应收账款的收现期,表明从销售开始到回收现金平均需要的天数。应收账款与收入比,可以表明1元销售收入需要的应收账款投资。

在计算和使用应收账款周转率时应注意以下问题:

(1)销售收入的赊销比例问题。从理论上说应收账款是赊销引起的,其对应的流量是赊销额,而非全部销售收入。因此,计算时应使用赊销额取代销售收入。但是,外部分析人无法取得赊销的数据,只好直接使用销售收入计算。实际上相当于假设现金销售是收现时间等于零的应收账款。只要现金销售与赊销的比例是稳定的,不妨碍与上期数据的可比性,只是一贯高估了周转次数。问题是与其他企业比较时,不知道可比企业的赊销比例,也就无从知道应收账款是否可比。

(2)应收账款年末余额的可靠性问题。应收账款是特定时点的存量,容易受季节性、偶然性和人为因素影响。在应收账款周转率用于业绩评价时,最好使用多个时点的平均数,以减少这些因素的影响。

(3)应收账款的减值准备问题。统一财务报表上列示的应收账款是已经提取减值准备后的净额,而销售收入并没有相应减少。其结果是,提取的减值准备越多,应收账款周转天数越少。这种周转天数的减少不是好的业绩,反而说明应收账款管理欠佳。如果减值准备

的数额较大,就应进行调整,使用未提取坏账准备的应收账款计算周转天数。报表附注中应披露应收账款减值的信息,可作为调整的依据。

(4)应收票据是否计入应收账款周转率。大部分应收票据是销售形成的。只不过是应收账款的另一种形式,应将其纳入应收账款周转天数的计算,称为"应收账款及应收票据周转天数"。

(5)应收账款周转天数是否越少越好。应收账款是赊销引起的,如果赊销有可能比现金销售更有利,周转天数就不会越少越好。收现时间的长短与企业的信用政策有关。例如,甲企业的应收账款周转天数是18天,信用期是20天;乙企业的应收账款周转天是15天,信用期是10天。前者的收款业绩优于后者,尽管其周转天数较多。改变信用政策,通常会引起企业应收账款周转天数的变化。信用政策的评价涉及多种因素,不能仅仅考虑周转天数的缩短。

(6)应收账款分析应与销售额分析、现金分析联系起来。应收账款的起点是销售,终点是现金。正常的情况是销售增加引起应收账款增加,现金的存量和经营现金流量也会随之增加。如果一个企业应收账款日益增加,而销售和现金日益减少,则可能是销售出了比较严重的问题,可能放宽了信用政策,甚至随意发货,而现金收不回来。

总之,应当深入到应收账款的内部,并且要注意应收账款与其他问题的联系,才能正确评价应收账款周转率。

(二)存货周转率

存货周转率是销售收入与存货的比值。也有三种计量方式,其计算公式为

$$存货周转次数 = 销售收入/存货$$
$$存货周转天数 = 365/(销售收入/存货)$$
$$存货与收入比 = 存货/销售收入$$

根据ABC公司的财务报表数据:

$$本年存货周转天数 = 365/(3\ 000/119) = 14.5(天)$$
$$上年存货周转天数 = 365/(2\ 850/326) = 41.8(天)$$

在计算和使用存货周转率时,应注意以下问题:

(1)计算存货周转率时,使用"销售收入"还是"销售成本"作为周转额,要看分析的目的。在短期偿债能力分析中,为了评估资产的变现能力需要计量存货转换为现金的数量和时间,应采用"销售收入"。在分解总资产周转率时,为系统分析各项资产的周转情况并识别主要的影响因素,应统一使用"销售收入"计算周转率。如果是为了评估存货管理的业绩,应当使用"销售成本"计算存货周转率,使其分子和分母保持口径一致。实际上,两种周转率的差额是毛利引起的,用哪一个计算都能达到分析目的。

依ABC公司的数据,两种计算方法可以转换如下:

本年存货(成本)周转次数 = 销售成本/存货 = 2 644/119 = 22.22(次)
本年存货(收入)周转次数×成本率 = 25.21×88.13% = 22.22(次)

(2)存货周转天数不是越低越好。存货过多会浪费资金,存货过少不能满足流转需要,在特定的生产经营条件下存在一个最佳的存货水平,所以存货不是越少越好。

(3)应注意应付款项、存货和应收账款(或销售)之间的关系。一般说来,销售增加会

拉动应收账款、存货、应付账款增加,不会引起周转率的明显变化。但是,当企业接受一个大的订单时,先要增加采购,然后依次推动存货和应收账款增加,最后才引起收入上升。因此,在该订单没有实现销售以前,先表现为存货等周转天数增加。这种周转天数增加,没有什么不好。与此相反,预见到销售会萎缩时,先行减少采购,依次引起存货周转天数等下降。这种周转天数下降不是什么好事,并非资产管理的改善。因此,任何财务分析都以认识经营活动的本来面目为目的,不可根据数据的高低作简单结论。

(4)应关注构成存货的产成品、自制半成品、原材料、在产品和低值易耗品之间的比例关系。各类存货的明细资料以及存货重大变动的解释,在报表附注中应有披露。正常的情况下,它们之间存在某种比例关系。如果产成品大量增加,其他项目减少,很可能是销售不畅,放慢了生产节奏。此时,总的存货金额可能并没有显著变动,甚至尚未引起存货周转率的显著变化。因此,在分析时既要重点关注变化大的项目,也不能完全忽视变化不大的项目,其内部可能隐藏着重要问题。

(三)流动资产周转率

流动资产周转率是销售收入与流动资产的比值,也有三种计量方式,其计算公式为

$$流动资产周转次数 = 销售收入/流动资产$$

$$流动资产周转天数 = 365/(销售收入/流动资产) = 365/流动资产周转次数$$

$$流动资产与收入比 = 流动资产/销售收入$$

根据 ABC 公司的财务报表数据:

$$本年流动资产周转天数 = 365/(3\,000/700) = 85.2(天)$$

$$上年流动资产周转天数 = 365/(2\,850/610) = 78.1(天)$$

流动资产周转次数,表明流动资产一年中周转的次数,或者说是1元流动资产所支持的销售收入。流动资产周转天数表明流动资产周转一次所需要的时间,也就是期末流动资产转换成现金平均所需要的时间。流动资产与收入比,表明1元收入所需要的流动资产投资。

通常,流动资产中应收账款和存货占绝大部分,因此它们的周转状况对流动资产周转具有决定性影响。

(四)非流动资产周转率

非流动资产周转率是销售收入与非流动资产的比值,也有三种计量方式,其计算公式为

$$非流动资产周转次数 = 销售收入/非流动资产$$

$$非流动资产周转天数 = 365/(销售收入/非流动资产) = 365/非流动资产周转次数$$

$$非流动资产与收入比 = 非流动资产/销售收入$$

根据 ABC 公司的财务报表数据:

$$本年非流动资产周转天数 = 365/(3\,000/1\,300) = 158.2(天)$$

$$上年非流动资产周转天数 = 365/(2\,850/1\,070) = 137(天)$$

非流动资产周转率反映非流动资产的管理效率。分析时主要是针对投资预算和项目管理,分析投资与其竞争战略是否一致,收购和剥离政策是否合理等。

(五)总资产周转率

总资产周转次数表示总资产在一年中周转的次数。其计算公式为

$$总资产周转率 = 销售收入/总资产$$

例如，ABC公司本年资产周转次数 = 3 000/2 000 = 1.5(次)

在销售利润率不变的条件下，周转的次数越多，形成的利润越多，所以它可以反映盈利能力。它也可以理解为1元资产投资所产生的销售额。产生的销售额越多，说明资产的使用和管理效率越高。习惯上，总资产周转次数又称为总资产周转率。

以时间长度表示的总资产周转率，称为总资产周转天数。其计算公式为

$$总资产周转天数 = 365/(销售收入/总资产) = 365/总资产周转次数$$

总资产周转天数表示总资产周转一次所需要的时间。时间越短，总资产的使用效率越高，盈利性越好。

四、盈利能力比率

(一)销售利润率

销售利润率是指净利润与销售收入的比率，通常用百分数表示，其计算公式为

$$销售利润率 = (净利润/销售收入) \times 100\%$$

根据ABC公司的财务报表数据得

$$本年销售利润率 = (136/3\,000) \times 100\% = 4.533\,3\%$$
$$上年销售利润率 = (160/2\,850) \times 100\% = 5.614\,0\%$$
$$变动 = 4.533\,33\% - 5.614\,0\% = -1.080\,7\%$$

"销售收入"是利润表的第一行数字，"净利润"是利润表的最后一行数字，两者相除可以概括企业的全部经营成果。它表明1元销售收入与其成本费用之间可以"挤"出来的净利润。该比率越大则企业的盈利能力越强。

销售利润率又被称为"销售净利率"或简称"利润率"。通常，在"利润"前面没有加任何定语，就是指"净利润"；某个利润率，如果前面没有指明计算比率使用的分母，则是指以销售收入为分母。

(二)资产利润率

资产利润率是指净利润与总资产的比率，它反映公司从1元受托资产(不管资金来源)中得到的净利润。其计算公式为

$$资产利润率 = (净利润/总资产) \times 100\%$$

根据ABC公司的财务报表数据：

$$本年资产利润率 = (136/2\,000) \times 100\% = 6.8\%$$
$$上年资产利润率 = (160/1\,680) \times 100\% = 9.523\,8\%$$
$$变动 = 6.8\% - 9.523\,8\% = -2.723\,8\%$$

资产利润率是企业盈利能力的关键。虽然股东的报酬由资产利润率和财务杠杆共同决定，但提高财务杠杆会同时增加企业风险，往往并不增加企业价值。此外，财务杠杆的提高有诸多限制，企业经常处于财务杠杆不可能再提高的临界状态。因此，驱动权益净利率的基本动力是资产利润率。

公式中的"总资产"的计量有三种选择：(1)使用年末总资产，其缺点是年内变化大时不具有代表性；(2)使用年末与年初平均数，季节性企业的期末数较低，代表性也不理想；

(3)使用12个月末的平均数,外部分析人的数据来源有问题,也比较麻烦。凡是财务比率的分子和分母,一个是期间流量数据,另一个是期末存量数据,在确定存量数据时都会遇到类似问题。本书举例时使用期末数据只是为了简便,它不如平均数合理。

影响资产利润率的驱动因素是销售利润率和资产周转率,即

$$资产利润率 = \frac{净利润}{总资产} = \frac{净利润}{销售收入} \times \frac{销售收入}{总资产} = 销售利润率 \times 总资产周转次数$$

总资产周转次数是1元资产创造的销售收入,销售利润率是1元销售收入创造的利润,两者共同决定了资产利润率即1元资产创造的利润。

(三)权益净利率

权益净利率是净利润与股东权益的比率,它反映1元股东资本赚取的净收益,可以衡量企业的总体盈利能力。

权益净利率 =(净利润/股东权益)×100%

根据ABC公司财务报表的数据:

本年权益净利率 =(136/960)×100% = 14.1667%

上年权益净利率 =(160/880)×100% = 18.1818%

权益净利率的分母是股东的投入,分子是股东的所得。对于股权投资人来说,具有非常好的综合性,概括了企业的全部经营业绩和财务业绩。ABC公司本年股东的回报率减少了,总体上看不如上一年。

第四节　上市公司财务报告分析

一、上市公司财务报告的类别

一个企业如果其股票上市交易,就要承担公开披露信息的义务。按照规定,上市公司信息披露的主要公告有四类:招股说明书、上市公告、定期报告和临时公告。这些报告虽然包括许多非财务信息,但是大部分信息具有财务性质或与财务有关,因而具有财务报告的性质,我们统称为上市公司财务报告。

(一)招股说明书

招股说明书是股票发行人向证监会申请公开发行的申报材料的必备部分,是向公众发布的旨在公开募集股份的书面文件。招股说明书的主要财务信息包括:投资风险和对策;筹集资金的运用;股利分配政策;验资证明;经营业绩;股本;债务;盈利预测以及主要的财务会计资料。

(二)上市公告

股票获准在证券交易所交易之后,上市公司应当公布上市公告书。上市公告书包括了招股说明书的主要内容,此外还有以下内容:股票获准在证券交易所交易的日期和批准文号;股票发行情况;公司创立大会或者股东大会同意公司股票在交易所交易的决议;董事、监事和高级管理人员简历及其持有本公司证券的情况;公司近三年或者成立以来的经营业绩和财务状况以及下一年的盈利预测文件;证券交易所要求载明的其他事项。

(三) 定期报告

定期报告分为年度报告和中期报告。

(1) 年度报告。年度报告内容包括公司简介、会计数据和业务数据摘要、董事长或总经理的业务报告、董事会报告、监事会报告、股东会简介、财务报表、年度内发生的重大事件及其披露情况要览。

(2) 中期报告。中期报告内容包括财务报告、经营情况的回顾和展望、重大事件的说明、发行在外股票的变动和股权结构的变化、股东大会简介等。

(四) 临时公告

临时公告包括重大事件公告和公司收购公告。

(1) 重大事件公告。所谓重大事件,是说这些事件的发生对上市公司原有的财务状况和经营成果已经或将要产生较大影响,并影响到上市公司的股票市价。

对于这些重大事件,上市公司应立即报告证券交易所和证监会,并向社会公布说明事件的性质。

所谓重大事件包括:公司的经营方针和经营范围的重大变化;公司订立重要合同,而该合同可能对公司的财务状况和经营成果产生重要影响;发生重大债务和未能清偿到期重大债务的违约情况;发生重大亏损或者遭受超过净资产10%以上的重大损失;减资、合并、分立、解散及申请破产;涉及公司的重大诉讼,以及法院依法撤销股东大会、董事会决议等。

对于未做规定但确属可能对公司股票价格产生重大影响的事件,也应当视为重大事件。最常见的重大事件公告是"公司股份变动公告"和"配股说明书"。

(2) 公司收购公告。按现行法律规定,通过证券交易所的证券交易,投资者持有一个上市公司已发行的股份的5%时,应当向证监会和证券交易所做出书面报告,通知该上市公司,并予以公告。投资者在持有一个上市公司已发行股份的5%之后,通过证券交易所的证券交易,其持股比例每增减5%,应当再进行报告和公告。通过交易所的证券交易,投资人持有一个上市公司已发行股份的30%时,继续进行收购的,收购人要向证监会提出收购报告书,然后向该上市公司所有股东发出收购要约。

二、上市公司的财务比率

上一节所介绍的比率分析法几乎适用于所有的公司,但由于上市公司是以发行股票来筹集企业资本的,所面临的投资者成千上万,公司与资本市场比一般公司更为密切。所以,仅仅对其盈利能力、偿债能力、营运能力等进行一般的分析是不够的,还有必要对其市场价值等方面进行深入分析。

(一) 每股收益

每股收益是衡量股份公司盈利能力的指标,它是指本年净利润额与年末普通股股份总数的比值。这里的净利润额是指交纳所得税后的净利润减去优先股股利的剩余额;年末普通股股份总数是企业发行在外的普通股股份平均数。该指标反映每一普通股的获利水平。指标值越高,表示每一普通股可得的利润越多,股东投资效益越好;反之,则越差。其计算公式为

每股收益 = (净利润 − 优先股股利)/年末普通股股份总数

为了更好地了解每股收益指标,投资人还需要了解市盈率、每股股利和股利支付率。

1. 市盈率

市盈率是衡量股份公司盈利能力的另一项指标,它是指普通股每股市价为每股收益的倍数。这里的市价是指普通股每股在证券市场的买卖价格。用每股收益与市价进行比较,目的是反映普通股票当期盈余与市场价格的关系,它可以为投资者提供重要的决策参考。其计算公式为

$$市盈率 = 普通股每股市价 / 普通股每股收益$$

市盈率反映投资者对每1元净利润所愿支付的价格,可以用来估计股票的投资风险和报酬。它是市场对公司的共同期望指标,市盈率越高,表明市场对公司的未来越看好。在市价确定的情况下,每股收益越高,市盈率越低,投资风险越小;反之亦然。在每股收益确定的情况下,市价越高,市盈率越高,风险越大;反之亦然。仅从市盈率高低的横向比较看,高市盈率说明公司能够获得社会信赖,具有良好的前景;反之亦然。

2. 每股股利

每股股利也是衡量股份公司获利能力的指标,它是股利总额与期末普通股股份总数的比值。该指标表现的是每一普通股获取股利的大小,指标值越高,股本获利能力越强。计算公式为

$$每股股利 = 普通股股利总额 / 年末普通股股份总数$$

3. 股利支付率

股利支付率是指净收益中股利所占的比重,它反映公司的股利分配政策和支付股利的能力。其计算公式为

$$股利支付率 = 每股股利 / 每股收益$$

股利支付率与公司的盈余状况并不存在必然的联系,因为尽管盈利额逐年递增,但公司管理当局可能还在逐年把资金投入经营过程以扩大经营规模,致使股利支付率呈下降趋势。所以说,股利支付率取决于公司的业务性质、经营成果、财务状况、发展前景和公司管理当局在股利发放的方针等。一般说来,较高的股利支付率会为投资者所欢迎。

(二) 每股净资产

每股净资产,是期末净资产(即股东权益)与年度末普通股份总数的比值,也称为每股账面价值或每股权益。其计算公式为

$$每股净资产 = 年度末股东权益 \div 年度末普通股数$$

这里的"年度末股东权益"是指扣除优先股权益后的余额。该指标反映发行在外的每股普通股所代表的净资产成本即账面权益。在投资分析时,只能有限地使用这个指标,因其是用历史成本计量的,既不反映净资产的变现价值,也不反映净资产的产出能力。例如,某公司的资产只有一块前几年购买的土地,并且没有负债,公司的净资产是土地的原始成本。现在土地的价格比过去翻了几番,引起股票价格上升,而其账面价值不变。这个账面价值,既不说明土地现在可以卖多少钱,也不说明公司使用该土地能获得什么。

每股净资产,在理论上提供了股票的最低价值。如果公司的股票价格低于净资产的成本,成本又接近变现价值,说明公司已无存在价值,清算是股东最好的选择。正因为如此,新建公司不允许股票折价发行。

(三) 市净率

市净率是每股市价与每股净资产的比率,是投资者用以衡量、分析个股是否具有投资价值的工具之一。市净率的计算公式为

市净率 = 每股市价/每股净资产

净资产代表的是全体股东共同享有的权益,是股东拥有公司财产和公司投资价值最基本的体现,它可以用来反映企业的内在价值。一般来说,市净率较低的股票,投资价值较高;反之,则投资价值较低。但有时较低市净率反映的可能是投资者对公司前景的不良预期,而较高市净率则相反。因此,在判断某只股票的投资价值时,还要综合考虑当时的市场环境以及公司经营情况、资产质量和盈利能力等因素。

第五节　财务状况的综合分析

财务状况的综合分析是将企业的盈利能力、偿债能力、营运能力等诸方面的分析纳入一个有机的整体之中全面地对企业经营状况、财务状况进行解剖和分析,从而对企业经济效益的优劣做出准确的评价与判断的系统分析。财务状况综合分析方法主要有杜邦体系分析法和财务比率综合评价法。

一、杜邦体系分析法

杜邦财务分析体系是在考虑各财务比率内在联系的条件下,通过制定多种比率的综合分析体系来考察企业财务状况的一种分析方法。杜邦体系分析是由美国杜邦(DuPont)公司率先采用的一种方法,故称杜邦体系分析法。

杜邦体系分析的基本结构可以用图9.1加以说明。

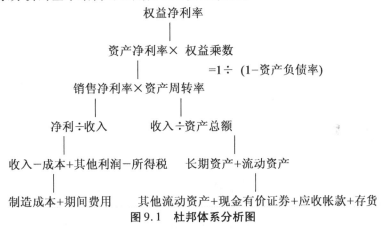

图9.1　杜邦体系分析图

从图9.1中可以看出,杜邦体系分析是把有关财务比率和财务指标以系统分析图的形式联系在一起进行分析的。该图表明,自有资金利润率即权益净利率是最具综合性与代表性的指标,在整个财务分析指标体系中居于核心地位,其他各项指标都是围绕这一核心,通过研究彼此间的依存制约关系,来揭示企业的获利能力及其前因后果的。权益净利率不仅有很好的可比性,而且有很强的综合性。为了提高股东权益净利率,管理者有三个可以使用的杠杆:

$$权益净利率 = \frac{净利润}{销售收入} \times \frac{销售收入}{总资产} \times \frac{总资产}{股东权益} = \frac{销售}{净利率} \times \frac{总资产}{周转率} \times \frac{权益}{乘数}$$

通过分析,可以了解如下一些问题:

(1)决定自有资金利润率高低的因素有三个方面:销售净利率、总资产周转率和权益乘数。这样分解后,可以把自有资金利润率这一综合性指标发生变化的原因具体化。

(2) 权益乘数反映所有者权益同总资产的关系,公式为 1÷(1-资产负债率),即权益乘数的高低受企业资本的权益结构制约。负债比例大,权益乘数就高。负债经营可以给企业带来较大的财务杠杆利益,同时也给企业带来了较多的风险。

(3) 销售净利率的高低取决于净利润和销售净额。企业的税后净利润,是由销售收入扣除成本费用总额加上其他利润再扣除所得税而得到的,而成本费用又由一些具体项目构成。通过对这些项目的分析,可以了解企业净利润增减及销售净利率升降的变动原因。

(4) 总资产周转率是反映企业运用资产以产生销售收入能力的指标。对总资产周转率进行分析,须对影响资产周转的各因素进行分析。企业的总资产是由长期资产和流动资产构成的,它们各自又有明细项目,同时以各自的特点在运行周转。因此,在对影响资产周转的各因素情况进行分析时,除对资产的各构成部分占用量是否合理进行分析外,还要对流动资产周转率、存货周转率、应收账款周转率、固定资产周转率等有关资产组成部分的使用效率进行分析,以查明影响资产周转的主要问题所在。通过总资产构成和周转情况分析,可发现企业资产管理中存在的问题与不足。

(5) 企业的资金由所有者权益和负债两部分构成,通过对总资金结构的分析,可了解企业的资金结构是否合理和财务风险的大小,从而及时发现企业财务管理存在的问题,以便采取措施加以改进。

通过杜邦体系自上而下逐区分析,可以全方位地揭示与披露企业经营理财的状况,为企业决策者优化经营理财、提高企业经济效益提供可靠依据。

二、财务比率综合评价法

财务比率综合评价的先驱之一是亚历山大·沃尔,因此,人们也称财务比率综合评价法为沃尔比重评分法。20世纪初,沃尔提出了信用能力指数概念,把选定的流动比率、产权比率、固定资产比率、存货周转率、应收账款周转率、固定资产周转率、自有资金周转率等七种财务比率用线性关系结合起来,分别给定了在总评价中所占的分数比重,总和分值为100分。然后通过与标准比率进行比较,确定各项指标的得分及总体指标的累计分数,从而对企业的信用水平做出评价。

现代社会与沃尔所在的时代相比,已有很大变化。一般认为企业财务评价的主要内容是盈利能力,其次是偿债能力,此外还有成长能力。他们之间大致可按5:3:2来分配比重。如果仍以100分为总评分,则评分的内容和标准分配如表9.6所示。

标准比率应以本行业平均数为基础,适当进行理论修正,在给每个指标评分时,应规定上限和下限,以减少个别指标的异常变动对总分造成不合理的影响。上限可定为正常评分值的1.5倍,下限定为正常评分值的1/2。此外,给分时不采用乘数,而采用加或减的关系来处理,以克服沃尔评分法的缺点。从而计算出每分比率。每分比率是指该项指标每增加1分需要提高的比率。例如,总资产净利率的标准值为10%,标准评分为20分;行业最高比率为20%,最高评分为30分,则每分的财务比率差为1%[(20%-10%)÷(30分-20分)],即总资产净利率每提高1%,可以比标准多得1分,但该项得分最高不得超过30分。综合评价法是评价企业总体财务状况的一种比较可取的方法,但其正确性、准确性依赖于标准评分值和标准比率的正确确定和科学建立。

表9.6 综合评分的标准

指标	评分值	标准比率/%	行业最高比率/%	最高评分	最低评分率	每分比率的差/%
盈利能力：						
总资产净利率	20	10	20	30	10	1
销售利润率	20	4	20	30	10	1.6
净值报酬率	10	16	20	15	5	0.8
偿债能力：						
自有资金比率	8	40	100	12	4	15
流动比率	8	150	450	12	4	75
应收账款周转率	8	600	1 200	12	4	150
存货周转率	8	800	1 200	12	4	100
成长能力：						
销售增长率	6	15	30	9	3	5
净利增长率	6	10	20	9	3	3.3
人均净利增长率	6	10	20	9	3	3.3
合计	100	—	—	150	50	—

根据这种方法，对某公司的财务情况进行综合评价，得86.66分（见表9.7），是一个中等偏下水平企业。

表9.7 某公司财务情况评分

指标	实际比率(1)	标准比率(2)	差异(3)-(2)	每分比率(4)	调整分(5)=(3)÷(4)	标准分(6)	得分(7)=(5)+(6)
盈利能力：							
总资产净利率	7.4	10	−2.6	1	−2.6	20	17.4
销售利润率	4.5	4	0.5	1.6	0.31	20	20.31
净值报酬率	14.9	16	−1.1	0.8	−1.38	10	8.62
偿债能力：							
自有资金比率	49	40	9	15	0.60	8	8.60
流动比率	233	150	83	75	1.11	8	9.11
应收账款周转率	1 000	600	400	150	2.67	8	10.67
存货周转率	1 200	800	400	100	4.00	8	12.00
成长能力：							
销售增长率	5	15	−10	5	−2.00	6	4.00
净利增长率	−15	10	−25	3.3	−7.57	6	−1.57
人均净利增长率	−18	10	−28	3.3	−8.48	6	−2.48
合计			—	—		100	86.66

三、管理层讨论与分析

管理层讨论与分析是上市公司定期报告中管理层对于本企业过去经营状况的评价分析，以及对企业和未来发展趋势的前瞻性判断，是对企业财务报表中所描述的财务状况和经营成果的解释,是对经营中固有风险和不确定性的揭示,同时也是对企业未来发展前景的预期。

管理层讨论与分析是上市公司定期报告的重要组成部分。要求上市公司编制并披露管理层讨论与分析的目的在于,使公众投资者能够有机会了解管理层自身对企业财务状况与经营成果的分析评价,以及企业未来一定时期内的计划。这些信息在财务报表及附注中并没有得到充分揭示,对投资者的投资决策却相当重要。

管理层讨论与分析信息大多涉及"内部性"较强的定性型软信息,无法对其进行详细的强制规定和有效监控,因此,西方国家的披露原则是强制与自愿相结合,企业可以自主决定如何披露这类信息。我国也基本实行这种原则,如中期报告中的"管理层讨论与分析"部分,以及年度报告中的"董事会报告"部分,都是规定某些管理层讨论与分析信息必须披露,而另一些管理层讨论与分析信息鼓励企业自愿披露。

上市公司管理层讨论与分析主要包括两部分:报告期间经营业绩变动的解释与前瞻性信息。

(一)报告期间经营业绩变动的解释

(1)分析企业主营业务及其经营状况。

(2)概述企业报告期内总体经营情况,列示企业主营业务收入、主营业务利润、净利润的同比变动情况,说明引起变动的主要影响因素。企业应当对前期已披露的企业发展战略和经营计划的实现或实施情况、调整情况进行总结,若企业实际经营业绩较曾公开披露过的本年度盈利预测或经营计划低10%以上或高20%以上,应详细说明造成差异的原因。企业可以结合企业业务发展规模、经营区域、产品等情况,介绍与企业业务相关的宏观经济层面或外部经营环境的发展现状和变化趋势,企业的行业地位或区域市场地位,分析企业存在的主要优势和困难,分析企业经营和盈利能力的连续性和稳定性。

(3)说明报告期企业资产构成、企业销售费用、管理费用、财务费用、所得税等财务数据同比发生重大变动的情况及发生变化的主要影响因素。

(4)结合企业现金流量表相关数据,说明企业经营活动、投资活动和筹资活动产生的现金流量的构成情况,若相关数据发生重大变动,应当分析其主要影响因素。

(5)企业可以根据实际情况对企业设备利用情况、订单的获取情况、产品的销售或积压情况、主要技术人员变动情况等与企业经营相关的重要信息进行讨论和分析。

(6)企业主要控股企业及参股企业的经营情况及业绩分析。

(二)企业未来发展的前瞻性信息

(1)企业应当结合回顾的情况,分析所处行业的发展趋势及企业面临的市场竞争格局。产生重大影响的,应给予管理层基本判断的说明。

(2)企业应当向投资者提示管理层所关注的未来企业发展机遇和挑战,披露企业发展战略,以及拟开展的新业务、拟开发的新产品、拟投资的新项目等。若企业存在多种业务的,还应当说明各项业务的发展规划。同时,企业应当披露新年度的经营计划,包括(但不限于)收入、费用成本计划以及新年度的经营目标,如销售额的提升、市场份额的扩大、成本升降、研发计划等,为达到上述经营目标拟采取的策略和行动。企业可以编制并披露新年度的盈利预测,该盈利预测必须经过具有证券期货相关业务资格的会计师事务所审核并发表意见。

（3）企业应当披露为实现未来发展战略所需的资金需求及使用计划,以及资金来源情况,说明维持企业当前业务完成在建投资项目的资金需求,未来重大的资本支出计划等,包括未来已知的资本支出承诺、合同安排、时间安排等。同时,对企业资金来源的安排、资金成本及使用情况进行说明。企业应当区分债务融资、表外融资、股权融资、衍生产品融资等项目对企业未来资金来源进行披露。

（4）所有风险因素（包括宏观政策风险、市场或业务经营风险、财务风险、技术风险等）,企业应当针对自身特点进行风险揭示,披露的内容应当充分、准确、具体。同时企业可以根据实际情况,介绍已（或拟）采取的对策和措施,对策和措施应当内容具体,具备可操作性。

附 录

附表1 复利终值系数表

期数	1%	2%	3%	4%	5%	6%	7%	8%	9%	10%
1	1.0100	1.0200	1.0300	1.0400	1.0500	1.0600	1.0700	1.0800	1.0900	1.1000
2	1.0201	1.0404	1.0609	1.0816	1.1025	1.1236	1.1449	1.1664	1.1881	1.2100
3	1.0303	1.0612	1.0927	1.1249	1.1576	1.1910	1.2250	1.2597	1.2950	1.3310
4	1.0406	1.0824	1.1255	1.1699	1.2155	1.2625	1.3108	1.3605	1.4116	1.4641
5	1.0510	1.1041	1.1593	1.2167	1.2763	1.3382	1.4026	1.4693	1.5386	1.6105
6	1.0615	1.1262	1.1941	1.2653	1.3401	1.4185	1.5007	1.5869	1.6771	1.7716
7	1.0721	1.1487	1.2299	1.3159	1.4071	1.5036	1.6058	1.7138	1.8280	1.9487
8	1.0829	1.1717	1.2668	1.3686	1.4775	1.5938	1.7182	1.8509	1.9926	2.1436
9	1.0937	1.1951	1.3048	1.4233	1.5513	1.6895	1.8385	1.9990	2.1719	2.3579
10	1.1046	1.2190	1.3439	1.4802	1.6289	1.7908	1.9672	2.1589	2.3674	2.5937
11	1.1157	1.2434	1.3842	1.5395	1.7103	1.8983	2.1049	2.3316	2.5804	2.8531
12	1.1268	1.2682	1.4258	1.6010	1.7959	2.0122	2.2522	2.5182	2.8127	3.1384
13	1.1381	1.2936	1.4685	1.6651	1.8856	2.1329	2.4098	2.7196	3.0658	3.4523
14	1.1495	1.3195	1.5126	1.7317	1.9799	2.2609	2.5785	2.9372	3.3417	3.7975
15	1.1610	1.3459	1.5580	1.8009	2.0789	2.3966	2.7590	3.1722	3.6425	4.1772
16	1.1726	1.3728	1.6047	1.8730	2.1829	2.5404	2.9522	3.4259	3.9703	4.5950
17	1.1843	1.4002	1.6528	1.9479	2.2920	2.6928	3.1588	3.7000	4.3276	5.0545
18	1.1961	1.4282	1.7024	2.0258	2.4066	2.8543	3.3799	3.9960	4.7171	5.5599
19	1.2081	1.4568	1.7535	2.1068	2.5270	3.0256	3.6165	4.3157	5.1417	6.1159
20	1.2202	1.4859	1.8061	2.1911	2.6533	3.2071	3.8697	4.6610	5.6044	6.7275
21	1.2324	1.5157	1.8603	2.2788	2.7860	3.3996	4.1406	5.0338	6.1088	7.4002
22	1.2447	1.5460	1.9161	2.3699	2.9253	3.6035	4.4304	5.4365	6.6586	8.1403
23	1.2572	1.5769	1.9736	2.4647	3.0715	3.8197	4.7405	5.8715	7.2579	8.9543
24	1.2697	1.6084	2.0328	2.5633	3.2251	4.0489	5.0724	6.3412	7.9111	9.8497
25	1.2824	1.6406	2.0938	2.6658	3.3864	4.2919	5.4274	6.8485	8.6231	10.835
26	1.2953	1.6734	2.1566	2.7725	3.5557	4.5494	5.8074	7.3964	9.3992	11.918
27	1.3082	1.7069	2.2213	2.8834	3.7335	4.8223	6.2139	7.9881	10.245	13.110
28	1.3213	1.7410	2.2879	2.9987	3.9201	5.1117	6.6488	8.6271	11.167	14.421
29	1.3345	1.7758	2.3566	3.1187	4.1161	5.4184	7.1143	9.3173	12.172	15.863
30	1.3478	1.8114	2.4273	3.2434	4.3219	5.7435	7.6123	10.063	13.268	17.449
40	1.4889	2.2080	3.2620	4.8010	7.0400	10.286	14.975	21.725	31.409	45.259
50	1.6446	2.6916	4.3839	7.1067	11.467	18.420	29.457	46.902	74.358	117.39
60	1.8167	3.2810	5.8916	10.520	18.679	32.988	57.946	101.26	176.03	304.48

注:计算公式:复利终值系数 $=(1+i)^n$, $F=P(1+i)^n$

P—现值或初始值;i—报酬率或利率;n—计息期数;F—终值或本利和

续附表1

期数	12%	14%	15%	16%	18%	20%	24%	28%	32%	36%
1	1.1200	1.1400	1.1500	1.1600	1.1800	1.2000	1.2400	1.2800	1.3200	1.3600
2	1.2544	1.2996	1.3225	1.3456	1.3924	1.4400	1.5376	1.6384	1.7424	1.8496
3	1.4049	1.4815	1.5209	1.5609	1.6430	1.7280	1.9066	2.0972	2.3000	2.5155
4	1.5735	1.6890	1.7490	1.8106	1.9388	2.0736	2.3642	2.6844	3.0360	3.4210
5	1.7623	1.9254	2.0114	2.1003	2.2878	2.4883	2.9316	3.4360	4.0075	4.6526
6	1.9738	2.1950	2.3131	2.4364	2.6996	2.9860	3.6352	4.3980	5.2899	6.3275
7	2.2107	2.5023	2.6600	2.8262	3.1855	3.5832	4.5077	5.6295	6.9826	8.6054
8	2.4760	2.8526	3.0590	3.2784	3.7589	4.2998	5.5895	7.2058	9.2170	11.703
9	2.7731	3.2519	3.5179	3.8030	4.4355	5.1598	6.9310	9.2234	12.167	15.917
10	3.1058	3.7072	4.0456	4.4114	5.2338	6.1917	8.5944	11.806	16.060	21.647
11	3.4785	4.2262	4.6524	5.1173	6.1759	7.4301	10.657	15.112	21.199	29.439
12	3.8960	4.8179	5.3503	5.9360	7.2876	8.9161	13.215	19.343	27.983	40.038
13	4.3635	5.4924	6.1528	6.8858	8.5994	10.699	16.386	24.759	36.937	54.451
14	4.8871	6.2613	7.0757	7.9875	10.147	12.839	20.319	31.691	48.757	74.053
15	5.4736	7.1379	8.1371	9.2655	11.974	15.407	25.196	40.565	64.359	100.71
16	6.1304	8.1372	9.3576	10.748	14.129	18.488	31.243	51.923	84.954	136.97
17	6.8660	9.2765	10.761	12.468	16.672	22.186	38.741	66.461	112.14	186.28
18	7.6900	10.575	12.376	14.463	19.673	26.623	48.039	85.071	148.02	253.34
19	8.6128	12.056	14.232	16.777	23.214	31.948	59.568	108.89	195.39	344.54
20	9.6463	13.744	16.367	19.461	27.393	38.338	73.864	139.38	257.92	468.57
21	10.804	15.668	18.822	22.575	32.324	46.005	91.592	178.41	340.45	637.26
22	12.100	17.861	21.645	26.186	38.142	55.206	113.57	228.36	449.39	866.67
23	13.552	20.362	24.892	30.376	45.008	66.247	140.83	292.30	593.20	1178.7
24	15.179	23.212	28.625	35.236	53.109	79.497	174.63	374.14	783.02	1603.0
25	17.000	26.462	32.919	40.784	62.669	95.396	216.54	478.90	1033.6	2180.1
26	19.040	30.167	37.857	47.414	73.949	114.48	268.51	613.00	1364.3	2964.9
27	21.325	34.390	43.535	55.000	87.260	137.37	332.96	784.64	1800.9	4032.3
28	23.884	39.205	50.066	63.800	102.97	164.84	412.86	1004.3	2377.2	5483.9
29	26.750	44.693	57.576	74.009	121.50	197.81	511.95	1285.6	3137.9	7458.1
30	29.960	50.950	66.212	85.850	143.37	237.38	634.82	1645.5	4142.1	10143
40	93.051	188.88	267.86	378.72	750.38	1469.8	5455.9	19427	66521	*
50	289.00	700.23	1.83.7	1670.7	3927.4	9100.4	46890	*	*	*
60	897.60	2595.9	4384.0	7370.2	20555	56348	*	*	*	*

注:*)99 999

计算公式:复利终值系数 = $(1+i)^n$, $F = P(1+i)^n$

P—现值或初始值;i—报酬率或利率;n—计息期数;F—终值或本利和

附表2　复利现值系数表

期数	1%	2%	3%	4%	5%	6%	7%	8%	9%	10%
1	0.9901	0.9804	0.9709	0.9615	0.9524	0.9434	0.9346	0.9259	0.9174	0.9091
2	0.9803	0.9612	0.9426	0.9246	0.9070	0.8900	0.8734	0.8573	0.8417	0.8264
3	0.9706	0.9423	0.9151	0.8890	0.8638	0.8396	0.8163	0.7938	0.7722	0.7513
4	0.9610	0.9238	0.8885	0.8548	0.8227	0.7921	0.7629	0.7350	0.7084	0.6830
5	0.9515	0.9057	0.8626	0.8219	0.7835	0.7473	0.7130	0.6806	0.6499	0.6209
6	0.9420	0.8880	0.8375	0.7903	0.7462	0.7050	0.6663	0.6302	0.5963	0.5645
7	0.9327	0.8706	0.8131	0.7599	0.7107	0.6651	0.6227	0.5835	0.5470	0.5132
8	0.9235	0.8535	0.7894	0.7307	0.6768	0.6274	0.5820	0.5403	0.5019	0.4665
9	0.9143	0.8368	0.7664	0.7026	0.6446	0.5919	0.5439	0.5002	0.4604	0.4241
10	0.9053	0.8203	0.7441	0.6756	0.6139	0.5584	0.5083	0.4632	0.4224	0.3855
11	0.8963	0.8043	0.7224	0.6496	0.5847	0.5268	0.4751	0.4289	0.3875	0.3505
12	0.8874	0.7885	0.7014	0.6246	0.5568	0.4970	0.4440	0.3971	0.3555	0.3186
13	0.8787	0.7730	0.6810	0.6006	0.5303	0.4688	0.4150	0.3677	0.3262	0.2897
14	0.8700	0.7579	0.6611	0.5775	0.5051	0.4423	0.3878	0.3405	0.2992	0.2633
15	0.8613	0.7430	0.6419	0.5553	0.4810	0.4173	0.3624	0.3152	0.2745	0.2394
16	0.8528	0.7284	0.6232	0.5339	0.4581	0.3936	0.3387	0.2919	0.2519	0.2176
17	0.8444	0.7142	0.6050	0.5134	0.4363	0.3714	0.3166	0.2703	0.2311	0.1978
18	0.8360	0.7002	0.5874	0.4936	0.4155	0.3503	0.2959	0.2502	0.2120	0.1799
19	0.8277	0.6864	0.5703	0.4746	0.3957	0.3305	0.2765	0.2317	0.1945	0.1635
20	0.8195	0.6730	0.5537	0.4564	0.3769	0.3118	0.2584	0.2145	0.1784	0.1486
21	0.8114	0.6598	0.5375	0.4388	0.3589	0.2942	0.2415	0.1987	0.1637	0.1351
22	0.8034	0.6468	0.5219	0.4220	0.3418	0.2775	0.2257	0.1839	0.1502	0.1228
23	0.7954	0.6342	0.5067	0.4057	0.3256	0.2618	0.2109	0.1703	0.1378	0.1117
24	0.7876	0.6217	0.4919	0.3901	0.3101	0.2470	0.1971	0.1577	0.1264	0.1015
25	0.7798	0.6095	0.4776	0.3751	0.2953	0.2330	0.1842	0.1460	0.1160	0.0923
26	0.7720	0.5976	0.4637	0.3607	0.2812	0.2198	0.1722	0.1352	0.1064	0.0839
27	0.7644	0.5859	0.4502	0.3468	0.2678	0.2074	0.1609	0.1252	0.0976	0.0763
28	0.7568	0.5744	0.4371	0.3335	0.2551	0.1956	0.1504	0.1159	0.0895	0.0693
29	0.7493	0.5631	0.4243	0.3207	0.2429	0.1846	0.1406	0.1073	0.0822	0.0630
30	0.7419	0.5521	0.4120	0.3083	0.2314	0.1741	0.1314	0.0994	0.0754	0.0573
35	0.7059	0.5000	0.3554	0.2534	0.1813	0.1301	0.0937	0.0676	0.0490	0.0356
40	0.6717	0.4529	0.3066	0.2083	0.1420	0.0972	0.0668	0.0460	0.0318	0.0221
45	0.6391	0.4102	0.2644	0.1712	0.1113	0.0727	0.0476	0.0313	0.0207	0.0137
50	0.6080	0.3715	0.2281	0.1407	0.0872	0.0543	0.0339	0.0213	0.0134	0.0085
55	0.5785	0.3365	0.1968	0.1157	0.0683	0.0406	0.0242	0.0145	0.0087	0.0053

注：计算公式：复利现值系数 $= (1+i)^{-n}$，$P = \dfrac{F}{(1+i)^n} = F(1+i)^n$

P—现值或初始值；i—报酬率或利率；n—计息期数；F—终值或本利和

续附表 2

期数	12%	14%	15%	16%	18%	20%	24%	28%	32%	36%
1	0.8929	0.8772	0.8696	0.8621	0.8475	0.8333	0.8065	0.7813	0.7576	0.7353
2	0.7972	0.7695	0.7561	0.7432	0.7182	0.6944	0.6504	0.6104	0.5739	0.5407
3	0.7118	0.6750	0.6575	0.6407	0.6086	0.5787	0.5245	0.4768	0.4348	0.3975
4	0.6355	0.5921	0.5718	0.5523	0.5158	0.4823	0.4230	0.3725	0.3294	0.2923
5	0.5674	0.5194	0.4972	0.4761	0.4371	0.4019	0.3411	0.2910	0.2495	0.2149
6	0.5066	0.4556	0.4323	0.4104	0.3704	0.3349	0.2751	0.2274	0.1890	0.1580
7	0.4523	0.3996	0.3759	0.3538	0.3139	0.2791	0.2218	0.1776	0.1432	0.1162
8	0.4039	0.3506	0.3269	0.3050	0.2660	0.2326	0.1789	0.1388	0.1085	0.0854
9	0.3606	0.3075	0.2843	0.2630	0.2255	0.1938	0.1443	0.1084	0.0822	0.0628
10	0.3220	0.2697	0.2472	0.2267	0.1911	0.1615	0.1164	0.0847	0.0623	0.0462
11	0.2875	0.2366	0.2149	0.1954	0.1619	0.1346	0.0938	0.0662	0.0472	0.0340
12	0.2567	0.2076	0.1869	0.1685	0.1372	0.1122	0.0757	0.0517	0.0357	0.0250
13	0.2292	0.1821	0.1625	0.1452	0.1163	0.0935	0.0610	0.0404	0.0271	0.0184
14	0.2046	0.1597	0.1413	0.1252	0.0985	0.0779	0.0492	0.0316	0.0205	0.0135
15	0.1827	0.1401	0.1229	0.1079	0.0835	0.0649	0.0397	0.0247	0.0155	0.0099
16	0.1631	0.1229	0.1069	0.0930	0.0708	0.0541	0.0320	0.0193	0.0118	0.0073
17	0.1456	0.1078	0.0929	0.0802	0.0600	0.0451	0.0258	0.0150	0.0089	0.0054
18	0.1300	0.0946	0.0808	0.0691	0.0508	0.0376	0.0208	0.0118	0.0068	0.0039
19	0.1161	0.0829	0.0703	0.0596	0.0431	0.0313	0.0168	0.0092	0.0051	0.0029
20	0.1037	0.0728	0.0611	0.0514	0.0365	0.0261	0.0135	0.0072	0.0039	0.0021
21	0.0926	0.0638	0.0531	0.0443	0.0309	0.0217	0.0109	0.0056	0.0029	0.0016
22	0.0826	0.0560	0.0462	0.0382	0.0262	0.0181	0.0088	0.0044	0.0022	0.0012
23	0.0738	0.0491	0.0402	0.0329	0.0222	0.0151	0.0071	0.0034	0.0017	0.0008
24	0.0659	0.0431	0.0349	0.0284	0.0188	0.0126	0.0057	0.0027	0.0013	0.0006
25	0.0588	0.0378	0.0304	0.0245	0.0160	0.0105	0.0046	0.0021	0.0010	0.0005
26	0.0525	0.0331	0.0264	0.0211	0.0135	0.0087	0.0037	0.0016	0.0007	0.0003
27	0.0469	0.0291	0.0230	0.0182	0.0115	0.0073	0.0030	0.0013	0.0006	0.0002
28	0.0419	0.0255	0.0200	0.0157	0.0097	0.0061	0.0024	0.0010	0.0004	0.0002
29	0.0374	0.0224	0.0174	0.0135	0.0082	0.0051	0.0020	0.0008	0.0003	0.0001
30	0.0334	0.0196	0.0151	0.0116	0.0070	0.0042	0.0016	0.0006	0.0002	0.0001
35	0.0189	0.0102	0.0075	0.0055	0.0030	0.0017	0.0005	0.0002	0.0001	*
40	0.0107	0.0053	0.0037	0.0026	0.0013	0.0007	0.0002	0.0001	*	*
45	0.0061	0.0027	0.0019	0.0013	0.0006	0.0003	0.0001	*	*	*
50	0.0035	0.0014	0.0009	0.0006	0.0003	0.0001	*	*	*	*
55	0.0020	0.0007	0.0005	0.0003	0.0001	*	*	*	*	*

注：* < 0.0001

计算公式：复利现值系数 $= (1+i)^{-n}$，$P = \dfrac{F}{(1+i)^n} = F(1+i)^{-n}$

P—现值或初始值；i—报酬率或利率；n—计息期数；F—终值或本利和

附表3　年金终值系数表

期数	1%	2%	3%	4%	5%	6%	7%	8%	9%	10%
1	1.0000	1.0000	1.0000	1.0000	1.0000	1.0000	1.0000	1.0000	1.0000	1.0000
2	2.0100	2.0200	2.0300	2.0400	2.0500	2.0600	2.0700	2.0800	2.0900	2.1000
3	3.03.1	3.0604	3.0909	3.1216	3.1525	3.1836	3.2149	3.2464	3.2781	3.3100
4	4.0604	4.1216	4.1836	4.2465	4.3101	4.3746	4.4399	4.5061	4.5731	4.6410
5	5.1010	5.2040	5.3091	5.5163	5.5256	5.6371	5.7507	5.8666	5.9847	6.1051
6	6.1520	6.3081	6.4684	6.6330	6.8019	6.9753	7.1533	7.3359	7.5233	7.7156
7	7.2135	7.4343	7.6625	7.8983	8.1420	8.3938	8.6540	8.9228	9.2004	9.4872
8	8.2857	8.5830	8.8923	9.2442	9.5491	9.8975	10.260	10.637	11.029	11.436
9	9.3685	9.7546	10.159	10.583	11.027	11.491	11.978	12.488	13.021	13.580
10	10.462	10.950	11.464	12.006	12.578	13.181	13.816	14.487	15.193	15.937
11	11.567	12.169	12.808	13.486	14.207	14.972	15.784	16.646	17.560	18.531
12	12.683	13.412	14.912	15.026	15.917	16.870	17.889	18.977	20.141	21.384
13	13.809	14.680	15.618	16.627	17.713	18.882	20.141	21.495	22.953	24.523
14	14.947	15.974	17.086	18.292	19.599	21.015	22.551	24.215	26.019	27.975
15	16.097	17.293	18.599	20.024	21.579	23.276	25.129	27.152	29.361	31.773
16	17.258	18.639	20.157	21.825	23.658	25.673	27.888	30.324	33.003	35.950
17	18.430	20.012	21.762	23.698	25.840	28.213	30840	33.750	36.974	40.545
18	19.615	21.412	23.414	25.645	28.132	30.906	33.999	37.450	41.301	45.599
19	20.811	22.841	25.117	27.671	30.539	33.760	37.379	41.446	46.019	51.159
20	22.019	24.297	26.870	29.778	33.066	36.786	40.996	45.762	51.160	57.275
21	23.239	25.783	28.677	31.969	35.719	39.963	44.865	50.423	56.765	64.003
22	24.472	27.299	30.537	34.248	38.505	43.392	49.006	55.457	62.873	71.403
23	25.716	28.845	32.453	36.618	41.431	46.996	53.436	60.893	69.532	79.543
24	26.974	30.422	34.427	39.083	44.502	50.816	58.177	66.765	76.790	88.497
25	28.243	32.030	36.459	41.646	47.727	854.865	63.249	73.106	84.701	98.347
26	29.526	33.671	38.553	44.312	51.114	59.156	68.677	79.954	93.324	109.18
27	30.821	35.344	40.710	47.084	54.669	63.706	74.484	87.351	102.72	121.10
28	32.129	37.051	42.931	49.968	58.403	68.528	80.698	95.339	112.97	134.21
29	33.450	38.792	45.219	52.966	62.323	73.640	87.347	103.97	124.14	148.63
30	34.785	40.568	47.575	56.085	66.439	79.058	94.461	113.28	136.31	164.49
40	48.886	60.402	75.401	95.026	120.80	154.76	199.64	259.06	337.88	442.59
50	64.463	84.579	112.80	152.67	209.35	290.34	406.53	573.77	815.08	1163.9
60	81.670	114.05	163.05	237.99	353.58	533.13	813.52	1 253.2	1 944.8	3 034.8

注：计算公式：年金终值系数 $= \frac{(1+i)^n - 1}{i}, F = A \frac{(1+i)^n - 1}{i}$

A——每期等额支付（或收入）的金额；i——报酬率或利率；n——计息期数；F——年金终值或本利和

续附表3

期数	12%	14%	15%	16%	18%	20%	24%	28%	32%	36%
1	1.000	1.000	1.000	1.000	1.000	1.000	1.000	1.000	1.000	1.000
2	2.1200	2.1400	2.1500	2.1600	2.1800	2.2000	2.2400	2.2800	2.3200	2.3600
3	3.3744	3.4396	3.4725	3.5056	3.5724	3.6400	3.7776	3.9184	4.0624	4.2096
4	4.7793	4.9211	4.9934	5.0665	5.2154	5.3680	5.6842	6.0156	6.3624	6.7251
5	6.3528	6.6101	6.7424	6.8771	7.1542	7.4416	8.0484	8.6999	9.3983	10.146
6	8.1152	8.5355	8.7537	8.9775	9.4420	9.9299	10.980	12.136	13.406	14.799
7	10.089	10.731	11.067	11.414	12.142	12.916	14.615	16.534	18.696	21.126
8	12.300	13.233	13.727	14.240	15.327	16.499	19.123	22.163	25.678	29.732
9	14.776	16.085	16.786	17.519	19.086	20.799	24.713	29.369	34.895	41.435
10	17.549	19.337	20.304	21.322	23.521	25.959	31.643	38.593	47.062	57.352
11	20.655	23.045	24.349	25.733	28.755	32.150	40.238	50.399	63.122	78.998
12	24.133	27.271	29.002	30.850	34.931	39.581	50.895	65.510	84.320	108.44
13	28.029	32.089	34.352	36.786	42.219	48.497	64.110	84.853	112.30	148.48
14	32.393	37.581	40.505	43.672	50.818	59.196	80.496	109.61	149.24	202.93
15	37.280	43.842	47.580	51.660	60.965	72.035	100.82	141.30	198.00	276.98
16	42.753	50.980	55.718	60.925	72.939	87.442	126.01	181.87	262.36	377.69
17	48.884	59.118	65.075	71.673	87.068	105.93	157.25	233.79	347.31	514.66
18	55.750	68.394	75.836	84.141	103.74	128.12	195.99	300.25	459.45	700.94
19	63.440	78.969	88.212	98.603	123.41	154.74	244.03	385.32	607.47	954.28
20	72.052	91.025	102.44	115.38	146.63	186.69	303.60	494.21	802.86	1298.8
21	81.699	104.77	118.81	134.84	174.02	225.03	377.46	633.59	1060.8	1767.4
22	92.503	120.44	137.63	157.42	206.34	271.03	469.06	812.00	1401.2	2404.7
23	104.60	138.30	159.28	183.60	244.49	326.24	582.63	1040.4	1850.6	3271.3
24	118.16	158.66	184.17	213.98	289.49	392.48	723.46	1332.7	2443.8	4450.0
25	133.33	181.87	212.79	249.21	342.60	471.98	898.09	1706.8	3226.8	6053.0
26	150.33	208.33	245.71	290.09	405.27	567.38	1114.6	2185.7	4260.4	8233.1
27	169.37	238.50	283.57	337.50	479.22	681.85	1383.1	2798.7	5624.8	11198
28	190.70	272.89	327.10	392.50	566.48	819.22	1716.1	3583.3	7425.7	15230
29	214.58	312.09	377.17	456.30	669.45	984.07	2129.0	4587.7	9802.9	20714
30	241.33	356.79	434.75	530.31	790.95	1181.9	2640.9	5873.2	12941	28172
40	767.09	1342.0	1779.1	2360.8	4163.2	7343.9	22729	69377	207874	609890
50	2400.0	4994.5	7217.7	10436	21813	45497	195373	819103	*	*
60	7471.6	18535	29220	46058	114190	281733	*	*	*	*

注：* >999 999.99

计算公式：年金终值系数 $=\dfrac{(1+i)^n-1}{i}$，$F=A\dfrac{(1+i)^n-1}{i}$

A—每期等额支付(或收入)的金额；i—报酬率或利率；n—计息期数；F—年金终值或本利和

附表4　年金现值系数表

期数	1%	2%	3%	4%	5%	6%	7%	8%	9%	10%
1	0.9901	0.9804	0.9709	0.9615	0.9524	0.9434	0.9346	0.9259	0.9174	0.9091
2	1.9704	1.9416	1.9135	0.8861	1.8594	1.8334	1.8080	1.7833	1.7591	1.7355
3	2.9410	2.8839	2.8286	2.7751	2.7232	2.6730	2.6243	2.5771	2.5313	2.4869
4	3.9020	3.8077	3.7171	3.6299	3.5460	3.4651	3.3872	3.3121	3.2397	3.1699
5	4.8534	4.7135	4.5797	4.4518	4.3295	4.2124	4.1002	3.9927	3.8897	3.7908
6	5.7955	5.6014	5.4172	5.2421	5.0757	4.9173	4.7665	4.6229	4.4859	4.3553
7	6.7282	6.4720	6.2303	6.0021	5.7864	5.5824	5.3893	5.2064	5.0330	4.8684
8	7.6517	7.3255	7.0197	6.7327	6.4632	6.2098	5.9713	5.7466	5.5348	5.3349
9	8.5660	8.1622	7.7861	7.4353	7.1078	6.8017	6.5152	6.2469	5.9952	5.7590
10	9.4713	8.9826	8.5302	8.1109	7.7217	7.3601	7.0236	6.7101	6.4177	6.1446
11	10.3676	9.7868	9.2526	8.7605	8.3064	7.8869	7.4987	7.1390	6.8052	6.4951
12	11.2551	10.5753	9.9540	9.3851	8.8633	8.3838	7.9427	7.5361	7.1607	6.8137
13	12.1337	11.3484	10.6350	9.9856	9.3936	8.8527	8.3577	7.9038	7.4869	7.1034
14	13.0037	12.1062	11.2961	10.5631	9.8986	9.2950	8.7455	8.2442	7.7862	7.3667
15	13.8651	12.8493	11.9379	11.1184	10.3797	9.7122	9.1079	8.5595	8.0607	7.6061
16	14.7179	13.5777	12.5611	11.6523	10.8378	10.1059	9.4466	8.8514	8.3126	7.8237
17	15.5623	14.2919	13.1661	12.1657	11.2741	10.4773	9.7632	9.1216	8.5436	8.0216
18	16.3983	14.9920	13.7535	12.6593	11.6896	10.8276	10.0591	9.3719	8.7556	8.2014
19	17.2260	15.6785	14.3238	13.1339	12.0853	11.1581	1.3356	9.6036	8.9501	8.3649
20	18.0456	16.3514	14.8775	13.5903	12.4622	11.4699	10.5940	9.8181	9.1285	8.5136
21	18.8570	17.0112	15.4150	14.0292	12.8212	11.7641	10.8355	10.0168	0.2922	8.6487
22	19.6604	17.6580	15.9369	14.4511	13.1630	12.0416	11.0612	10.2007	9.4424	8.7715
23	20.4558	18.2922	16.4436	14.8568	13.4886	12.3034	11.2722	10.3711	9.5802	8.8832
24	21.2434	18.9139	16.9355	15.2470	13.7986	12.5504	11.4693	10.5288	9.7066	8.9847
25	22.0232	19.5235	17.4131	15.6221	14.0939	12.7834	11.6536	10.6748	9.8226	9.0770
26	22.7952	20.1210	17.8768	15.9828	14.3752	13.0032	11.8258	10.8100	9.9290	9.1609
27	23.5596	20.7069	18.3270	16.3296	14.6430	13.2105	11.9867	10.9352	10.0266	9.2372
28	24.3164	21.2813	18.7641	16.6631	14.8981	13.4062	12.1371	11.0511	10.1161	9.3066
29	25.0658	21.8444	19.1885	16.9837	15.1411	13.5907	12.2777	11.1584	10.1983	9.3696
30	25.8077	22.3965	19.6004	17.2920	15.3725	13.7648	12.4090	11.2578	10.2737	9.4269
35	29.4086	24.9986	21.4872	18.6646	16.3742	14.4982	12.9477	11.6546	10.5668	9.6442
40	32.8347	27.3555	23.1148	19.7928	17.1591	15.0463	13.3317	11.9246	10.7574	9.7791
45	36.0945	29.4902	24.5187	20.7200	17.7741	15.4558	13.6055	12.1084	10.8812	9.8628
50	39.1961	31.4236	25.7298	21.4822	18.2559	15.7619	13.8007	12.2335	10.9617	9.9148
55	42.1472	33.1748	26.7744	22.1086	18.6335	15.9905	13.9399	12.3186	11.0140	9.9471

注：计算公式：年金现值系数 $= \dfrac{1-(1+i)^{-n}}{i}$, $P = A \dfrac{1-(1+i)^{-n}}{i}$

A—每期等额支付（或收入）的金额；i—报酬率或利率；n—计息期数；P—年金现值或本利和

续附表4

期数	12%	14%	15%	16%	18%	20%	24%	28%	32%	36%
1	0.8929	0.8772	0.8696	0.8621	0.8475	0.8333	0.8065	0.7813	0.7576	0.7353
2	1.6901	1.6467	1.6257	1.6052	1.5656	1.5278	1.4568	1.3916	1.3315	1.2760
3	2.4018	2.3216	2.2832	2.2459	2.1743	2.1065	1.9813	1.8684	1.7663	1.6735
4	3.0373	2.9137	2.8550	2.7982	2.6901	2.5887	2.4043	2.2410	2.0957	1.9658
5	3.6048	3.4331	3.3522	3.2743	3.1272	2.9906	2.7454	2.5320	2.3452	2.1807
6	4.1114	3.8887	3.7845	3.6847	3.4976	3.3255	3.0205	2.7594	2.5342	2.3388
7	4.5638	4.2883	4.1604	4.0386	3.8115	3.6046	3.2423	2.9370	2.6775	2.4550
8	4.9676	4.6389	4.4873	4.3436	4.0776	3.8372	3.4212	3.0758	2.7860	2.5404
9	5.3282	4.9464	4.7716	4.6065	4.3030	4.0310	3.5655	3.1842	2.8681	2.6033
10	5.6502	5.2161	5.0188	4.8332	4.4941	4.1925	3.6819	3.2689	2.9304	2.6495
11	5.9377	5.4527	5.2337	5.0286	4.6560	4.3271	3.7757	3.3351	2.9776	2.6834
12	6.1944	5.6603	5.4206	5.1971	4.7932	4.4392	3.8514	3.3868	3.0133	2.7084
13	6.4235	5.8424	5.5831	5.3423	4.9095	4.5327	3.9124	3.4272	3.0404	2.7268
14	6.6282	6.0021	5.7245	5.4675	5.0081	4.6106	3.9616	3.4587	3.0609	2.7403
15	6.8109	6.1422	5.8474	5.5755	5.0916	4.6755	4.0013	3.4834	3.0764	2.7502
16	6.9740	6.2651	5.9542	5.6685	5.1624	4.7296	4.0333	3.5026	3.0882	2.7575
17	7.1196	6.3729	6.0472	5.7487	5.2223	4.7746	4.0591	3.5177	3.0971	2.7629
18	7.2497	6.4674	6.1280	5.8178	5.2732	4.8122	4.0799	3.5294	3.1039	2.7668
19	7.3658	6.5504	6.1982	5.8775	5.3162	4.8435	4.0967	3.5386	3.1090	2.7697
20	7.4694	6.6231	6.2593	5.9288	5.3527	4.8696	4.1103	3.5458	3.1129	2.7718
21	7.5620	6.6870	6.3125	5.9731	5.3837	4.8913	4.1212	3.5514	3.1158	2.7734
22	7.6446	6.7429	6.3587	6.0113	5.4099	4.9094	4.1300	3.5558	3.1180	2.7746
23	7.7184	6.7921	6.3988	6.0442	5.4321	4.9245	4.1371	3.5592	3.1197	2.7754
24	7.7843	6.8351	6.4338	6.0726	5.4509	4.9371	4.1428	3.5619	3.1210	2.7760
25	7.8431	6.8729	6.4641	6.0971	5.4669	4.9476	4.1474	3.5640	3.1220	2.7765
26	7.8957	6.9061	6.4906	6.1182	5.4804	4.9563	4.1511	3.5656	3.1227	2.7768
27	7.9426	6.9352	6.5135	6.1364	5.4919	4.9636	4.1542	3.5669	3.1233	2.7771
28	7.9844	6.9607	6.5335	6.1520	5.5016	4.9697	4.1566	3.5679	3.1237	2.7773
29	8.0218	6.9830	6.5509	6.1656	5.5098	4.9747	4.1585	3.5687	3.1240	2.7774
30	8.0552	7.0027	6.5660	6.1772	5.5168	4.9789	4.1601	3.5693	3.1242	2.7775
35	8.1755	7.0700	6.6166	6.2153	5.5386	4.9915	4.1644	3.5708	3.1248	2.7777
40	8.2438	7.1050	6.6418	6.2335	5.5482	4.9966	4.1659	3.5712	3.1250	2.7778
45	8.2825	7.1232	6.6543	6.2421	5.5523	4.9986	4.1664	3.5714	3.1250	2.7778
50	8.3045	7.1327	6.6605	6.2463	5.5541	4.9995	4.1666	3.5714	3.1250	2.7778
55	8.3170	7.1376	6.6636	6.2482	5.5549	4.9998	4.1666	3.5714	3.1250	2.7778

注:计算公式:年金现值系数 $= \dfrac{1-(1+i)^{-n}}{i}, P = A\dfrac{1-(1+i)^{-n}}{i}$

A—每期等额支付(或收入)的金额;i—报酬率或利率;n—计息期数;P—年金现值或本利和

参考文献

[1] 李尊卿,乔义红,刘长河.财务管理[M].哈尔滨:东北林业大学出版社,2011.
[2] 荆新,王化成,刘俊彦.财务管理学[M].6版.北京:中国人民大学出版社,2012.
[3] 李海波.财务管理学[M].7版.上海:立信会计出版社,2007.
[4] 王维鸿.财务管理[M].北京:科学出版社,2010.
[5] 袁建国.财务管理[M].2版.大连:东北财经大学出版社,2011.
[6] 赵德武.财务管理[M].北京:高等教育出版社,2002.
[7] 中国注册会计师协会.财务成本管理[M].北京:中国财政经济出版社,2013.
[8] 全国会计专业技术资格考试研究中心.财务管理[M].上海:立信会计出版社,2012.